STARK

TRAINING

Gymnasium

# Französisch im 3. Lernjahr

Thoböll · Thoböll · Wußler

STARK

**Umschlagbild**: Gregory_DUBUS / iStockphoto


1. Auflage 2007

# Inhalt

**Autoren:** Georg Thoböll/Martin Thoböll (Kapitel 1–4, 6–8, 10–13)
Werner Wußler (Bilans)
**Illustratorin:** Rebecca Meyer

# Vorwort

**Liebe Schülerin, lieber Schüler,**

mit diesem Buch kannst du selbstständig den grundlegenden **Stoff des dritten Lernjahres in Französisch** wiederholen und einüben.

- Die Kapitel dieses Buches decken die wichtigsten Grammatikthemen des dritten Lernjahres ab. Du musst sie nicht der Reihe nach bearbeiten, sondern kannst selbst bestimmen, mit welchem du dich befassen möchtest. In jedem Kapitel wird dir die **Grammatik** in kleinen Häppchen und **leicht verständlich erklärt**.
- Die **zahlreichen und abwechslungsreichen Aufgaben** zu jedem Kapitel geben dir die Möglichkeit, ausgiebig zu üben. Sie sind so angelegt, dass du mit ihnen nicht nur die **Grammatik** einüben, sondern auch deinen **Wortschatz** wiederholen und erweitern, dein **Leseverstehen** verbessern und deine **Schreibfähigkeit** ausbauen kannst. Die anspruchsvolleren Aufgaben sind mit einem Sternchen * gekennzeichnet.
- Am Ende der drei Großkapitel findest du jeweils einen **Bilan** mit weiteren, gemischten Aufgaben zur Vertiefung.
- Am Ende des Buches sind die **vollständigen Lösungen** und Lösungsvorschläge zu den Aufgaben abgedruckt. Zusätzliche **Hinweise** machen dich auf bestimmte Strukturen in den Aufgaben und Texten aufmerksam. Am schnellsten lernst du, wenn du die Aufgaben selbstständig bearbeitest und erst in der Lösung nachschlägst, wenn du fertig bist oder wenn du auch nach längerem Nachdenken auf keine Lösung kommst.
- Ein **Video** zeigt dir außerdem, wie du mithilfe von **Lernstrategien** deinen **Wortschatz** erweitern kannst. Zum Video gelangst du über folgenden QR-Code: http://qrcode.stark-verlag.de/vokabellernen-franzoesisch
- Mit unserer **MindApp** kannst du die **Konjugation französischer Verben** wiederholen und üben. Diese Web-App kann direkt im Browser geöffnet werden, die Installation über einen App-Store ist nicht erforderlich.
  Zur MindApp gelangst du über folgenden QR-Code oder Link:

  https://www.stark-verlag.de/mindapp/905504d

- Viele der Übungen aus dem Buch kannst du auch **interaktiv** am Computer oder Tablet bearbeiten. Du kannst online über die Plattform **MyStark** darauf zugreifen. Deinen persönlichen **Zugangscode** findest du auf der Innenseite des Umschlags.

Viel Erfolg bei der Arbeit mit diesem Buch!

Martin Thoböll Werner Wußler

# Hinweise zu den interaktiven Aufgaben

Bei der **Bearbeitung von Lückentexten** sind folgende Punkte zu berücksichtigen:

- Achte auf die Groß- und Kleinschreibung.
- Kontrolliere, dass zwischen zwei Wörtern nur ein Leerzeichen steht.
- Bevor du deine Antwort „abschickst“, überprüfe noch einmal, ob du alle Wörter richtig getippt hast. Sonderzeichen wie é oder à kannst du entweder direkt über die Tastatur eingeben (siehe dazu auch die Tipps unten) oder über das Menü neben der jeweiligen Lücke. In diesem Menü findest du viele Zeichen (z. B. ç). Klicke zum Öffnen auf das ∑-Symbol.

## Eingabe von Sonderzeichen auf der Tastatur – Tipps und Tricks

- Den Apostroph (wie in „j’ai“) erzeugst du, indem du gleichzeitig diese beiden Tasten drückst:

- é *(accent aigu)*: Drücke zuerst 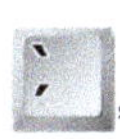, dann die Taste des Vokals, auf dem du den Akzent platzieren möchtest.
- à *(accent grave)*: Drücke gleichzeitig  und , dann die Taste des Vokals, auf dem du den Akzent platzieren möchtest.
- û *(accent circonflexe)*: Drücke zuerst 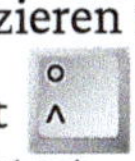, dann die Taste des Vokals, auf dem du den Akzent platzieren möchtest.

# Hinweise zur MindApp

- Die MindApp, die dir zusätzlich zu diesem Band zur Verfügung steht, enthält eine Übersicht über die **Konjugation der französischen Verben**, die für den Einsatz am **Smartphone** optimiert ist. So hast du die französischen Verbformen überall mit dabei.

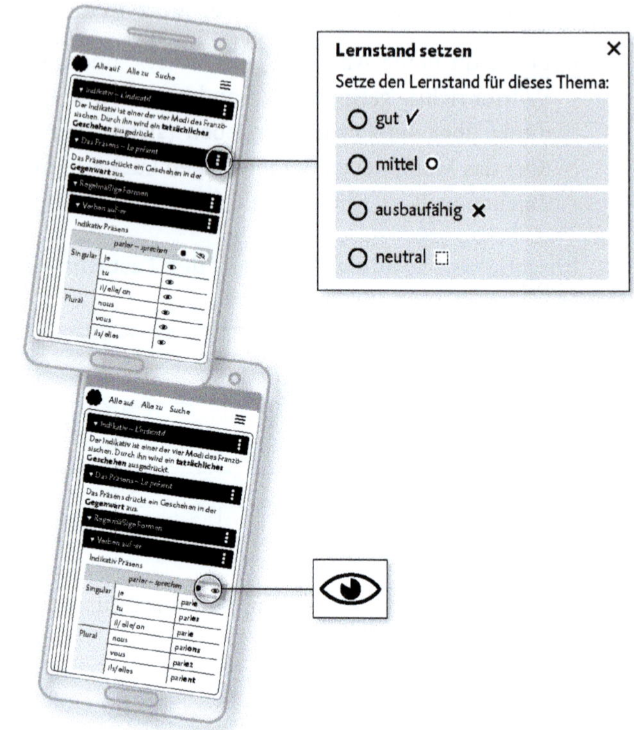


- Wenn du die Web-App gestartet hast, kannst du für die weitere Nutzung das Icon der MindApp zum **Startbildschirm** hinzufügen und diese künftig darüber öffnen.

- Für jedes Themengebiet kann der aktuelle **Lernstand** festgehalten werden. So kannst du deinen Lernfortschritt selbst überprüfen.

- Möchtest du einzelne Formen Schritt für Schritt lernen oder wiederholen, gibt es die Möglichkeit, die **Formen auszublenden** und nach und nach wieder **einzublenden**. Dazu tippst du auf das **Auge** rechts oben. So kannst du jede Form sofort überprüfen und ideal mit der MindApp üben.

- Die Hervorhebung der Personalendungen durch eine **farbige Kennzeichnung** unterstützt den Lernprozess.

# … rund ums Nomen

## 1 Demonstrativa

Demonstrativa sind Wörter, die auf etwas hinweisen. Man unterscheidet zwischen

- **Demonstrativbegleitern** *(ce, cet, cette, ces)*, die adjektivisch verwendet werden, und
- **Demonstrativpronomen** *(celui, celle, ceux, celles)*, die ein Nomen ersetzen.

### 1.1 Demonstrativpronomen

**Wie lauten die Formen des Demonstrativpronomens?**
Die Formen des französischen Demonstrativpronomens lauten:

| | Singular | Plural |
|---|---|---|
| maskulin | *celui* | *ceux* |
| feminin | *celle* | *celles* |

Aufgabe 1 Lie les formes de *ce* aux formes correspondantes *(entsprechenden)* de *celui*.

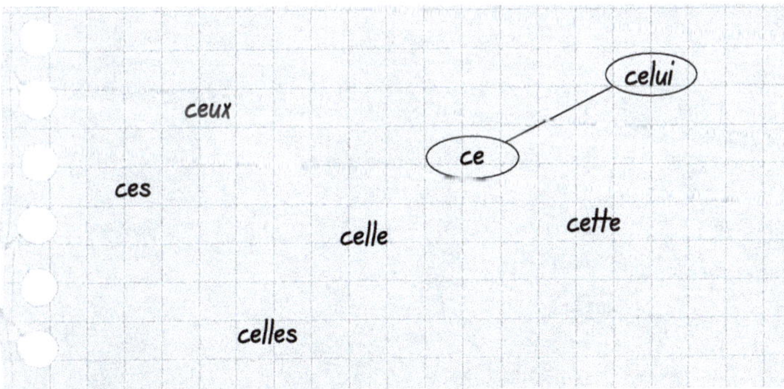


Et quelle est la forme correspondante de *cet* ? ____________________

**Wie kannst du die französischen Demonstrativpronomen „stützen"?**
Obwohl die Demonstrativpronomen wie Nomen verwendet werden, können sie nie allein stehen, sondern brauchen immer eine **Stütze**. Solche Stützen können sein

- die Partikel ***-ci* und *-là***,
- **Relativsätze**,
- **präpositionale Ergänzungen**.

**Wann werden die Partikel *-ci* und *-là* verwendet?**

Die Partikel *-ci* und *-là* werden direkt **an das Demonstrativpronomen angehängt**. Sie werden vor allem dann verwendet, wenn du zwei Dinge einander gegenüberstellen möchtest.

Die beiden Partikel unterscheiden sich darin, dass

- *-ci* auf etwas in der **Nähe**,
- *-là* auf etwas in der **Ferne** verweist.

| *Beispiele:* | | | | | |
|---|---|---|---|---|---|
| | ce garçon : | celui-ci | *(dieser hier)* | celui-là | *(dieser dort/jener)* |
| | cette étudiante : | celle-ci | | celle-là | |
| | ces élèves : | ceux-ci | *(diese hier)* | ceux-là | *(diese dort/jene)* |
| | ces filles : | celles-ci | | celles-là | |

**Aufgabe 2** Complète le tableau suivant avec les formes de *celui-ci* und *celui-là*.

| | | | | | |
|---|---|---|---|---|---|
| cette auberge | *celle-ci* | *celle-là* | ces maisons | | |
| cet appartement | | | ces restaurants | | |
| ce bar | | | cet hôtel | | |

**Aufgabe 3** Complète les brefs dialogues avec les formes correctes de *celui-ci* und *celui-là*.

a)

b)

Est-ce que vous pourriez promener (Gassi führen) ma chienne?
Votre chienne!?! ________ ou ________?

c)

Tu as réussi à pêcher quelques poissons?
Oui, ________ sont à moi. Papa a pêché ________.

d)

Tu vois la fille aux cheveux noirs? Je suis amoureux d'elle.
De qui est-ce que tu parles? De ______ ou de ______?

e)

On pourrait aller manger quelque chose dans un bar. Qu'est-ce que tu en penses?
C'est une bonne idée. Est-ce qu'on va dans ______ ou dans ______?
Bar

**Wann werden Relativsätze als „Stütze" des Demonstrativpronomens verwendet?**
Mit einem Relativsatz kannst du näher beschreiben, wer oder was mit dem Demonstrativpronomen gemeint ist.

- Es ist wichtig, dass du das **Relativpronomen** (z. B. *qui, que, dont* oder *où*) **unmittelbar an das Demonstrativpronomen anschließt**.

*Beispiele:* Au voleur ! Voilà celui qui a volé mon sac à dos !
Monique ! Tu es celle que j'aimerai toujours !
Des clowns ? Ceux dont vous parlez sont mes copains !
Les grottes de Lascaux I et II ? Ce sont celles où il y a des peintures *(Malereien)* préhistoriques.

Aufgabe 4 Complète le dialogue par des pronoms démonstratifs *(celui, celle, ceux, celles)* et relatifs *(qui, que, dont)*.

À la FNAC (un grand magasin de hi-fi et de livres) :

**Clara** : Je voudrais compléter ma collection de BD, mais je ne trouve pas la BD qui me manque.

**Maya** : Laquelle ? ________________ tu as perdu dans le bus ?

**Clara** : Oui, ________ ________ a paru *(erschienen)* en 2021. C'est mon album préféré. Tu le connais ?

**Maya** : Oui, mais je préfère ________ ________ se trouve là-bas. C'est l'album actuel de Mona Grisier.

**Clara** : Ah, l'auteure qui chante aussi ! Tu te souviens de son concert ?

**Maya** : Bien sûr je me souviens du concert, c'est ________ ________ je me souviens le mieux. Et cela à cause de ces deux garçons !

**Clara** : Tu parles de ________ ________ nous ont invités à boire des cocktails ?

**Maya** : Non, non, je parle de ________ ________ m'ont parlé quand j'ai voulu nous acheter deux coca. En plus, j'ai raté l'interprétation de deux nouvelles chansons.

**Clara** : Ah oui, je m'en souviens. Ce sont ________ ________ n'avaient pas encore été publiées.

**Maya** : Exactement. Tiens, voilà une vendeuse ! Demande-lui où se trouve l'album que tu recherches.

- Der Relativsatz kann natürlich auch **durch eine Präposition eingeleitet** werden.
  *Beispiel:* Celle avec qui le ministre se promène n'est pas sa femme.

**Aufgabe 5*** Est-ce que tu connais ces personnages français célèbres ? Écris les noms corrects dans les cases *(Felder)* de gauche et complète les explications de droite avec des pronoms démonstratifs et des pronoms relatifs (avec ou sans préposition).

François Champollion — Albert Uderzo et René Goscinny — Jean-Baptiste Poquelin — Louis Braille — les frères Lumière — Pierre de Coubertin — Marie Curie — Gustave Eiffel — Charles de Gaulle — Jeanne d'Arc

| | |
|---|---|
| ___<br>___ | C'est ___ ___ a créé *(geschaffen)* les Jeux Olympiques modernes. |
| ___<br>___ | C'est ___ ___ ___ le chancelier allemand Adenauer a fondé l'amitié franco-allemande. |
| ___<br>___ | C'est ___ ___ tout le monde connaît sous le nom de Molière. |
| ___<br>___ | C'est ___ ___ a sauvé les Français des Anglais. |
| ___<br>___ | C'est ___ ___ a déchiffré les hiéroglyphes égyptiens. |
| ___<br>___ | Ce sont ___ ___ ___ nous devons *(verdanken)* le cinéma. |
| ___<br>___ | C'est ___ ___ ___ on a donné au début du XX$^{ème}$ siècle deux fois un prix Nobel (physique et chimie). |
| ___<br>___ | C'est ___ ___ le monument est le plus célèbre de Paris. |
| ___<br>___ | Ce sont ___ ___ ont créé les personnages d'Astérix et d'Obélix. |
| ___<br>___ | C'est ___ ___ a inventé l'écriture pour les aveugles *(Blinde)*. |

**Was sind präpositionale Ergänzungen?**
Eine weitere Möglichkeit, Demonstrativpronomen zu „stützen", sind präpositionale Ergänzungen. Das sind Ergänzungen, die mit einer **Präposition** angeschlossen werden, aber im Gegensatz zu Nebensätzen **kein eigenes Verb** besitzen.
Wie die Relativsätze erklären sie genauer, wer oder was mit dem Demonstrativpronomen gemeint ist.

*Beispiele:* Voici mes copains. Et voilà ceux de mon frère.
Regarde ! Voilà Jean, celui aux cheveux noirs.
J'ai fait les courses en ville. Celles pour demain et celles pour après-demain.

**Aufgabe 6*** Louis et Marc regardent le Tour de France. Marc ne comprend rien. Il pose des questions à son copain.
Complète les réponses de Louis par les pronoms démonstratifs et les prépositions correctes.

a) **Marc** : Qui est le coureur *(Fahrer)* au maillot *(Trikot)* jaune ?
**Louis** : C'est __________ __________ tête du classement général.

b) **Marc** : Est-ce qu'on peut aussi reconnaître le dernier du classement ?
**Louis** : Non. Autrefois, c'était __________ __________ la lanterne rouge. Mais aujourd'hui, elle n'existe plus.

c) **Marc** : Et qui est le meilleur sprinter du peloton *(Fahrerfeld)* ?
**Louis** : C'est __________ __________ maillot vert.

d) **Marc** : Qui sont les coureurs qui apportent des bouteilles d'eau au maillot jaune ?
**Louis** : Ce sont __________ __________ son équipe.

e) **Marc** : Quelles sont les étapes les plus dangereuses ?
**Louis** : Ce sont __________ __________ montagne.

f) **Marc** : Dans quelle voiture se trouve le chef du Tour de France ?
**Louis** : Dans __________ __________ le peloton.

Aufgabe 7 **Exercice combiné :** Marie ne connaît pas les noms français des fruits. Elle essaie donc de les décrire. Quelle définition correspond à quelle image ?

1 ☐ Je parle de ceux qu'aiment les singes.
2 ☐ J'aime bien celui qu'Adam et Ève ont mangé.
3 ☐ Comment s'appellent ceux qui se trouvent dans les chocolats *mon chéri* ?
4 ☐ Je déteste celui dont la traduction allemande est *Pflaume*.
5 ☐ Celui à la forme ovale et de couleur verte te plaît ?
6 ☐ Dans notre jardin, nous avons aussi ceux avec des points jaunes.

A

des fraises

B

une prune

C

des bananes

D

une pomme

E

un kiwi

F
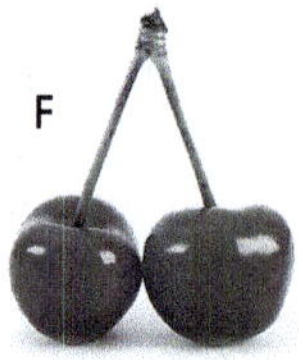
des cerises

Aufgabe 8* **Exercice combiné :** À quoi/à qui est-ce que tu penses quand tu lis les expressions suivantes ? Décris-le par une phrase avec un pronom démonstratif. N'oublie pas de mettre un complément adapté.

la matière la plus détestée
*C'est celle que…* ____________________

tes chaussures les plus vieilles
____________________

la fille la plus sympathique de ta classe
____________________

ton sport préféré
____________________

le prof idéal
____________________

les meilleures places dans la salle de classe
____________________

## 1.2 Die « mise en relief »

**Was versteht man unter « mise en relief » ?**
Die *mise en relief* ist eine Konstruktion im Französischen, mit der du einzelne Satzglieder besonders hervorheben kannst.

*Beispiel:* Aussagesatz: Une équipe française a gagné le championnat.
*mise en relief*: C'est une équipe française qui a gagné le championnat.

**Wie wird die « mise en relief » gebildet ?**
Die *mise en relief* wird nach folgendem Schema gebildet:
***C'est/Ce sont*** + betontes Satzglied + ***qui/que*** + Verb

In der geschriebenen Sprache wird
- ***ce sont …*** nur bei Subjekten oder direkten Objekten im Plural,
- ***c'est …*** in allen übrigen Fällen (auch bei den Pronomen *nous* und *vous* sowie bei den präpositionalen Objekten) verwendet.

*Beispiele:* Ce sont les Allemands qui en sont tristes./qu'on doit consoler.
C'est nous qui avons dit qu'une équipe allemande gagnera la prochaine fois.
C'est chez moi que nous nous sommes rencontrés.

**Aufgabe 9** *C'est* ou *ce sont* ? Complète les phrases par les formes qui conviennent *(passen)*.

a) ____________ vous qui avez des vacances.
b) ____________ nous qui devons aller à l'école.
c) ____________ au Québec que vous allez.
d) ____________ des cartes postales que vous écrivez.
e) ____________ le paysage qui vous plaît le plus.
f) ____________ des caribous que vous voyez.
g) ____________ un beau séjour que vous passez.
h) ____________ de bons souvenirs que vous avez.

**Wie wird das Subjekt in die « mise en relief » gesetzt?**
Steht das Subjekt des Satzes in der *mise en relief*, so ist Folgendes zu beachten:
- Das Relativpronomen lautet ***qui***.
- Das **Verb des Relativsatzes** sowie **die Reflexivpronomen stimmen in Genus und Numerus mit dem Subjekt überein**.

*Beispiele:* C'est nous qui avons vu la course finale.
C'est un pilote espagnol qui a gagné.
Ce sont les spectateurs allemands qui sont déçus.

**Aufgabe 10** Mme Cheverry en a assez d'être toujours la seule à faire les travaux domestiques. Un jour, elle veut rassembler toute la famille pour en parler. Son mari Jean est le seul à venir. Elle se met en colère. Emploie la *mise en relief*.

Mme Cheverry : « J'en ai vraiment marre *(mir reicht es wirklich)*. ______________ ______________ (moi, faire tout). Je vais donc faire une liste sur laquelle vous allez trouver tous les travaux que vous avez à faire. » Elle écrit : « ______________ ______________ (toi, promener le chien). ______________ ______________ (Paul, mettre la table). ______________ ______________ (Sylvie, faire la vaisselle, *Geschirr spülen*). En plus, ______________ ______________ (eux, donner à manger au chien). ______________ ______________ (nous deux, faire les courses)… »

Paul et Sylvie entrent dans la cuisine, des rollers et un skate à la main. « Maman, quand nous sommes rentrés de l'école, nous avons renversé *(umschütten)* le coca dans le frigo. Est-ce que tu l'as déjà nettoyé ? » « Moi ? ______________ ______________ (toi, le nettoyer). Et à partir de maintenant, ______________ ______________ (vous, s'occuper de tous les appareils de cuisine). Et en plus, ______________ ______________ (vous, faire la cuisine). Et ______________ ______________ (moi, se reposer, faire du skateboard). »

**Aufgabe 11** Décris qui fait quoi dans ta famille. Emploie la *mise en relief*.

| | |
|---|---|
| faire la vaisselle | *C'est mon frère qui fait la vaisselle.* |
| mettre la table | ______________ |
| faire les courses | ______________ |
| faire la cuisine | ______________ |
| préparer le petit déjeuner | ______________ |
| passer l'aspirateur | ______________ |
| faire la lessive | ______________ |
| sortir les ordures | ______________ |
| laver la voiture | ______________ |
| … | ______________ |

**Aufgabe 12*** Décris la scène suivante. Emploie la *mise en relief.*

Après son cours, M. Boule va dans la salle des profs. Il se plaint : « Quand je suis entré dans la salle de classe, les élèves n'étaient pas à leurs places et ils ont fait beaucoup de bruit. » Il veut raconter ce qu'il a vu, mais M. Suif, son collègue, l'interrompt : « Ne continue pas. Je connais très bien ces élèves et je peux bien imaginer la scène :

*C'est Pierre qui lit une B.D. C'est Nicolas qui …*

______________________________

______________________________

______________________________ »

**M. Boule** : « C'est incroyable ! C'est exactement comme ça que tout s'est passé. »

**Wie wird die « mise en relief » bei Objekten und adverbialen Bestimmungen gebildet?**

Mit der *mise en relief* kannst du nicht nur Subjekte, sondern auch folgende Satzglieder hervorheben:

- **direkte Objekte**
  *Beispiel:* C'est un pilote allemand que les spectateurs aiment beaucoup.
- **indirekte Objekte**
  *Beispiel:* C'est à lui qu'ils souhaitent la victoire.
- **Präpositionalobjekte**
  *Beispiel:* C'est de lui qu'ils désirent un autographe.
- **adverbiale Bestimmungen**
  *Beispiel:* C'est en automne 2016 qu'il a fait sa dernière course.

Die *mise en relief* wird in diesen Fällen mit ***c'est … que*** gebildet. Das Verb richtet sich nun nach dem Subjekt des Nebensatzes.

**Aufgabe 13*** Tu passes tes vacances en France. Sur le terrain de camping, tu rencontres une femme dont on a volé le sac à main. Comme elle ne parle pas un mot de français, elle te prie *(bitten)* de l'accompagner à la station de police pour faire une déclaration de vol. Fais l'interprète ! Mets les mots soulignés en relief.

**L'agent :** Est-ce que je peux vous aider ?

**Toi :** ______________________________

**La femme :** Ich will einen Diebstahl zur Anzeige bringen *(faire une déclaration de vol)*.

**Toi :** ______________________________

**L'agent :** Qu'est-ce qu'on vous a volé ?

**Toi :** ______________________________

**La femme :** Man hat mir die Handtasche geklaut.

**Toi :** ____________________

____________________

**L'agent :** Est-ce que le sac à main a une particularité ?

**Toi :** ____________________

____________________

**La femme :** Wenn man sie ansieht, springt eine Blume ins Auge *(sauter aux yeux)*.

**Toi :** ____________________

____________________

**L'agent :** Vous aviez de l'argent dedans ?

**Toi :** ____________________

**La femme :** Nein, aber meine Ausweise und mein Handy befanden sich in der Tasche.

**Toi :** ____________________

____________________

**L'agent :** Où est-ce qu'on vous a volé votre sac ?

**Toi :** ____________________

**La femme :** In einer Bar am Strand.

**Toi :** ____________________

**L'agent :** Est-ce que c'est le bar qui s'appelle *Chez l'ogre* ?

**Toi :** ____________________

**La femme :** Nein, es war die Bar, die sich rechts von dieser befindet.

**Toi :** ____________________

____________________

**L'agent :** D'accord. Je le connais. Le vol s'est passé aujourd'hui ?

**Toi :** ____________________

**La femme :** Nein, er hat sich bereits gestern Abend ereignet.

**Toi :** ____________________

**L'agent :** À quelle heure ?

**Toi :** ____________________

**La femme :** Um halb neun habe ich bemerkt, dass meine Tasche nicht mehr da war.

**Toi :** ______________________________

______________________________

**L'agent :** Pourquoi n'avez-vous pas déclaré le vol tout de suite ?

**Toi :** ______________________________

**La femme :** Habe ich doch gemacht. An der Telefonzelle habe ich einen Ihrer Kollegen getroffen. An ihn habe ich mich gewandt. Aber leider verstand er kein Deutsch.

**Toi :** ______________________________

______________________________

______________________________

______________________________

**L'agent :** Vous avez remarqué une personne qui pourrait être le voleur ?

**Toi :** ______________________________

**La femme :** Ja, ich habe zwei Jugendliche gesehen. Sie haben mich nach der Uhrzeit gefragt. Ohne auf eine Antwort zu warten haben sie sich plötzlich umgedreht und sind weggelaufen *(avoir filé)*.

**Toi :** ______________________________

______________________________

______________________________

______________________________

**L'agent :** Qu'est-ce qu'ils portaient comme vêtements ?

**Toi :** ______________________________

**La femme :** Sie hatten blaue Jeans und schwarze Jacken an. Bei diesem Wetter!

**Toi :** ______________________________

______________________________

______________________________

**L'agent :** J'ai pris des notes et je vais m'en occuper. Pour être sincère, je ne crois pas que nous trouvions ces deux jeunes. Mais peut-être qu'ils ont jeté le sac à main et qu'ils ont laissé au moins les papiers dedans. Si ceux-ci réapparaissent, nous vous informerons.

# 2 Relativpronomen

Relativsätze sind Nebensätze, die ein Nomen oder einen Sachverhalt näher erklären. Sie werden von bestimmten Pronomen (z. B. *qui, que, où*) eingeleitet.

## 2.1 Relativsätze mit *ce qui* und *ce que*

**Welche Funktionen übernehmen *ce qui* und *ce que*?**
*Ce qui* und *ce que* übernehmen im Relativsatz folgende Funktionen:
- *ce qui* ist **Subjekt** des Relativsatzes,
- *ce que* ist **Objekt**.

*Beispiele:* Il efface ce qui est écrit au tableau.
Il efface ce que son copain a écrit au tableau.

Aufgabe 14 Quelle image se réfère à quelle définition ? Écris la lettre juste dans les cases *(Kästchen)* et ajoute les pronoms relatifs (*ce qui* ou *ce que*).

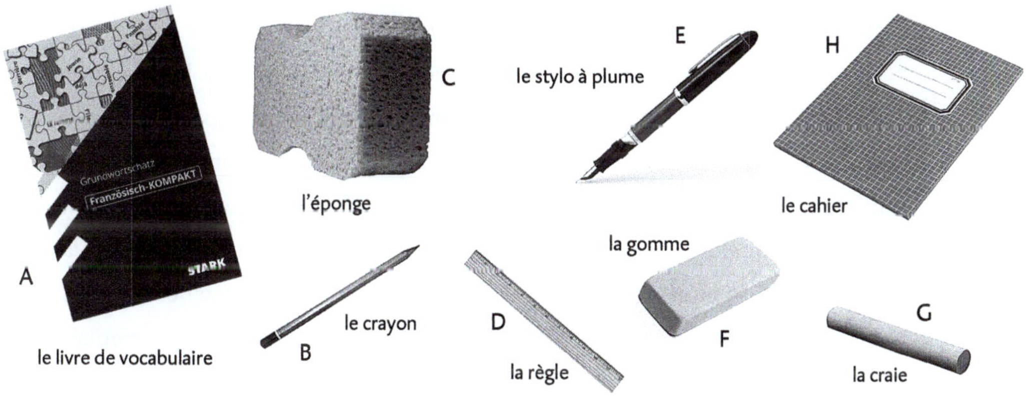


[F] C'est ce qui sert à effacer *(löschen)* des fautes écrites avec un crayon.
[ ] C'est ________ la prof prend pour écrire au tableau.
[ ] C'est ________ est nécessaire pour tracer *(ziehen)* des lignes.
[ ] C'est ________ tu prends pour faire tes devoirs.
[ ] C'est ________ sert à nettoyer le tableau.
[ ] C'est ________ on utilise pour dessiner.
[ ] C'est ________ tu peux employer pour réviser *(wiederholen)* le vocabulaire.
[ ] C'est ________ on utilise pour écrire une lettre.

**Was ist der Unterschied zwischen *qui/que* und *ce qui/ce que*?**
Die Relativpronomen
- ***qui*** und ***que*** beziehen sich direkt auf ein vorausgehendes **Nomen,**
  *Beispiele:* Tous les matins, il va dans le café qui se trouve près de l'école.
  Il ne fait pas les devoirs que le prof lui donne.
- ***ce qui*** und ***ce que*** beziehen sich auf **ganze Sätze oder Satzteile** (dt. ‚was').
  Da ein Nomen fehlt, an das sich *qui* und *que* anlehnen könnten, ist das Demonstrativum *ce* also nichts anderes als eine künstliche Stütze.
  *Beispiele:* Il fait ce qui lui plaît./Il ne fait pas ce que son prof veut.

**Aufgabe 15*** Quelle histoire bizarre ! Complète les phrases par les pronoms relatifs *(qui/que, ce qui/ce que)*.

**Chantal** : C'est terrible, __________ s'est passé ce matin. J'étais au lit et dormais quand j'ai entendu sonner mon réveil __________ se trouve à côté de mon lit. Tu sais, c'est un vieux truc __________ fait beaucoup de bruit et __________, jusqu'à maintenant, j'ai toujours très bien entendu. J'étais encore couchée quand la porte __________ donne sur la terrasse s'est ouverte lentement. __________ j'ai vu m'a fait peur : un grand chien noir aux yeux bleus venait d'entrer dans ma chambre. Je voulais crier mais je ne pouvais pas. Après, j'ai voulu bouger, __________ m'était impossible. Mais le chien, __________ m'avait tourné le dos, ne s'intéressait plus à moi. Il avait trouvé __________ il cherchait : quelque chose à manger. Près de la fenêtre se trouve en effet la cage *(Käfig)* de mon hamster __________ mes parents m'ont acheté le mois dernier. Le chien s'est approché lentement de mon chéri __________ voulait se cacher. Là, le chien s'est apprêté à sauter *(zum Sprung ansetzen)* …

**Marie** : Et après ?

**Chantal** : Rien. Quand le chien s'est apprêté à sauter, moi, ______ étais toujours au lit, je suis arrivée finalement à crier. Et alors que je criais… je me suis réveillée. __________ je t'ai raconté, je l'ai rêvé ! Le réveil __________ j'ai entendu dans mon rêve a vraiment sonné mais j'ai continué à dormir… La porte __________ s'était ouverte dans mon rêve était bien fermée. Le hamster, lui, courait tranquillement sur la roue *(Rad)* dans sa cage, __________ m'a beaucoup rassuré. Je déteste faire des rêves si *(so)* réalistes !

**Wie übersetzt man ‚alles, was' und ‚alle, die'?**
Möchtest du im Französischen an eine Form von **tout** einen **Relativsatz** anschließen, musst du immer ein passendes **Demonstrativum** dazwischenstellen.

*Beispiele:*

| | |
|---|---|
| J'achète tout ce qui me plaît. | *(… alles, was …)* |
| Tout ce que je veux, c'est dormir tranquillement. | *(Alles, was …)* |
| J'invite toutes celles qui m'ont invité aussi. | *(… alle, die …)* |
| Tous ceux que tu vois jouent dans la même équipe. | *(Alle, die …)* |
| Tous ceux à qui j'ai envoyé une lettre m'ont répondu. | *(Alle, denen …)* |

**Aufgabe 16** Michel est tombé amoureux de Jeanne.
Complète ses paroles avec *tout + pronom relatif* (avec ou sans préposition).

**Beachte:** *Ce qui* und *ce que* werden nicht nur in **Relativsätzen** verwendet, sie können auch **indirekte Sachfragen** einleiten. Siehe dazu S. 166.

## 2.2 Das Relativpronomen *dont*

**Wann verwendest du das Relativpronomen *dont*?**

Das Relativpronomen *dont*, das im Singular und Plural dieselbe Form aufweist, kannst du sowohl bei **Personen** als auch bei **Sachen** verwenden.
Es ersetzt im Relativsatz die **Präposition *de***, etwa bei
- Verben,
- Adjektiven,
- Substantiven,
- Zahlenangaben.

**Das Relativpronomen *dont* bei Verben**
- Es gibt im Französischen Verben, bei denen das Objekt mit *de* angeschlossen wird. Soll dieses Objekt als Pronomen einen Relativsatz einleiten, musst du *dont* verwenden.

  *Beispiel:* Le livre est intéressant. Je parle de ce livre.
  Le livre dont je parle est intéressant.

- Auch einige reflexive Verben werden mit *de* gebildet:

| | |
|---|---|
| *se plaindre de qc/qn* | sich über jdn./etw. beklagen |
| *s'occuper de qc/qn* | sich um jdn./etw. kümmern |
| *se protéger de qn/qc* | sich vor jdm./etw. schützen |
| *se réjouir de qc* | sich über etw. freuen |
| *se souvenir de qn/qc* | sich an jdn./etw. erinnern |

  *Beispiel:* Le cadeau est un portable. Je me réjouis de ce cadeau.
  Le cadeau dont je me réjouis est un portable.

**Aufgabe 17** Relie les phrases par des propositions relatives. Emploie le pronom *dont*.

a) *Mon premier match de volley* a fini par une victoire de mon équipe.
Je me souviens volontiers de ce match.
Mon premier match de volley dont je me souviens volontiers a fini par une victoire de mon équipe.

b) En 1783, les frères Montgolfier ont fait *une découverte.*
On parle encore beaucoup de cette découverte.

c) Mon père aime parler de *nos vacances d'il y a huit ans sur la Côte d'Azur.*
Je me souviens encore très bien de ces vacances.

d) *Le bruit* vient de la fête de Thomas. Les voisins se plaignent de ce bruit.

______________________________________________

______________________________________________

e) *Le bébé* crie de toutes ses forces. Marius s'occupe du bébé.

______________________________________________

Aufgabe 18* **Exercice combiné :** Complète le texte avec les pronoms relatifs *qui, que* ou *dont.*

Kéwan est heureux. Ses parents lui ont fait un cadeau ________ il se réjouit vraiment : un billet d'avion pour la Guadeloupe. Cette île ________ Kéwan et ses parents ont quittée quand il avait cinq ans se trouve dans les Caraïbes. Kéwan, ______ y est né, ne se la rappelle plus bien. Ce ________ il se souvient le mieux, ce sont les longues plages de sable et les vieux pêcheurs ______ savaient raconter beaucoup d'histoires intéressantes. Mais Kéwan sait aussi que la vie n'y avait pas été facile. Ses parents, __________ travaillaient dur, n'arrivaient presque pas à gagner leur vie. C'est pourquoi ils ont quitté la Guadeloupe pour la France.

Après des années difficiles, son père a trouvé un bon travail _____ un ami lui a donné. Sa mère, elle aussi, est contente parce que les enfants _____ elle s'occupe pour gagner aussi un peu d'argent l'aiment beaucoup. Il y a tout de même des choses ________ ses parents se plaignent, surtout le racisme ________ on peut parfois rencontrer dans les banlieues de Paris, mais aussi en province.

Mais Kéwan, ______ les professeurs disent qu'il est un garçon gentil et drôle, est content de vivre en France métropolitaine, ________ est devenue sa patrie. Mais la Guadeloupe ______ ses parents parlent souvent est aussi une partie de sa vie. C'est pourquoi il est si *(so)* content de pouvoir revoir cette île ________ il n'a plus vu depuis presque dix ans.

### Das Relativpronomen *dont* bei Adjektiven

Im Französischen gibt es einige häufig gebrauchte Adjektive, die mit *de* gebildet werden:

| | |
|---|---|
| *amoureux, se de qc/qn* | verliebt in etw./jdn. |
| *content, e de qc/qn* | zufrieden mit etw./jdm. |
| *convaincu, e de qc/qn* | überzeugt von etw./jdm. |
| *déçu, e de qc/qn* | enttäuscht von etw./jdm. |
| *fier, fière de qc/qn* | stolz auf etw./jdn. |
| *heureux, se de qc* | glücklich über etw. |

Soll das von diesen Adjektiven abhängige Objekt als Pronomen einen Relativsatz einleiten, musst du *dont* verwenden.

*Beispiel:* La créatrice regarde sa nouvelle collection. Elle est très fière de sa collection.
La créatrice regarde sa nouvelle collection dont elle est très fière.

**Aufgabe 19*** Ajoute aux phrases en italique *(kursiv)* des propositions relatives qui contiennent les verbes entre parenthèses *(in Klammern)*. Mets la proposition relative à la bonne place.

Après la prise de la Bastille en 1789 suivent des années de terreur dont l'avocat Robespierre est un des personnages principaux.

L'exécution de Robespierre le 10 thermidor an II (28 juillet 1794)

a) Robespierre et le roi Louis XVI sont des adversaires *(Gegner)*. Au début de l'année 1793, le roi est exécuté. *Robespierre apprend la nouvelle.* (être très content)

Robespierre apprend la nouvelle dont il est très content.

b) Quelques mois plus tard, il installe son régime qui dure jusqu'en 1794. *Il veut imposer (durchsetzen) tous ses principes.* (être convaincu)

______________________________________________

______________________________________________

c) Ses décisions sont souvent cruelles *(grausam). Il vote (stimmen für) même la mort de son ancien ami Danton.* (être mécontent)

______________________________________________

______________________________________________

d) *Les Jacobins, le groupe dont il fait partie, envoient des milliers de victimes à la guillotine.* (être fier)

______________________________________________

______________________________________________

e) *Peu à peu les Français détestent les méthodes du gouvernement.* (être déçu)

______________________________________________

______________________________________________

f) *C'est pourquoi un groupe de révolutionnaires modérés renverse (stürzen) Robespierre.* (ne plus être content)

______________________________________________

______________________________________________

g) *Après sa mort en 1794, les Parisiens fêtent la fin de la terreur.* (être très soulagé)

______________________________________________

______________________________________________

**Das Relativpronomen *dont* bei Substantiven**

Das Relativpronomen *dont* kann auch als Ergänzung zu Substantiven stehen. Dieser Gebrauch entspricht dem deutschen Relativpronomen im Genitiv (= ‚deren', ‚dessen').

*Beispiele:* Mon amie s'appelle Christine. La famille de mon amie habite à Paris.
Mon amie dont la famille habite à Paris, s'appelle Christine.
*Meine Freundin, deren Familie in Paris wohnt, heißt Christine.*

Mon ami s'appelle Christian. La famille de mon ami habite à Lyon.
Mon ami dont la famille habite à Lyon, s'appelle Christian.
*Mein Freund, dessen Familie in Lyon wohnt, heißt Christian.*

*Dont* drückt ein Besitzverhältnis aus. Deshalb entfällt auch das Possessivpronomen und wird durch den bestimmten Artikel ersetzt:

*Beispiel:* Mon amie s'appelle Christine. Sa famille habite à Paris.
Mon amie dont la famille habite à Paris, s'appelle Christine.

**Aufgabe 20** Relie les phrases de gauche aux bonnes propositions relatives.

| | |
|---|---|
| 1 Notre voisin a deux filles | A dont le logiciel est tout neuf. |
| 2 Voilà la pauvre fille | B dont le chien est mort. |
| 3 Pour pouvoir préparer le « kouglof », un gâteau alsacien, ma grand-mère cherche la recette | C dont j'ai oublié les noms. |
| 4 À la discothèque, je vois sortir cette jolie fille | D dont le chef a licencié (*entlassen*) sa femme. |
| 5 Mon père m'a acheté un nouveau portable | E dont elle ne se souvient plus. |
| 6 J'ai écrit un long mail à ma corres | F dont j'ai fait la connaissance il y a un an. |
| 7 Voilà l'homme | G dont je n'ai même pas pris le numéro de téléphone. |

**Aufgabe 21*** Transforme les phrases en italiques *(kursiv)* en relatives avec *dont*.

a) Amélie Nothomb est un écrivain français. *J'aime beaucoup son roman* Robert des noms propres.

______________________________________________

______________________________________________

b) Le personnage principal de ce roman est une jeune fille. *Sa vie est assez bizarre.*

______________________________________________

______________________________________________

c) Elle porte aussi un prénom extraordinaire (Plectrude). *Peu de gens comprennent sa signification.*

______________________________________________

______________________________________________

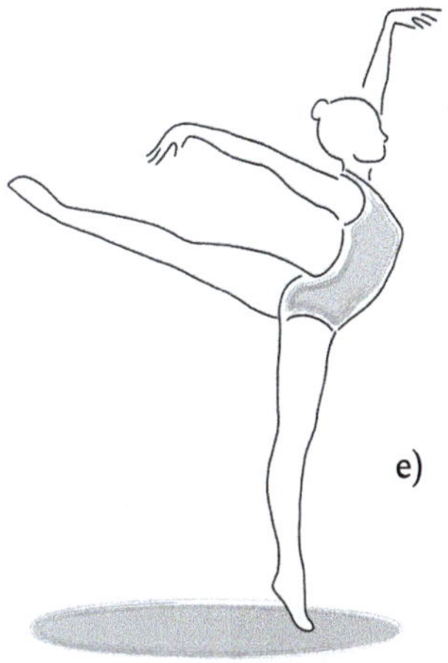

d) Après la mort de ses parents, Plectrude est adoptée par sa tante Clémence. *Ses enfants pensent qu'elle est leur sœur.*

e) Elle prend des leçons dans une école de danse. *Les professeurs de cette école sont des professionnels.*

f) En classe, elle dit toujours des bêtises. *Ses camarades pensent que ce sont des réponses géniales.*

g) À l'école, elle tombe amoureuse d'un garçon, Mathieu Saladin. *Son visage est assez laid.*

h) À quatorze ans, elle devient « petit rat » à l'Opéra de Paris. *Le prestige de cette institution est extraordinaire.*

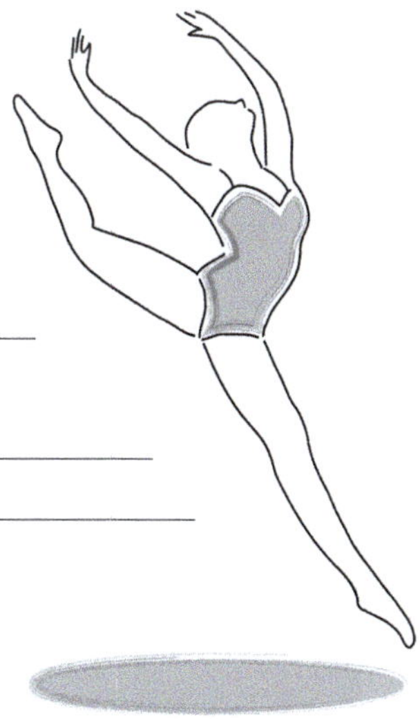

i) Plectrude ne mange plus de produits laitiers *(Milchprodukte). Elle craint leurs calories.*

j) Lisez ce roman ! *Sa fin va vous surprendre.*

Auch bei der häufig gebrauchten Wendung **avoir besoin de** hängt *de* – genau betrachtet – von einem Substantiv ab. Daher musst du auch hier das Relativpronomen *dont* setzen. Du vermeidest Fehler, wenn du dir *avoir besoin de* nicht mit ‚etwas brauchen', sondern mit der wörtlichen Übersetzung ‚Bedarf haben an' merkst.

*Beispiel:* Sylvie cherche le cahier. Elle a besoin du cahier pour faire ses devoirs.
Sylvie cherche le cahier dont elle a besoin pour faire ses devoirs.

**Aufgabe 22** Aujourd'hui, c'est le 24 décembre. Muriel veut faire un cadeau à tous les membres de sa famille. Mais jusqu'à maintenant, elle n'en a encore aucun parce qu'il y a toujours un problème.
Complète les phrases avec le mot du cadeau (ils sont tous représentés par une photo) et ajoute une proposition relative avec *dont* pour expliquer pour qui elle en a besoin.

a) Elle ne trouve pas *le collier* *dont elle a besoin pour sa mère* (mère).

b) Dans la librairie, la vendeuse lui dit que ______ ______ ______ (sœur) est épuisé *(vergriffen)*.

c) ______ ______ (frère) sont beaucoup trop chers.

d) Dans l'animalerie *(Tierhandlung)*, quand elle veut payer ______ ______ (chat), elle n'a pas d'argent sur elle.

e) ______ ______ (père) s'est cassée.

f) Dans sa chambre, elle cherche partout ______ ______ ______ (chien) mais elle ne la trouve pas.

**Das Relativpronomen *dont* bei bestimmten und unbestimmten Zahlenangaben**
Auch Ergänzungen zu **bestimmten oder unbestimmten Zahlenangaben** können durch *dont* ersetzt werden.

*Beispiele:* J'ai deux vélos. Un vélo est trop petit pour moi.
J'ai deux vélos dont un est trop petit pour moi.

J'ai quinze cartes routières. Plusieurs cartes routières sont vieilles.
J'ai quinze cartes routières dont plusieurs sont vieilles.

**Aufgabe 23** Tu ranges ta chambre et tu trouves plusieurs choses qui ne sont pas à toi. Mets une proposition avec *dont* dans laquelle tu dis combien d'objets appartiennent à quelqu'un d'autre.

J'ai trouvé
- cinq jeux vidéo *dont trois sont à mon copain.* (trois, mon copain)
- des BD ________ (plusieurs, à mon frère aîné)
- du chocolat ________ (deux tablettes, à ma sœur)
- des timbres ________ (quelques-uns, à mon père)
- dix cahiers ________ (huit, à ma copine)
- des livres ________ (plusieurs, à mon voisin)
- trois ours en peluche ________ (un, à mon petit frère)

**Aufgabe 24*** **Exercice combiné :** Lis le texte et dis si les énoncés sont vrais ou faux. Essaie de comprendre le texte même si tu n'as pas encore appris tous les mots.

La Bretagne est étroitement liée à la légende autour du roi Arthur. Au XII$^{e}$ siècle, Geoffroy de Monmouth dont les ancêtres étaient bretons a écrit un best-seller du Moyen Age dont le titre est *Historia regum Britanniae* et qui a été une source pour beaucoup d'autres écrivains. Mais qui était le roi Arthur dont parlent ces histoires ? Arthur dont on ne sait pas s'il a vraiment vécu avait réuni autour de lui plusieurs chevaliers. On dit qu'il a eu une épée *(Schwert)*, dont le nom était Excalibur et dont il était très heureux parce qu'elle lui avait donné son pouvoir. Ses Chevaliers de la Table Ronde dont les plus célèbres sont Lancelot et Gauvain ont vécu beaucoup d'aventures. Entre autres, ils ont cherché le Graal dont on dit qu'il pourrait être la coupe de vin dont Jésus s'est servi lors de la Cène. La mort du roi Arthur, dont il y a plusieurs versions dans la littérature, reste mystérieuse.

| | | vrai | faux |
|---|---|---|---|
| a) | La légende autour du roi Arthur est une légende romaine. | ☐ | ☐ |
| b) | Le roi Arthur n'a jamais vécu. | ☐ | ☐ |
| c) | Une épée donnait du pouvoir au roi Arthur. | ☐ | ☐ |
| d) | Lancelot était un des Chevaliers de la Table Ronde. | ☐ | ☐ |
| e) | Le Graal est un objet tiré de l'Ancien Testament. | ☐ | ☐ |
| f) | On ne sait pas comment le roi Arthur est mort. | ☐ | ☐ |

Aufgabe 25* **Exercice combiné :** Traduis le message suivant en français. Il y de nombreuses phrases avec *dont*.

Nachricht

An: Jacquesm93@wanadoo.fr  Cc  Bcc

Betreff: Unser Wohnblock

Hallo Jacques,

vielen Dank für deine E-Mail. Wie geht es dir? Hast du den Test, von dem du das letzte Mal gesprochen hast, erfolgreich bestanden?

Ich habe endlich einen neuen Computer, auf den ich sehr stolz bin. So können wir uns öfter schreiben.

In dieser E-Mail werde ich dir ein wenig von unserem Wohnblock erzählen, von dem ich dir bereits ein Foto geschickt habe. Er hat einen kleinen Garten, worüber ich glücklich bin. Der Eigentümer, dessen Namen ich vergesse habe, ist sehr nett. Rechts von uns wohnt ein neuer Mieter (locataire), von dem ich dir schon erzählt habe und über den sich viele beschweren. Die Kinder, deren Eltern über uns ihre Wohnung haben, sind meine Freunde. Josef aus dem ersten Stock, dessen Bruder auch mein Kumpel ist, spricht fließend französisch. Ich werde ihn dir vorstellen! Im vierten Stock gibt es eine alte Dame, um die sich meine Mutter regelmäßig kümmert. Ihr Mann, an den ich mich nicht mehr erinnere, ist vor acht Jahren gestorben. Unter dem Dach wohnt ein Mädchen, in das ich mich verliebt habe. Neulich hat es mir sogar eine SMS geschrieben, worüber ich mich sehr gefreut habe.

Bis bald,<br>
Max

Senden

## 2.3 Das Relativpronomen *lequel*

**Wie wird das Relativpronomen *lequel* dekliniert?**

Das Relativpronomen ***lequel*** ist das einzige Relativpronomen, das sich in Genus (maskulin/feminin) und Numerus (Singular/Plural) unterscheidet:

| | Singular | Plural |
|---|---|---|
| maskulin | *lequel* | *lesquels* |
| feminin | *laquelle* | *lesquelles* |

Die **Präpositionen *de* und *à*** verschmelzen mit *lequel*:

| | Singular | Plural | Singular | Plural |
|---|---|---|---|---|
| maskulin | *duquel* | *desquels* | *auquel* | *auxquels* |
| feminin | *de laquelle* | *desquelles* | *à laquelle* | *auxquelles* |

Aufgabe 26 Complète le tableau suivant avec les formes correspondantes de *lequel*.

| | | | |
|---|---|---|---|
| à l'ordinateur | *auquel* | le forum de discussion | |
| le logiciel | | aux touches | |
| de la souris | | du clavier | |
| des écrans | | à l'informatique | |
| au message | | des e-mails | |
| aux sites | | les programmes | |

**Wann wird *lequel* verwendet?**

Das Relativpronomen *lequel* steht meist nur in Verbindung **mit** einer **Präposition oder** einem **präpositionalen Ausdruck**.

- *Lequel* **muss** in Relativsätzen stehen, die mit einer Präposition oder einem präpositionalen Ausdruck verbunden sind und sich auf eine **Sache** beziehen.

  Solche Präpositionen bzw. präpositionale Ausdrücke können sein:

| | | | | | |
|---|---|---|---|---|---|
| *pendant* | während | *derrière* | hinter | *grâce à* | dank |
| *avec* | mit | *devant* | vor | *à côté de* | neben |
| *sans* | ohne | *parmi* | zwischen, unter | *près de* | nahe bei |
| *sous* | unter | *entre* | zwischen | *en face de* | gegenüber |
| *sur* | auf | | | *au milieu de* | inmitten |
| *pour* | für | | | *au centre de* | im Zentrum von |

  *Beispiele:* C'est une BD pour laquelle j'ai peu payé.
  Le café à côté duquel se trouve une terrasse me plaît beaucoup.
  Martina a passé de belles vacances à Paris auxquelles elle pense souvent.

**Aufgabe 27** Remplace la deuxième phrase par une proposition relative. Mets la proposition relative à la bonne place.

a) Je cherche mes clés de voiture. Je ne peux pas partir *sans mes clés.*

Je cherche mes clés de voiture sans lesquelles je ne peux pas partir.

b) La finale du championnat du monde était magnifique. Nous avons assisté *à la finale.*

c) L'avion est vieux. Tu voles *avec cet avion.*

d) Nicolas adore Internet. *Grâce à Internet*, il a découvert le monde.

e) Luc attend son amie au parc central. *Au milieu du parc*, il y a un banc pour les amoureux.

f) Sylvie regarde le rocher. *Sur le rocher*, quelqu'un a construit sa maison.

g) Monique cherche son hamster dans le lit. Il se cache *sous le lit.*

h) Pour devenir vétérinaire, il faut passer un concours très difficile. Beaucoup de candidats échouent *au concours.*

**Beachte:** Die Formen von *duquel* stehen nur in Verbindung mit einem präpositionalen Ausdruck. Ansonsten wird *dont* verwendet.

*Beispiele:* J'habite dans une grande ville au milieu de laquelle se trouve une cathédrale.
J'habite dans une ville dont la cathédrale est très connue.

**Aufgabe 28** *Duquel* ou *dont* ? Remplis les trous avec les formes correctes.

a) Au milieu de la photo se trouve une église ____________ tu connais sûrement le nom : Notre-Dame de Paris.
b) L'église autour ____________ coule la Seine a été construite sur une des deux îles de Paris ____________ l'île de la Cité est la plus grande.
c) Le fleuve au milieu ____________ on peut reconnaître un bateau traverse toute la capitale.
d) Ce bateau près ____________ tu vois une partie d'un pont transporte quelques-uns des milliers de touristes ____________ la ville de Paris est très fière.
e) Mais la richesse culturelle de la ville ____________ les maires s'occupent particulièrement *(besonders)* n'attirent *(anziehen)* pas seulement des étrangers.
f) Cependant *(doch)*, le tourisme n'est pas la seule chose ____________ il faut parler.
g) La capitale de la France a beaucoup de problèmes comme le chômage, les prix des logements et la violence dans les banlieues en face ____________ plusieurs hommes politiques ont déjà capitulé.

- Das Relativpronomen *lequel* **kann** für **Personen** anstelle von **Präposition + *qui*** verwendet werden, wirkt aber schwerfällig und wird in der gesprochenen Sprache gemieden.

*Beispiel:* C'est une copine avec qui (avec laquelle) j'aime bien rigoler.

**Beachte:** Nach den **Präpositionen *parmi* und *entre*** muss jedoch auch bei Personen eine **Form von *lequel*** verwendet werden.

*Beispiele:* Voilà un groupe d'élèves parmi lesquels il y a mon corres René.
Jeanne et Marie sont de grandes amies entre lesquelles il n'y a jamais de problèmes.

**Aufgabe 29*** Décris les personnes sur l'illustration suivante.
Forme des phrases avec des prépositions relatives (préposition + pronom relatif). Utilise chaque préposition au moins une fois.

| devant, derrière, à côté de, parmi, entre, au-dessus de |
|---|

Aufgabe 30* **Exercice combiné :** Complète les phrases suivantes par les pronoms relatifs corrects (avec ou sans préposition).

a) Le film *Les Choristes* ____________________ le titre allemand est *Die Kinder des Monsieur Mathieu* a été un grand succès en Allemagne et en France.

b) Au centre du film se trouvent les garçons de l'internat « Fond de l'Etang » ________________ M. Mathieu enseigne le chant.

c) Avec sa musique, M. Mathieu a trouvé ______________ intéresse ses élèves.

d) M. Rachin, ______________ est le directeur de l'école, n'aime pas que M. Mathieu enseigne le chant aux garçons.

e) Rachin et Mathieu sont des profs ____________________ il y a beaucoup de problèmes.

f) La discipline autoritaire est tout _________________ le directeur aime.

g) Clément Mathieu est un pédagogue ______________________ les garçons de l'internat ont confiance.

h) Morhange, ______________________ M. Mathieu est très fier, est le meilleur chanteur.

i) Pépinot est le petit garçon _________________ M. Mathieu quitte l'internat.

Aufgabe 31* **Exercice combiné :** Relie les phrases avec le pronom relatif qui convient.

a) Jean Baptiste Colbert est devenu un des hommes politiques français les plus importants de son époque. *Son père* était un simple marchand.

_______________________________________________

_______________________________________________

b) Colbert a développé ses activités commerciales. *Ces activités* ont prouvé son talent pour l'organisation et les finances.

_______________________________________________

_______________________________________________

c) Colbert était l'homme de confiance du cardinal Mazarin. Mazarin estimait *(schätzen)* beaucoup *son travail.*

d) Colbert est entré au service du roi Louis XIV. Le cardinal Mazarin l'avait recommandé *(empfehlen) au roi.*

e) À la cour du roi, il y avait beaucoup d'intrigues entre les ministres. *Parmi ces ministres* se trouvaient Fouquet, Le Tellier et Louvois.

f) Réduire les importations, soutenir *(fördern)* les manufactures, augmenter les exportations, voilà sa méthode commerciale. On appelle *cette méthode* « le mercantilisme ».

g) Colbert savait qu'il y avait des dépenses élevées *(hoch)* à la cour royale ainsi que pour financer les guerres que Louis XIV menait. *Tout cela* provoquait un déficit budgétaire dangereux pour la stabilité de la France.

h) Colbert a travaillé pour renforcer l'autorité du roi. Les buts *du roi* étaient le pouvoir absolu et la centralisation de la France.

# 3 Adverbialpronomen

## 3.1 Das Adverbialpronomen y

**Was kannst du durch das Adverbialpronomen y ersetzen?**

- Das Adverbialpronomen y ersetzt **Ortsangaben**. Diese können **mit unterschiedlichen Präpositionen** eingeleitet sein (z. B. *à, dans, en, entre, sous, sur*). *Y* hat in diesem Fall die Bedeutung ‚dort' (Frage: ‚wo?') oder ‚dorthin' (Frage: ‚wohin?').

*Beispiel:* J'achète mes vêtements dans un magasin très à la mode.
J'y achète mes vêtements. J'y vais souvent.

**Beachte: Ortsangaben mit *de*** können jedoch nicht durch y ersetzt werden. Dafür benötigst du das Adverbialpronomen *en*.

**Aufgabe 32** Trouve les solutions avec les prépositions qui conviennent.

a) La Tour Eiffel s'y trouve.
b) Jeanne d'Arc y a battu les Anglais.
c) Une chanson connue dit qu'on y danse à Avignon.
d) Les touristes y visitent la Joconde.
e) Tu y trouves le Mont Blanc.
f) En 1944, les Alliés y ont débarqué *(sind gelandet)*.
g) La Seine y finit sa course.
h) Le 14 juillet, les troupes françaises y défilent *(aufmarschieren)*.

a) à ____________
b) ____________
c) ____________
d) ____________
e) ____________
f) ____________
g) ____________
h) ____________

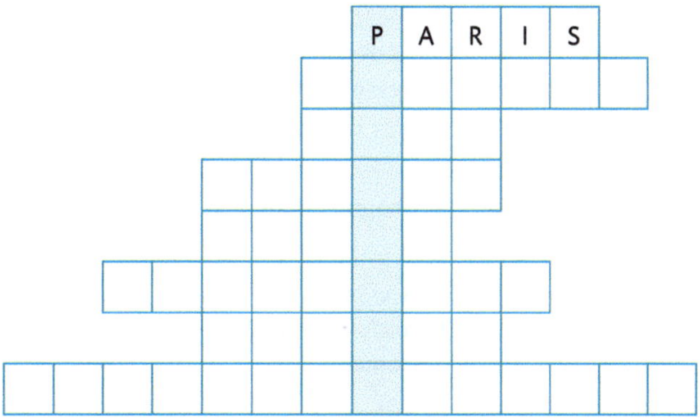


**Mot à trouver :** Cézanne y a peint beaucoup de tableaux.

- Das Adverbialpronomen y ersetzt zudem alle **Ergänzungen mit *à***. Die deutsche Übersetzung für y kann dabei sehr unterschiedlich sein. Im Französischen gibt es viele Verben, die solche Ergänzungen mit *à* anschließen.

| | |
|---|---|
| *commencer à faire qc* | beginnen, etw zu tun |
| *jouer à (un jeu)* | etw. spielen |
| *penser à qc* | an etw. denken |
| *réagir à qc* | auf etw. reagieren |
| *réfléchir à qc* | über etw. nachdenken |
| *renoncer à qc* | auf etw. verzichten |
| *s'identifier à qc* | sich mit etw. identifizieren |
| *s'intéresser à qc* | sich für etw. interessieren |

*Beispiele:* Le prof réagit tout de suite aux bêtises des élèves.
Le prof y réagit tout de suite. *(darauf)*

Robespierre s'identifiait aux vertus de la république.
Robespierre s'y identifiait. *(damit)*

**Beachte:** Y kann sich nicht auf Personen beziehen. Hier musst du je nach Fall *à* + Personalpronomen oder die Objektpronomen *lui* und *leur* setzen.

*Beispiele:* Le chien s'intéresse à la saucisse. – Le chien s'y intéresse.
Le chien s'intéresse à ma sœur. – Le chien s'intéresse à elle.

Aufgabe 33* Traduis les phrases suivantes en allemand.

a) Est-ce que tu pourrais me dire pourquoi tu t'y es identifié ?
b) Il a assisté à plusieurs cours, mais il ne s'y est jamais intéressé vraiment.
c) Il y a deux semaines, il a commencé à y réfléchir.
d) Si vous étiez à ma place, est-ce que vous y réagiriez ?
e) Penses-y.
f) Est-ce que ce sont eux qui y ont joué ?
g) Avant son accident, elle s'y était beaucoup intéressée.
h) On lui a donné l'adresse de l'agence de tourisme et il y a écrit.
i) Quand nous avons fait nos devoirs, nous n'y avons pas fait attention.
j) Il n'y avait pas réagi.
k) On lui a offert des drogues mais il y a renoncé.

**Wo steht das Adverbialpronomen y?**

Für die Stellung des Adverbialpronomens y gelten dieselben Regeln wie für die direkten und indirekten Objektpronomen.

*Beispiele:* Je pense à Noël. – J'y pense.
Elle n'est pas allée au cinéma. – Elle n'y est pas allée.
Elle a voulu aller à la piscine. – Elle a voulu y aller.

**Aufgabe 34** Les Romard font un voyage à Paris. Pendant leur trajet de la gare à l'hôtel, M. Romard est très nerveux et pose beaucoup de questions à sa femme. Réponds-lui et remplace les expressions soulignées par *y*.

**M. Romard** : Nous sommes déjà à la gare de Paris ?

**Mme Romard** : Oui, ______________________________.

**M. Romard** : Nous allons tout de suite à la sortie ?

**Mme Romard** : Oui, ______________________________.

**M. Romard** : Tu cherches la ligne 5 sur le plan de métro ?

**Mme Romard** : Non, ______________________________ la ligne 4.

**M. Romard** : Tu as réservé une chambre à l'hôtel près de la Bastille ?

**Mme Romard** : Non, ______________________________.

Nous passerons les nuits dans une auberge du Ve arrondissement.

**M. Romard** : Tu as pensé à prendre nos papiers ?

**Mme Romard** : Oui, ______________________________.

**M. Romard** : Mardi, nous allons faire une excursion à Versailles ?

**Mme Romard** : Oui, ______________________________.

**M. Romard** : Tu veux que nous allions voir la collection « Arts de l'Islam » au musée du Louvre ?

**Mme Romard** : Oui, ______________________________.

**M. Romard** : Tu as trouvé les horaires des musées dans *Paris Spectacle* ?

**Mme Romard** : Oui, ______________________________.

**M. Romard** : Un de ces jours, tu aimerais certainement te promener sur les Champs-Élysées ?

**Mme Romard** : Oui, ______________________________ si tu m'y achètes des bijoux.

**Aufgabe 35*** **Exercice combiné :** Raconte un peu tes vacances.

- Où est-ce que tu les as passées ces dernières années *(in den letzten Jahren)* ?
- Qu'est-ce que tu y as fait ?
- Est-ce que les vacances t'ont plu ? Pourquoi ou pourquoi pas ?
- Qu'est-ce que tu penses faire pendant tes prochaines vacances ?

## 3.2 Das Adverbialpronomen *en*

**Was kannst du durch das Adverbialpronomen *en* ersetzen?**

- Das Adverbialpronomen *en* ersetzt **Ortsangaben mit *de*.**

  *Beispiel:* Il revient de l'école. – Il en revient.

- Außerdem ersetzt *en* alle **Ergänzungen mit *de*.** Solche Ergänzungen mit *de* hängen von vielen Ausdrücken ab.

| | |
|---|---|
| *dépendre de qc* | von etw. abhängen |
| *discuter de qc* | über etw. diskutieren |
| *parler de qc* | über etw. sprechen |
| *rêver de qc* | von etw. träumen |
| *jouer de qc (un instrument)* | etw. spielen |
| *avoir besoin de qc* | etw. benötigen |
| *avoir envie de qc* | Lust haben auf etw. |
| *avoir peur de qc* | Angst haben vor etw. |
| *être capable de qc* | fähig sein zu etw. |

**Beachte:** *En* kann sich in der Regel nicht auf Personen beziehen. Hier musst du *de* + Personalpronomen setzen.

*Beispiele:* Je m'occupe des plantes du voisin pendant ses vacances. – Je m'en occupe.
Je m'occupe de mon petit frère pendant l'après-midi. – Je m'occupe de lui.

**Aufgabe 36** De quoi *(worüber)* parlent les phrases suivantes ?
Choisis parmi les expressions indiquées ci-dessous et écris-les derrières les phrases.

a) Je m'en souviens volontiers.
b) Nous en revenons vers une heure.
c) Le professeur d'histoire en parle.
d) Nos profs nous obligent à en sortir pendant les récréations.
e) Comme je ne sais pas nager, j'en ai peur.
f) Beaucoup d'élèves en sont fascinés à cause des expériences *(Experimente)*.
g) Si tu as fait attention aux cours, tu ne dois pas en avoir peur.
h) J'en ai besoin pour faire un dessin.
i) Notre prof de musique aimerait que tous en jouent.
j) La plupart des élèves en rêvent.
k) À la maison, je m'en occupe seulement le soir.

de la salle de classe, du Moyen Âge, des contrôles, des dernières vacances, des devoirs, de la piscine, de la chimie, d'une vie sans école, de l'école, d'un crayon, d'un instrument

**Aufgabe 37** Coche la bonne traduction des phrases suivantes (☒).

a) Je ne veux plus en parler.
- ☐ Ich werde nicht mehr darüber reden.
- ☐ Ich will nicht mehr darüber sprechen.
- ☐ Ich wollte dort nicht sprechen.

b) Nous en avons besoin.
- ☐ Wir haben Freude daran.
- ☐ Wir besorgten uns etwas davon.
- ☐ Wir brauchen es.

c) Elle ne sait pas en jouer.
- ☐ Sie kann es nicht spielen.
- ☐ Sie spielt es nicht.
- ☐ Sie wird es nicht spielen können.

d) Je n'en ai pas peur.
- ☐ Davor habe ich keine Angst.
- ☐ Dort bekomme ich keine Angst.
- ☐ Dort habe ich keine Angst.

- Auch Nomen, die mit **Teilungsartikel** angeschlossen sind, sowie Ergänzungen mit *de*, die auf **Mengenangaben** folgen, kannst du durch *en* ersetzen.

  *Beispiele:* J'ai de l'argent. – J'en ai.
  J'ai beaucoup d'argent. – J'en ai beaucoup.

  Nomen, die auf **Zahlenangaben** folgen, können ebenfalls durch das Adverbialpronomen *en* ersetzt werden.

  *Beispiel:* J'ai acheté trois BD. – J'en ai acheté trois.

**Aufgabe 38** Denis et Jacqueline font les courses. Avant d'aller à la caisse, Jacqueline demande à Denis s'ils ont tout acheté. Réponds à ses questions par *oui*. Utilise *en* et les mots sous les images.

a) « Est-ce que nous avons des tomates ? »
« Oui, *nous en avons plusieurs* . »

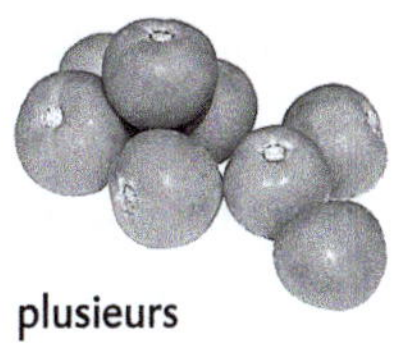

plusieurs

b) « Est-ce que nous avons de l'eau minérale ? »

« Oui, ______________________________________. »

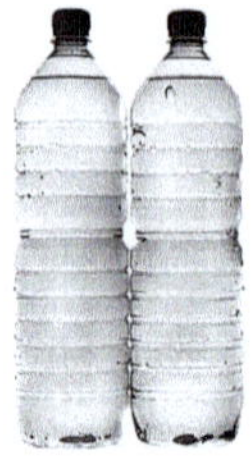

deux bouteilles

c) « Est-ce que nous avons des œufs ? »

« Oui, ______________________________________. »

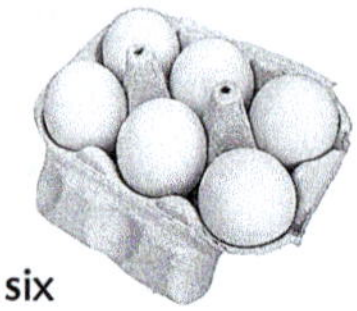

six

d) « Est-ce que nous avons des bananes ? »

« Oui, ______________________________________. »

un kilo

e) « Est-ce que nous avons du chocolat ? »

« Oui, ______________________________________. »

deux cents grammes

**Wo steht das Adverbialpronomen *en*?**

Für die Stellung des Adverbialpronomen *en* gelten dieselben Regeln wie für die Objektpronomen und das Adverbialpronomen y.

| *Beispiele:* | J'ai parlé de mes expériences de baby-sitter. | – J'en ai parlé. |
|---|---|---|
| | Elle n'a pas peur du film Spiderman. | – Elle n'en a pas peur. |
| | Il ne veut plus jouer de la guitare. | – Il ne veut plus en jouer. |

Aufgabe 39 Mme et M. Romard font des projets pour les prochaines journées. Réponds aux questions et aux affirmations de Mme Romard et remplace les expressions soulignées par *en*.

**Mme Romard** : Nous avons déjà discuté des activités pour aujourd'hui ?

**M. Romard** : Non, ______________________________________________.

**Mme Romard** : Nous avons besoin d'un bon guide pour découvrir les curiosités de la ville.

**M. Romard** : Oui, ______________________________________________.

**Mme Romard** : Je rêverais de faire une promenade en bateau-mouche sur la Seine.

**M. Romard** : Moi aussi, _________________________________________.

**Mme Romard** : Et après, on pourrait visiter la Tour Eiffel. Tu as le courage d'y monter ?

**M. Romard** : Oui, ______________________________________________.

**Mme Romard** : Et le soir, on pourrait aussi sortir. Tu as envie d'aller au concert de Céline Dion à l'Olympia ?

**M. Romard** : Non, _____________________________________________.

Le prix des billets est trop élevé.

Aufgabe 40 **Exercice combiné :** Les journées passent et M. Romard prend goût aux vacances. Réponds aux questions et affirmations de sa femme et remplace les mots soulignés par *y* ou *en*.

**M. Romard** : Est-ce que nous avons encore le temps de prendre des photos de l'Arc de Triomphe ?

**Mme Romard** : Oui, _____________________________________________.

**M. Romard** : Est-ce que nous allons aussi à Notre-Dame ?

**Mme Romard** : Oui, _____________________________________________.

**M. Romard** : Est-ce que je peux descendre du bus pour acheter des cartes postales ?

**Mme Romard** : Oui, ______________________________.

**M. Romard** : Est-ce que les statues de Niki de Saint Phalle se trouvent sur la place de la Concorde ?

**Mme Romard** : Non, ______________________________.

**M. Romard** : Est-ce qu'on va dans cette direction pour aller au Père-Lachaise ?

**Mme Romard** : Oui, ______________________________.

**M. Romard** : Est-ce que nous allons revenir au Louvre ?

**Mme Romard** : Non, ______________________________.

**M. Romard** : Est-ce que tu pourrais aller au kiosque pour acheter cette revue ?

**Mme Romard** : Oui, ______________________________.

Aufgabe 41* **Exercice combiné :** Le lendemain de son retour, M. Romard écrit deux cartes postales, une à une amie allemande, l'autre à un collègue français. Comme il est un peu paresseux, il écrit le même texte à tous les deux. Qu'est-ce qu'il a donc écrit à son collègue ? Traduis la carte postale à son amie allemande en français.

*Liebe Lisa,*
*meine Frau und ich haben ein paar Tage in Paris verbracht. Seit Jahren hatte ich vor, dorthin zu fahren. Wir haben dort viele interessante Kirchen und Museen besichtigt. Auch die Pariserinnen und Pariser waren sehr nett. Ich werde daran denken, wenn ich mich über einen Autofahrer aufrege, dessen Wagen die Nummer 78 hat. Wie du siehst, kommen wir von dort mit vielen guten Erinnerungen zurück. Wir werden sicher noch lange davon sprechen.*

*Liebe Grüße, François*

*Lisa Schmitt*
*Erlenweg 27a*
*93051 Regensburg*
*Allemagne*

# 4 Personal- und Objektpronomen

Treffen mehrere Objekt- oder Adverbialpronomen aufeinander, so gibt es eine bestimmte Reihenfolge, in der sie stehen. Am leichtesten kannst du dir diese in Form eines Schemas merken, das im Folgenden schrittweise präsentiert wird.

### Wie lautet die Abfolge von *le, la les* + *lui, leur*?

Treffen die direkten Objektpronomen *le, la, les* und die indirekten Objektpronomen *lui* und *leur* aufeinander, so stehen die direkten Objektpronomen vor den indirekten.

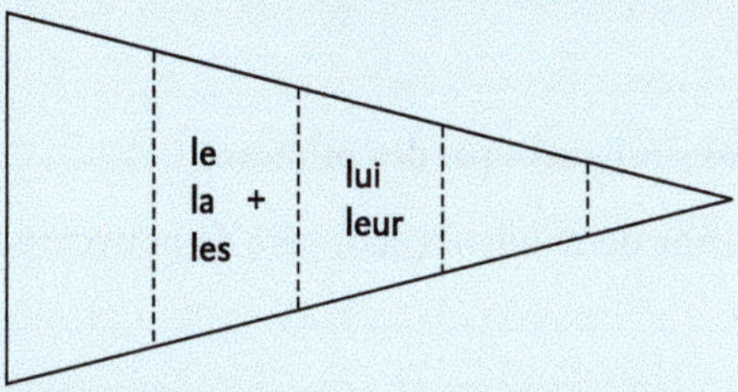


*Beispiele:*

| | |
|---|---|
| Je donne la BD à ma sœur. | Je la lui donne. |
| Je ne donne pas la BD à ma sœur. | Je ne la lui donne pas. |
| Je vais donner la BD à ma sœur. | Je vais la lui donner. |
| J'ai donné la BD à ma sœur. | Je la lui ai donnée. |

**Aufgabe 42** Quelles phrases se cachent derrière les phrases avec les pronoms ? Coche la bonne phrase ( ☒ ). *[Mehrfachlösungen möglich.]*

a) Le propriétaire la leur a louée *(vermietet)*.

- ☐ Le propriétaire a loué son bateau à Jean.
- ☐ Le propriétaire a loué sa maison à Jean et Marie.
- ☐ Le propriétaire a loué sa maison à Jean.

b) Ils la lui ont payée.

- ☐ Ils ont payé une caution au propriétaire.
- ☐ Ils ont payé une caution aux propriétaires.
- ☐ Ils ont payé une caution à la propriétaire.

c) Il ne la leur a pas rendue *(zurückgegeben)*.

- ☐ Il n'a pas rendu la caution à Jean et Marie.
- ☐ Il n'a pas rendu la caution à Jean.
- ☐ Il n'a pas rendu la caution à Marie.

d) L'avocat la lui a écrite.
   - ☐ L'avocat a écrit un message au propriétaire.
   - ☐ L'avocat a écrit une lettre à Jean et Marie.
   - ☐ L'avocat a écrit une lettre au propriétaire.

e) Le propriétaire la leur a envoyée.
   - ☐ Le propriétaire a envoyé une photo avec les dégâts à Jean et Marie.
   - ☐ Le propriétaire a envoyé des photos avec les dégâts à Jean et Marie.
   - ☐ Le propriétaire a envoyé la caution à l'avocat.

**Aufgabe 43** Remplace les parties soulignées par des pronoms.

a) Ahmed et Suzanne demandent à leur père de pouvoir sortir.

______________________________

b) Il permet *(erlaubt)* à ses enfants de sortir jusqu'à neuf heures le soir.

______________________________

c) Il donne dix euros aux enfants.

______________________________

d) Ils promettent *(versprechen)* à leurs parents de les dépenser raisonnablement.

______________________________

e) Un vendeur offre deux kilos de glace à Ahmed.

______________________________

f) Il paie la somme de dix euros au vendeur.

______________________________

g) À la maison, les deux ne disent pas à leurs parents ce qu'ils ont fait avec l'argent.

______________________________

h) Ceux-ci ne demandent pas à leurs enfants ce qu'ils ont acheté.

______________________________

**Wie lautet die Abfolge von *me, te, se, nous, vous + le, la, les?***

Treffen die indirekten Objektpronomen *me, te, se, nous, vous* und die direkten Objektpronomen *le, la, les* aufeinander, stehen die indirekten Objektpronomen vor den direkten.

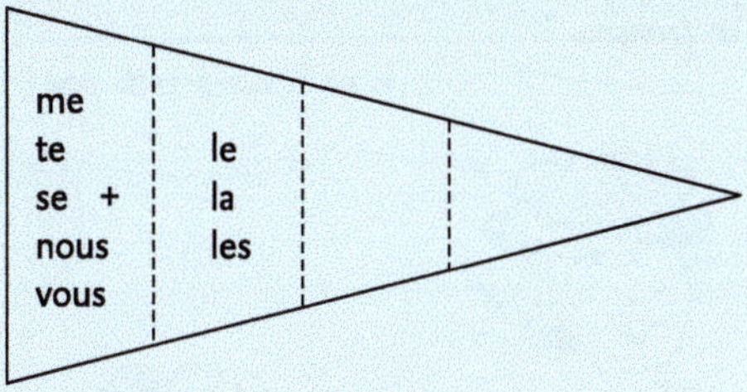


*Beispiele:* Il nous donne ses BD. Il nous les donne.

**Aufgabe 44** Remplace les mots soulignés par des pronoms objets.

a) Elle s'achète ces chaussures. ______________________

b) Tu m'offres les deux billets. ______________________

c) Je vous vends mes BD. ______________________

d) Il va t'envoyer cette carte. ______________________

e) Je me pose ces questions. ______________________

f) Nous nous lavons les mains. ______________________

g) Ils nous ont montré le film. ______________________

**Aufgabe 45** Quelles phrases sont correctes, quelles phrases sont fausses ? Coche la bonne case ( ☒ ) et corrige la phrase s'il le faut.

| | correcte | fausse |
|---|---|---|
| a) Il me le demande depuis des semaines.<br>______________________ | ☐ | ☐ |
| b) Nous vous avons le vendu à un bon prix.<br>______________________ | ☐ | ☐ |
| c) Je le te vais rendre la semaine prochaine.<br>______________________ | ☐ | ☐ |
| d) Elles nous les apportent volontiers.<br>______________________ | ☐ | ☐ |
| e) Il les raconte à nous.<br>______________________ | ☐ | ☐ |

**Aufgabe 46** Pendant la récréation. Complète les réponses. Utilise des pronoms.

**Wie lautet die Abfolge von Objektpronomen und Adverbialpronomen?**

Die Adverbialpronomen *y* und *en* lassen sich mit allen Objektpronomen kombinieren. Sie stehen immer nach diesen.

*Beispiele:* Tu attends ta corres à la gare? – Oui, je l'y attends.
Catherine leur a offert de l'eau? – Non, elle ne leur en a pas offert.

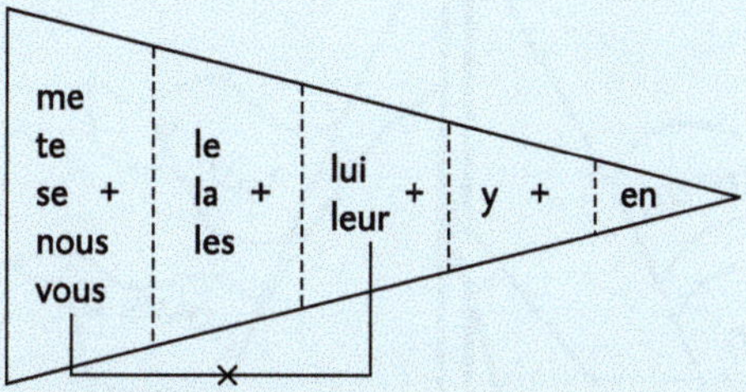


**Beachte:** Die direkten Objektpronomen *me, te, se, nous, vous* lassen sich weder mit den indirekten Objektpronomen *me, te, se, nous, vous* noch mit *lui, leur* kombinieren!
In diesem Fall wird das indirekte Objekt mit **à + Personalpronomen** angeschlossen.

*Beispiel:* Denis me présente à ses copains. – Denis me présente à eux.

**Aufgabe 47** Donne les réponses et utilise deux pronoms.

a) « Est-ce qu'il y a encore du coq au vin dans le four ? »
« Non, Pauline, il ______________________. Ton frère a tout mangé. »

b) « Chéri, tu apportes encore du vin pour Cécile et moi ? »
« Oui, je ______________________ volontiers. »

c) « Pauline, est-ce que tu te sers encore de la salade ? »
« Oui, je ______________________ encore une fois. »

d) « Paul, tu vas chercher encore de l'eau minérale dans le frigo ? »
« Oui, maman, je ______________________. »

e) « Maman, est-ce que je peux inviter ma copine au dîner ? »
« Non, tu ______________________. On ne sera pas là. »

f) « Grand-mère a offert des sucreries à Pauline et à Paul ? »
« Oui, elle ______________________. »

g) « Tu as retrouvé ton couteau et ta fourchette sous ta chaise ? »
« Non, je ______________________. »

h) « Paul, tu passes ton dessert à ta sœur ? »
« Non, je ______________________. Elle ne me remercie jamais. »

**Aufgabe 48** Des vacances au bord de la mer. Ajoute dans les réponses les pronoms qui conviennent. Tu les trouves tous sur l'illustration.

a) « Est-ce que je vous ai déjà parlé de ma première sortie en mer ? »
« Non, tu ne ______________ as pas encore parlé. »

b) « Est-ce que les pêcheurs ont déjà vendu leurs poissons au marché ? »
« Oui, ils ______________ ont déjà vendus. »

c) « Allons-nous regarder l'arrivée du ferry au port ? »
« Bof, je n'ai pas envie de ______________ regarder. »

d) « Allez-vous acheter des pulls marins à la boutique ? »
« Oui, nous allons ______________ acheter. »

e) « Est-ce que tu peux nous donner de l'argent pour aller visiter l'aquarium ? »
« Bien sûr, je veux bien ______________ donner. »

f) « Quand est-ce que nous avons donné rendez-vous aux amis devant le phare ? »
« C'est exactement à 20 heures que nous ______________ avons donné rendez-vous. »

g) « Avez-vous acheté des souvenirs au musée maritime ? »
« Non, nous n'______________ avons pas encore acheté. »

h) « As-tu envoyé des cartes postales aux grands-parents ? »
« Mais oui, je ______________ ai envoyé hier. »

Aufgabe 49* **Exercice combiné :** Traduis. Puis, transforme les phrases et emploie les pronoms qui conviennent.

a) Isabelle schreibt ihrer besten Freundin einen Brief.
*Isabelle écrit une lettre à sa meilleure amie.*
*Isabelle la lui écrit.*

b) Der Lehrer fordert einen Schüler auf, den Fehler seinen Klassenkameradinnen und -kameraden zu erklären.
______________________________________________
______________________________________________

c) Luc stellt seine Freundin seinen Eltern vor.
______________________________________________
______________________________________________

d) Ich habe euch die Bücher geschickt.
______________________________________________
______________________________________________

e) Yvonne wird sich die Hände waschen.
______________________________________________
______________________________________________

f) Mein Kater interessiert sich sehr für meine kleine Schwester.

g) Herr Schneider hat seiner Tochter dieses Auto gekauft.

h) Der Händler hat mir gestern diese Blumen verkauft.

i) Wann stellst du mich deinen Eltern vor?

j) Meine Frau möchte die Blumen auf den Tisch stellen.

k) Der Reiseleiter zeigt den Tourist*innen den Palast, in dem die Königin einige Nächte verbracht hat.

l) Marc traf seine Freunde immer in der Bar « Les trois mousquetaires ».

# 5 Bilan 1

Aufgabe 50 Quand Brigitte fait du shopping…
Complète les phrases avec *celui, celle, ceux, celles*. Ajoute *-ci/-là*, un pronom relatif ou une préposition.

Brigitte regarde des bagues dans une bijouterie.

**La vendeuse** : Bonjour Mademoiselle, je peux vous aider ?

**Brigitte** : Je voudrais essayer cette bague-là.

**La vendeuse** : Laquelle ? __________ *(diesen hier)* ou __________ *(diesen dort)* ?

**Brigitte** : ________________ a une pierre.

**La vendeuse** : Ah, c'est ________________ *(der mit)* le diamant ?

**Brigitte** : Non, ________________ *(der hier)* est trop chère, je parle de ________________ *(der aus)* cristal de roche.

La vendeuse lui donne ________________ Brigitte a montrée.

**Brigitte** : Dommage, ________________ *(dieser hier)* est trop petite. Je peux essayer ________________ se trouve dans le coffret ?

**La vendeuse** : Dans quel coffret ? Dans ________________ *(diesem dort)* ?

**Brigitte** : Non, dans ________________ j'ai vu dans la vitrine.

**La vendeuse** : Nous avons beaucoup de coffrets dans la vitrine.

**Brigitte** : Je parle de ________________ vous avez exposés juste à côté de l'entrée.

**La vendeuse** : À droite ou à gauche ?

**Brigitte** : ________________ se trouvent à gauche.

La vendeuse apporte tous les coffrets qui se trouvent du côté gauche de l'entrée, et Brigitte les regarde.

**Brigitte** : Toutes ces bagues sont laides *(hässlich)*.

**La vendeuse** : Mais ce sont toutes ________________ vous m'avez demandé de vous montrer.

**Brigitte** : Oui, je sais. Mais ________________ vous portez au doigt me plaît beaucoup.

**La vendeuse** : Je suis désolée, mais __________ *(dieser hier)* n'est pas à vendre.

**Brigitte** : C'est dommage. Alors, je reviendrai une autre fois.

**La vendeuse** : J'espère que non.

**Aufgabe 51** Réponds aux questions en bas en utilisant la mise en relief.

a)  

- Tu as fait ton premier grand voyage en train ou en voiture ?
- C'est en voiture que j'ai fait mon premier grand voyage.

b)  

- Elle pense plus souvent à Rayan ou à Thomas ?
- 

c)  

- Qui fait ce bruit là-bas ? Ce sont des jeunes ou des chats ?
- 

d)  

- Qu'est-ce que tu préfères, le pull ou l'anorak ?
- 

e) 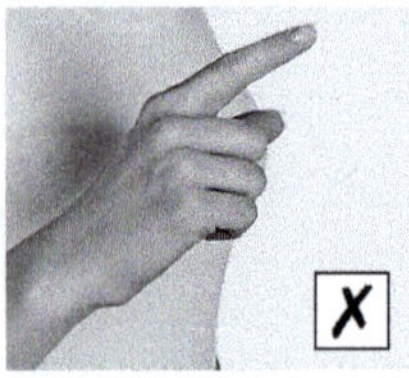 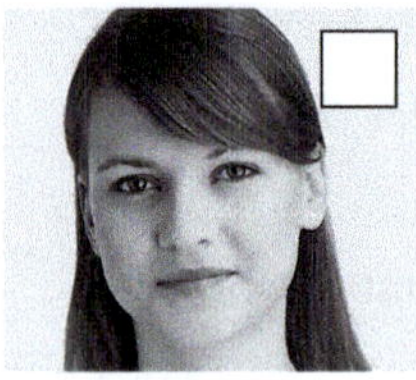

- Qui a oublié ses clés ? Toi ou Emma ?
- 

f)

PARIS SAINT-GERMAIN 1970

DROIT AU BUT

- Qui va gagner, le Paris Saint-Germain ou l'Olympique Marseille ?
- 

Deux heures plus tard, après la victoire du Paris Saint-Germain :

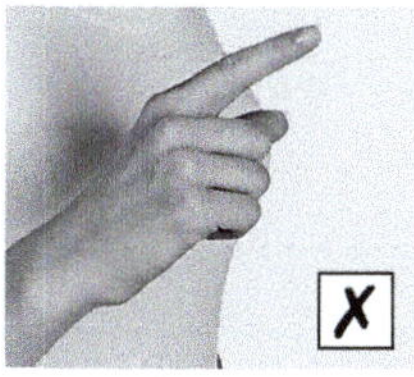

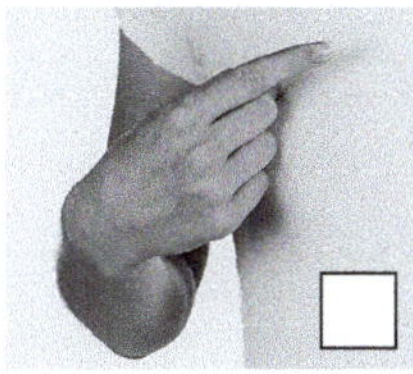

- Qui a dit que l'Olympique Marseille va gagner ? Toi ou moi ?
- Ouais,

g)

- Vous allez au théâtre ou à l'opéra ?
- 

h)

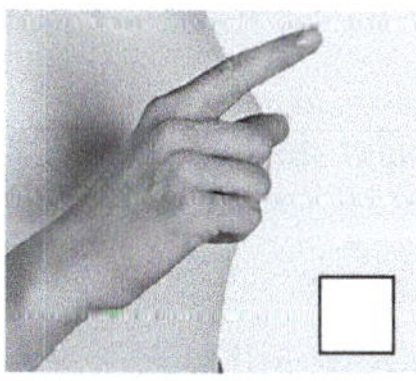

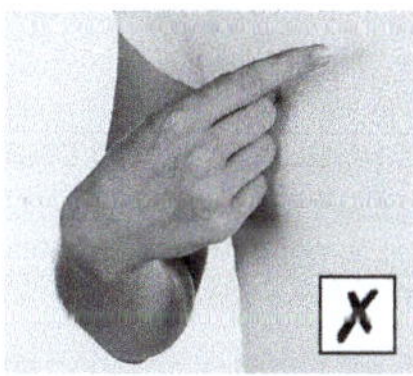

- Qui a commandé la pizza, toi ou moi ?
- 

g)

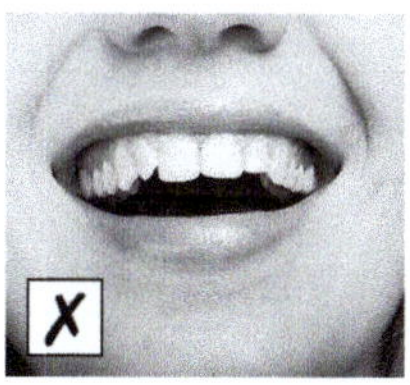

- Qu'est-ce que tu aimes le plus chez elle, son rire ou sa beauté ?
- 

**Aufgabe 52** *Ce qui* ou *ce que* ?

Parle de ton école. Dis ce que tu aimes, ce qui t'intéresse, ce que tu veux, etc. Tu peux par exemple parler de tes profs, tes matières, tes copains et copines. Fais 7 phrases avec des verbes différents.

a) *Ce que je veux, c'est moins de devoirs.*

b) ______________________________

c) ______________________________

d) ______________________________

e) ______________________________

f) ______________________________

g) ______________________________

h) ______________________________

**Aufgabe 53** Fais des phrases avec *qui, que, dont.*

De quel objet est-ce que je parle ?

a)

**C'est un objet.**
Il est souvent en métal et en bois.
On se sert de cet objet pour ouvrir des bouteilles de vin.

C'est un objet __________ est souvent en métal et en bois.

C'est un objet __________ on se sert pour ouvrir des bouteilles de vin.

**Solution:** C'est ______________________________.

b)

**C'est un appareil.**
On le porte dans sa poche.
Il est important pour la vie de tous les jours.
On a besoin de cet appareil pour communiquer.

______________________________

______________________________

______________________________

**Solution:** C'est ______________________________.

c)

**Ce sont des personnes.**
Ils sont importants pour tout le monde.
On les aime.
On se souviendra toujours d'eux.
Ils protègent leurs enfants.

**Solution:** Ce sont ______________________________.

d)

**C'est un appareil.**
On s'en sert dans les bureaux et à la maison.
Il fonctionne avec de l'électricité.
Seul un spécialiste peut l'installer correctement.
Il faut le protéger contre des virus.

**Solution:** C'est ______________________________.

e)

**C'est un homme.**
Tout le monde le connaît.
Sa ville d'origine se trouve en Corse.
Il menait des guerres contre plusieurs pays européens.
On l'a exilé sur l'île de Sainte-Hélène où il est mort.

**Solution:** C'est ______________________________.

**Aufgabe 54** Kevin et Morgane rêvent de trouver l'amour un jour. Comment est-ce qu'ils s'imaginent leur partenaire idéal(e) ? Utilise des prépositions avec *qui*.

**Kevin :** Pour moi, la femme idéale, c'est une femme…

a) *avec qui je peux rire.*
b) ______
c) ______
d) ______

**Morgane :** Pour moi, l'homme idéal, c'est un homme…

e) ______
f) ______
g) ______
h) ______

**Aufgabe 55** Complète la lettre de Joëlle avec des pronoms relatifs accompagnés ou non d'une préposition.

*Chère Marie-Jeanne,*

*Enfin, je me suis décidé à faire le cours de français ____________ (von dem) Marcel m'avait parlé. Dans ce cours, il y a des gens ______ (die) sont plus âgés que moi, mais ________________ (mit denen) je m'entends très bien. Mon professeur est un Belge _________ (dessen) l'accent est intéressant, mais ____________ (an den) je me suis habituée assez vite. Le premier jour déjà, j'ai compris qu'il y avait beaucoup de choses __________ (an die) je ne me souvenais plus. Le vocabulaire et la grammaire ________ (die) j'avais appris au collège, tout était oublié. Hier, le prof nous a montré un film en français _________ (der) m'a posé beaucoup de problèmes. Ensuite, il nous a donné quelques documents _________ (die) nous avons dû lire et ____________ (über die) nous avons discuté en groupes. C'était une discussion __________ (zu der) je ne pouvais pas beaucoup contribuer (beitragen) parce que les textes étaient très difficiles. Heureusement, il y avait des annotations _________ (die) accompagnaient les textes, _______________________ (ohne die) je n'aurais rien compris.*

*Finalement, je sais maintenant qu'il va falloir beaucoup travailler si je veux passer l'examen ____________ (dessen) la date n'est pas encore fixée.*

*Je t'embrasse.*

*Joëlle*

**Aufgabe 56** Avant le départ en vacances. Remplis le dialogue avec *y* ou *en*.

**Ella** : Tu as pensé à réparer la voiture ?

**Luc** : Oui, j'_______ ai pensé.

**Luc** : Tu t'occupes des valises ?

**Ella** : Oui, je m'_______ occuperai. Elles sont au grenier *(Speicher)* ?

**Luc** : Non, elles n'_______ sont pas, elles sont en bas, dans le garage. D'ailleurs, qu'est-ce qu'on fait avec le chien ?

**Ella :** Ben, on le laisse chez grand-mère, comme la dernière fois.

**Luc :** Parle-lui _______ d'abord.

**Ella :** Je lui _______ ai déjà parlé. Elle est d'accord.

**Luc :** Bon, alors on va l'_______ amener tout à l'heure. On pourrait faire les courses en même temps. Il nous manque du pain, par exemple.

**Ella :** Non, il nous _______ reste encore, mais il nous faut du fromage. Tu veux du comté ?[1]

**Luc :** Oui, prends-_______ deux cents grammes.

**Ella :** Tu me donnes un peu d'argent ?

**Luc :** Je n'_______ ai plus. J'ai tout dépensé pour la réparation de la voiture.

**Ella :** Donc, il faut aller à la banque. Heureusement, j'_______ ai pensé.

1 Würziger Käse aus dem Département Jura.

**Aufgabe 57** Complète le dialogue avec des pronoms personnels, *y* ou *en*.

**Julie :** Maman, Charles _________ a dit que sa chienne avait fait des petits chiots. Je peux _________ adopter un ?

**Sa mère :** Écoute Julie, on _______ a parlé plusieurs fois. Je sais qu'un petit chien _________ ferait plaisir, mais pour papa et _________, il n'_________ est pas question. Un chien n'est pas un jouet : il faut _________ donner à manger, il faut _________ promener, il faut _________ apporter au docteur quand il est malade. Qui va s'occuper de _________ ? Qui va _________ garder quand tu es à l'école ? Tout ce travail, nous ne pouvons pas _______ faire. Ton père et _________, nous travaillons aussi.

**Julie :** Mais maman, je _______ promets que tout s'arrangera. Je m'_______ occuperai, tu verras.

**Sa mère :** Vois avec papa. Essaie de _________ convaincre, mais mon avis, tu _________ connais maintenant. Tu sais ce que j'_________ pense.

**Aufgabe 58** Associie les impératifs aux phrases 1 à 6.

1 Je veux voir si tu as fait tes devoirs.
2 Tu as dit que nous pouvons te croire.
3 Tu as encore emprunté le jeu vidéo de Luc.
4 Je sais que ton professeur t'a donné une lettre pour nous.
5 Pourquoi est-ce que tu as seulement 6 points en anglais ?
6 Je veux que tu sois plus sérieux dans ton travail.

a) Explique-le-moi.
b) Rends-le-lui.
c) Donne-la-nous.
d) Apporte-les-moi.
e) Prouve-le-nous.
f) Promets-le-moi.

| 1 | 2 | 3 | 4 | 5 | 6 |
|---|---|---|---|---|---|
| | | | | | |

**Aufgabe 59** Du bist bei deinem Austauschschüler Martin in Frankreich. In der Schule stellt dir sein Freund Théo Fragen über Martin. Antworte auf Französisch.

**Théo :** Tu sais que Martin veut partir en Afrique après le bac ? Il te l'a dit ?
**Toi :** *(Du antwortest, dass er es dir gestern gesagt hat.)*

________________________________________

**Théo :** Il l'a déjà dit à ses parents et à son frère ?
**Toi :** *(Du verneinst und erklärst, dass er es ihnen an Weihnachten sagen wird.)*

________________________________________

**Théo :** Son projet est beaucoup trop cher, tu ne trouves pas ?
**Toi :** *(Du meinst, dass du ihm das auch gesagt hast, aber dass du nochmal mit ihm reden wirst.)*

________________________________________

**Théo :** Je suis certain que son projet ne marchera pas.
**Toi :** *(Du bittest Theo, dass auch er es ihm erklären soll. Er ist sein Freund, und er wird Mittel und Wege finden* (trouver bien un moyen de faire qc)*, mit ihm darüber zu sprechen.)*

________________________________________

________________________________________

**Théo :** Bon, je vais faire de mon mieux.

# … rund ums Verb

## 6 Adverbien

Adverbien sind unveränderliche Wörter, die ausdrücken, wie etwas getan wird oder geschieht.

### 6.1 Funktionen der Adverbien

**Was wird durch Adverbien näher bestimmt?**
Adverbien bestimmen Verben, Adjektive, andere Adverbien oder ganze Sätze näher:

- Verben
  *Beispiel:* Il travaille bien.
- Adjektive
  *Beispiel:* Il est vraiment bon en français.
- Adverbien
  *Beispiel:* Il travaille vraiment bien.
- ganze Sätze
  *Beispiel:* Heureusement, il a aussi de bonnes notes.

Aufgabe 60 Est-ce que les adverbes soulignés déterminent des verbes, des adjectifs, des adverbes ou des phrases entières ? Coche la bonne réponse ( ☒ ).

| | verbe | adjectif | adverbe | phrase |
|---|---|---|---|---|
| a) Les élèves dorment tranquillement. | ☒ | ☐ | ☐ | ☐ |
| b) La grammaire m'intéresse vraiment peu. | ☐ | ☐ | ☐ | ☐ |
| c) Nous lisons un roman très intéressant. | ☐ | ☐ | ☐ | ☐ |
| d) Mon examen de chimie s'est assez mal passé. | ☐ | ☐ | ☐ | ☐ |
| e) Elle a facilement trouvé les Vosges sur la carte. | ☐ | ☐ | ☐ | ☐ |
| f) Mes profs sont plutôt sévères. | ☐ | ☐ | ☐ | ☐ |
| g) Le conducteur de bus conduit rapidement. | ☐ | ☐ | ☐ | ☐ |
| h) Heureusement, le contrôle a été facile. | ☐ | ☐ | ☐ | ☐ |

## 6.2 Ursprüngliche Adverbien

Die ursprünglichen Adverbien sind Adverbien, die du nicht von anderen französischen Wörtern ableiten kannst. Du musst sie deshalb als eigene Wörter lernen. Zu ihnen gehören zum Beispiel:

- Adverbien des Ortes: *ici, là, partout*
- Adverbien der Zeit: *tôt, tard, bientôt, demain, hier, tout à coup, déjà, encore, toujours*
- Adverbien der Art und Weise: *bien, mal*
- Adverbien der Menge und des Grades: *beaucoup, plus, peu, moins, assez, trop, très*
- Adverbien der Verneinung: *non, jamais, rien*
- Frageadverbien: *comment, où, combien*

**Aufgabe 61** Cherche les six adverbes primitifs *(ursprüngliche Adverbien)* qui se cachent dans ces mots croisés. Écris-les et ajoute leur contraire.

| | | | | | | | |
|---|---|---|---|---|---|---|---|
| R | D | T | P | A | M | H | U |
| B | E | A | U | C | O | U | P |
| C | M | R | A | B | I | E | N |
| E | A | D | T | O | N | M | A |
| N | I | E | S | M | S | L | O |
| E | N | C | O | R | E | D | R |

1 __________ __________

2 __________ __________

3 __________ __________

4 __________ __________

5 __________ __________

6 __________ __________

**Aufgabe 62*** Une copine a écrit une lettre à sa correspondante française. Malheureusement, elle a confondu *(verwechseln)* tous les adverbes. Corrige la lettre et remplace les adverbes par les adverbes corrects.

*Chère Marianne,*

*J'espère que tu vas mal. Tu m'as raconté que tu avais été en vacances. Combien est-ce qu'elles se sont passées? Moi, je dois aller à l'école. Hier, je vais avoir un contrôle de maths et jusqu'à tout à coup, je n'ai encore rien (nichts) fait. Tu sais, samedi, c'était l'anniversaire de ma meilleure copine. Nos parents nous ont permis d'aller en boîte. Comme nous sommes rentrées beaucoup tôt, j'ai dormi jusqu'à dix heures. Mais après, j'étais peu fatiguée pour travailler pour l'école. J'espère que tout ira assez pour le contrôle.*

*Je t'embrasse. À déjà, Lilli*

## 6.3 Bildung der abgeleiteten Adverbien

**Wie werden die abgeleiteten Adverbien gebildet?**
Viele Adverbien (in der Regel handelt es sich dabei um Adverbien der Art und Weise) kannst du auf der Grundlage von Adjektiven bilden. Charakteristisch ist ihre gemeinsame **Endung *-ment*** (vom lateinischen Ablativ *mente* = mit … Sinn/ Geist).
Da *mens* im Lateinischen feminin ist, erklärt sich auch, warum du bei der Bildung der französischen Adverbien die **weibliche Form des Adjektivs** verwenden musst.

*normal, normale* – *normalement*
*heureux, heureuse* – *heureusement*
*sec, sèche* – *sèchement*

Einige Adjektive unterscheiden nicht zwischen männlicher und weiblicher Form. In diesen Fällen kannst du gleich die Endung *-ment* anhängen.

*facile* – *facilement*

**Aufgabe 63** Complète le tableau avec les formes féminines des adjectifs et avec les adverbes.

| deutsches Adjektiv | Adjektiv, männlich | Adjektiv, weiblich | Adverb |
|---|---|---|---|
| *neugierig* | curieux | *curieuse* | *curieusement* |
| *vollständig* | complet | | |
| *schüchtern* | timide | | |
| *stark* | fort | | |
| *leise* | silencieux | | |
| *unglücklich* | malheureux | | |
| *herkömmlich* | traditionnel | | |
| *sorgfältig* | soigneux | | |
| *schwierig* | difficile | | |
| *ruhig* | calme | | |
| *gefährlich* | dangereux | | |
| *kalt* | froid | | |
| *leicht* | facile | | |
| *ernst* | sérieux | | |

**Aufgabe 64** Complète les phrases avec les adverbes correspondants.

Si l'on parle d'ours, on pense ________________ (normal) aux ours blancs ou à ceux qui vivent dans les forêts de l'Amérique du Nord. Mais est-ce que tu savais qu'il y a encore quelques ours dans les Pyrénées ? Au milieu du XX$^{e}$ siècle, ils y avaient presque ________________ (complet) disparu *(verschwunden)*. Mais dans les années 90 du dernier siècle, on a commencé à les réintroduire *(wiedereinführen)*. ________________ (malheureux), il y a beaucoup de personnes qui n'en sont pas contents. Ils disent que les ours sont dangereux pour l'homme. Certes, il y a eu des cas où des ours ont attaqué des moutons ou ont même blessé des hommes ________________ (sérieux). Mais ________________ (normal), on les rencontre ________________ (difficile). Presque ________________ (timide), l'ours se cache dans les forêts. Si on le rencontre tout de même, il faut prendre quelques précautions. Ne le regardez surtout pas ________________ (curieux) mais retirez-vous ________________ (calme). C'est important parce que l'ours s'énerverait ________________ (facile) si vous couriez. Mais à la fin, est-ce que tu ne trouves pas que c'est beau que ces animaux vivent en Europe ?

**Aufgabe 65** Tu n'as pas encore appris les noms suivants. Tu peux tout de même les comprendre parce que tu connais déjà les adjectifs et les adverbes correspondants. Ajoute-les et traduis les noms.

| | | |
|---|---|---|
| *froid, e (kalt)* | | |
| froideur: *Kälte* | danger: | difficulté: |
| *froidement* | | |

| | | |
|---|---|---|
| | | |
| jalousie: | longueur: | surdité: |
| | | |

**Welche Ausnahmen musst du bei der Bildung der Adverbien beachten?**
Die überwiegende Zahl der Adverbien wird zwar nach dem Muster ‚weibliche Form des Adjektivs + *ment*' gebildet, aber es gibt auch einige Ausnahmen:

- Endet die maskuline Form des Adjektivs auf einen **hörbaren Vokal**, wird das Adverb von der **maskulinen Form** abgeleitet, weil die feminine Form nichts an der Aussprache ändern würde.
  vrai, vraie – vraiment
  joli, jolie – joliment
  absolu, absolue – absolument
- **Adjektive auf *-ant* bzw. *-ent*** bilden das Adverb mit ***-amment*** bzw. ***-emment***
  Aussprache: [amɑ̃]
  méchant – méchamment
  intelligent – intelligemment
  prudent – prudemment
- Einige Adverbien haben die Endung ***-ément***.
  énorme – énormément
  précis – précisément
- gentil, gentille – **gentiment**

Aufgabe 66 Écris les adverbes qui correspondent aux adjectifs donnés.

| deutsches Adjektiv | Adjektiv, männlich | Adjektiv, weiblich | Adverb |
|---|---|---|---|
| *genau* | précis | | *précisément* |
| *höflich* | poli | | |
| *absolut* | absolu | | |
| *riesig* | énorme | | |
| *bösartig* | méchant | | |
| *intelligent* | intelligent | | |
| *hübsch* | joli | | |
| *vorsichtig* | prudent | | |
| *freundlich* | gentil | | |
| *offensichtlich* | évident | | |
| *ausreichend* | suffisant | | |

**Aufgabe 67** Transforme les adjectifs indiqués en adverbes. Complète les phrases avec les adverbes qui conviennent.

| drôle, suffisant, évident, vrai, gentil, prudent, énorme, absolu |
|---|

a) Ma voisine me salue toujours ______________________ .

b) Marc n'aime pas rouler ______________________ .

c) Sylvie rit ______________________ .

d) Le chien m'a fait ______________________ peur.

e) ______________________ , c'est faux.

f) C'est ______________________ fou, ce qu'il a fait.

g) Cédric ne s'entraîne pas ________________ pour devenir un bon athlète.

h) Tu crois ______________________ ?

**Aufgabe 68** **Exercice combiné :** Trouve au moins onze adjectifs et transforme-les en adverbes.

| | | | | | | | | | | |
|---|---|---|---|---|---|---|---|---|---|---|
| X | U | A | F | A | C | I | L | E | W | O |
| B | I | E | P | R | U | D | E | N | T | U |
| C | N | A | R | F | G | E | N | T | I | L |
| A | E | V | I | D | E | N | T | T | A | O |
| R | E | R | E | G | E | L | O | E | G | S |
| S | I | A | V | U | A | M | I | N | O | B |
| O | D | I | F | F | E | R | E | N | T | A |

les adverbes :

______________ ______________

______________ ______________

______________ ______________

______________ ______________

______________ ______________

______________ ______________

**Aufgabe 69** **Exercice combiné :** Tonton David a écrit une chanson qui a comme titre *Il marche seul.* Le texte suivant résume son contenu.
Transforme les adjectifs en adverbes et complète le petit résumé !

Un personnage inconnu marche ___machinalement___ *(machinal)* dans la rue. Il se demande ________________ *(triste)* où il peut dormir parce qu'il est sans domicile fixe. Il rêvait de réussir dans la « ville de lumière » : s'habiller ________________ *(élégant)*, sortir ________________ *(long)* avec des amis, faire ________________ *(facile)* la connaissance d'une femme…

Mais maintenant il est ______________ *(extrême)* triste. Partout, il cherche ______________ *(désespéré)* un travail pour sortir de sa misère. ______________, *(malheureux)* il ne trouve pas d'emploi. Il n'a pas d'amis, c'est pourquoi il est ______________ *(absolu)* seul. ______________ *(normal)*, il devrait être en contact avec sa famille. Il dit ______________ *(fier)* non à la possibilité de mendier. ______________ *(final)*, il reste dans la rue sans perspective d'avenir.

Aufgabe 70* **Exercice combiné :** Présente une chanson ou un livre. Donne les informations suivantes.

- Qui a écrit le livre ou chanté la chanson ? Quel est le titre et le thème ?
- Quel est le contenu *(Inhalt)* ?
- Est-ce que le livre ou la chanson t'a plu ? Pourquoi ou pourquoi pas ?
- Est-ce qu'on peut le / la recommander *(empfehlen)* ?

Aufgabe 71 **Exercice combiné :** *Adjectif* ou *adverbe* ? Mets les formes qui conviennent.

a) **prudent :** Pour être un bon conducteur, il faut être ______________ et conduire ______________.

b) **irrégulier :** *Savoir* est un verbe ______________. Il faut le conjuguer ______________.

c) **bon :** Alice est une ______________ élève. Elle travaille ______________.

d) **rapide :** Le TGV roule très ______________. C'est un train ______________.

e) **évident :** La solution du problème est ______________. C'est ______________ facile à comprendre.

f) **curieux :** Notre voisine est ______________. Elle écoute ______________ derrière la porte.

## 6.4 Stellung der Adverbien

**Welche Adverbien können am Satzanfang oder am Satzende stehen?**
Am Satzanfang (oder am Satzende) können stehen:

- **Satzadverbien**
  *Beispiel:* Heureusement, il ne remarque pas que je n'ai pas fait mes devoirs.
- **Orts- und Zeitadverbien**
  *Beispiel:* Demain, nous partirons en vacances.

Aufgabe 72 Quels adverbes est-ce qu'on pourrait ajouter aux phrases suivantes ? Mets les adverbes à la bonne place.

malheureusement, demain, hier, apparemment, bien sûr, heureusement

a) M. Bertrand a eu un accident. ____________________

b) L'autre n'a pas fait attention. ____________________

c) Les deux ne sont pas blessés. ____________________

d) La voiture de M. Bertrand ne roule plus. ____________________

e) L'autre doit payer. ____________________

f) M. Bertrand va avoir une autre voiture. ____________________

**Wo stehen die Adverbien, die ein Adjektiv oder ein anderes Adverb näher bestimmen?**
Adverbien, die ein Adjektiv oder ein anderes Adverb näher bestimmen, stehen vor diesen.

*Beispiele:* Il est complètement désespéré.
Elle parle très bien français.

Aufgabe 73 Mets les adverbes à la bonne place.

a) **assez :** Je suis content du résultat.

b) **complètement :** À mon avis, il est fou.

c) **très :** Elle n'est pas gentille avec son fils.

d) **trop :** Quelquefois, il est courageux.

e) **extrêmement :** C'est un cas rare *(selten)*.

f) **vraiment :** En maths, mon copain sait peu de choses.

g) **assez :** Ma mère comprend bien l'italien.

**Wo stehen die Adverbien, die Verben näher bestimmen?**

- Bei den **einfachen Verbformen** steht das Adverb **nach dem konjugierten Verb.** Die Verben auf *-ment* sind dabei häufig von diesem getrennt.

  *Beispiele:* Je mange souvent des sucreries.
  Mon frère ne fait pas ses devoirs sérieusement.

**Aufgabe 74** Mets les mots dans le bon ordre.

a) tranquillement – les – dorment – élèves

______________________________

b) s' – le – professeur – difficilement – énerve

______________________________

c) problèmes – aux – explique – il – les – calmement – élèves.

______________________________

d) l' – anglais – il – bien – très – parle

______________________________

e) sérieusement – des – de – élèves – occupe – ses – il – s' – problèmes

______________________________

- Bei den **zusammengesetzten Verbformen** stehen
  - **kurze** Adverbien **zwischen konjugiertem Verb und Partizip/Infinitiv,**
    *Beispiele:* J'ai mal dormi.
    Il va peu manger.
  - **längere** Adverbien sowie *ensemble* in der Regel **nach dem Partizip/Infinitiv.**
    *Beispiele:* Il nous a expliqué le problème calmement.
    Nous allons le faire ensemble.

**Aufgabe 75** Mets l'adverbe à la bonne place.

a) Le boxer s'est défendu.

______________________________ courageusement

b) Le bébé a dormi.

______________________________ tranquillement

c) Notre prof a expliqué la grammaire.

________________________________ bien

d) Pierre et Philippe ont travaillé.

________________________________ ensemble

e) J'ai cherché mon chien.

________________________________ désespérément

f) Ma mère a pris son licenciement *(Entlassung)*.

________________________________ mal

g) Mes copains m'ont invité.

________________________________ gentiment

h) Pendant sa maladie, Sophie a dormi.

________________________________ beaucoup

i) Nous avons bu.

________________________________ trop

**Aufgabe 76*** Traduis les phrases suivantes.

a) Meine Oma ist nicht häufig in den Urlaub gefahren.
b) Sie hat sich daheim wohlgefühlt.
c) Um sich um ihre Kinder kümmern zu können, hat sie vollständig auf eine andere Arbeit verzichtet *(renoncer à)*.
d) Mit ihrer außergewöhnlichen Intelligenz hat sie leicht mehrere Sprachen gelernt.
e) Meine Mutter sagt, dass sie elegant getanzt hat.

- Beim **Infinitiv** stehen
  - **kurze** Adverbien meist **vor dem Infinitiv**,
    *Beispiel:* Il sait bien conduire.
  - **längere** Adverbien sowie *ensemble* **nach dem Infinitiv**.
    *Beispiele:* Il sait conduire prudemment.
    Il nous a promis de conduire lentement.

**Aufgabe 77** Un portrait de Monique. Transforme les adjectifs entre parenthèses en adverbes et mets-les à la bonne place.

## Monique

a) J'aime sortir tous les soirs. (élégant)
b) J'adore le rap français. (absolu)
c) Je sais me faire des amis. (facile)
d) Je voudrais faire ta connaissance. (rapide)
e) Je viens de tomber amoureuse d'un garçon de ma classe. (passionné)
f) Je sais prendre les problèmes. (léger)
g) Je déteste faire le ménage. (soigneux)
h) Je n'ai pas envie d'expliquer ce que je veux. (long)
i) À cause d'un accident de ski, je dois faire de la gymnastique. (régulier)

**Aufgabe 78*** **Exercice combiné :** Fais un portrait de toi-même. Utilise des phrases avec des adverbes.

## 6.5 Steigerung und Vergleich von Adverbien

**Wie werden Adverbien gesteigert?**
Adverbien werden wie Adjektive gesteigert:
- **Komparativ:** ***plus*** bzw. ***moins***
- **Superlativ:** ***le plus*** bzw. ***le moins***

*Beispiele:* Loic a moins bien travaillé que son frère.
Anouk a couru le plus vite de toute sa classe.

Aufgabe 79 Complète le tableau.

| | | | Steigerung | |
|---|---|---|---|---|
| **Adjektiv (dt.)** | **Adjektiv (frz.)** | **Adverb** | **Komparativ** | **Superlativ** |
| | | | | le plus simplement |
| ruhig | | | | |
| | | rapidement | | |
| | sec, sèche | | | |
| lustig | | | | |
| | | | plus lentement | |
| | froid, e | | | |
| schwierig | | | | |
| | dangereux, se | | | |
| | | prudemment | | |
| nett | | | | |
| wirklich | | | – | – |
| | | évidemment | – | – |

**Welche Ausnahmen gibt es?**
Zu den **Ausnahmen** gehören sehr geläufige Adverbien, weshalb du sie dir gut einprägen solltest.

*bien* – *mieux* – *le mieux*
*peu* – *moins* – *le moins*
*beaucoup* – *plus* – *le plus*

*Beispiel:* Maintenant, Isabelle a mieux compris le problème de maths.

**Aufgabe 80** Estelle et Élodie sont jumelles et se ressemblent beaucoup. Mais elles sont quand même bien différentes.
Emploie le comparatif avec plus (+) ou avec moins (–).

| ① regarder souvent la télé | ② faire vite ses devoirs | ③ rentrer tard le soir | ④ se lever tôt le matin | ⑤ préparer régulièrement les repas |
|---|---|---|---|---|

Estelle :

1. – *Elle regarde moins souvent la télé.*
2. – ____________________
3. + ____________________
4. + ____________________
5. – ____________________

| ⑥ comprendre facilement la grammaire | ⑦ avoir peu envie de danser | ⑧ manger beaucoup | ⑨ travailler bien à l'école | ⑩ dormir profondément (*tief*) |
|---|---|---|---|---|

Élodie :

6. – ____________________
7. – ____________________
8. + ____________________
9. + ____________________
10. – ____________________

**Aufgabe 81** Traduis.

Sprich lauter!

Mache deine Aufgaben regelmäßiger!

Gehe früher nach Hause!

Grüße freundlicher!

Schreibe sorgfältiger!

Arbeite mehr!

Denke öfter nach!

Iss gesünder!

Lache häufiger!

Gehe langsamer!

**Aufgabe 82*** Imagine des activités pour établir *(aufstellen)* un record. Utilise des adverbes au *superlatif* + *possible*.

a) Je vais jouer le plus longuement possible à mon jeu d'ordinateur préféré.

b) ______________________________

c) ______________________________

d) ______________________________

e) ______________________________

f) ______________________________

**Wie kannst du Vergleiche formulieren?**
Adverbien werden wie Adjektive verglichen:

*plus … que*
*moins … que*
*aussi … que*

*Beispiele:* Une voiture va plus vite qu'un cheval.
Un train va moins vite qu'un avion.
Un airbus vole aussi vite qu'un Boeing.

**Aufgabe 83** Compare le comportement *(Verhalten)* de Simon et de Louis.

| | Simon | Louis |
|---|---|---|
| a) saluer gentiment | (–) | (+) |
| b) parler lentement | (–) | (+) |
| c) courir vite | (=) | (=) |
| d) bien jouer de le guitare | (+) | (–) |
| e) aller souvent en boîte | (=) | (=) |
| f) réfléchir longuement | (–) | (+) |
| g) mal accepter une mauvaise note | (=) | (=) |
| h) jouer élégamment au tennis | (+) | (–) |
| i) écouter attentivement | (=) | (=) |
| j) rire drôlement | (+) | (–) |

a) *Simon salue moins gentiment que Louis.*
b) ______
c) ______
d) ______
e) ______
f) ______
g) ______
h) ______
i) ______
j) ______

## 6.6 Ersatzkonstruktionen

**Wann müssen oder können andere Konstruktionen dem Adverb vorgezogen werden?**
Im Französischen gibt es Konstruktionen, mit denen du Adverbien ersetzen kannst:

*d'une façon*
*d'une manière*
*d'un ton*
*d'un air*
} + Adjektiv (evtl. mit *accord*)

Diese Ersatzkonstruktionen werden verwendet, wenn

- von einem Adjektiv kein Adverb abgeleitet werden kann (z. B. bei *content, faché, intéressant, satisfaisant, agressif*).
  *Beispiel:* Les élèves font leurs devoirs d'une manière satisfaisante (*zufriedenstellend*).
- davon die Rede ist, wie jemand einen anderen ansieht oder in welchem Ton er mit ihm spricht.
  *Beispiel:* Le gangster s'adresse d'un ton agressif au directeur de la banque.
- in der gesprochenen Sprache so unregelmäßigen Formen ausgewichen werden kann.

Aufgabe 84 Comment est-ce que ces émoticons te regardent ? Choisis le bon mot parmi ceux indiqués ci-dessous et utilise la construction avec *d'un air...*

| surpris, mécontent, fâché (*verärgert*), désespéré (*verzweifelt*), content, fatigué, heureux, innocent (*unschuldig*), interrogatoire (*fragend*), amoureux, triste, insolent (*frech*) |
|---|

Il te regarde...

*d'un air heureux* ________ ________ ________

________ ________ ________ ________

______ ______ ______ ______

**Aufgabe 85** Mets une périphrase adverbiale *(adverbiale Umschreibung)*.

a) **énervé**
Les pompiers répondent ______ aux questions des journalistes.

b) **intéressant**
Françoise et Michelle présentent leur exposé ______ .

c) **ennuyé**
Le chanteur donne des autographes *(Autogramme)* ______ .

d) **agressif**
Le champion attaque son adversaire ______ .

**Aufgabe 86*** Imagine la situation suivante : ton prof veut que tu fasses tes devoirs plus soigneusement. Qu'est-ce qu'il pourrait dire quand il te parle ?

a) d'un ton gentil : ..., est-ce que je pourrais te parler, s'il te plaît ? Ces derniers temps, tu as fait tes devoirs peu soigneusement. Je sais que parfois, les devoirs ne sont pas très intéressants. Mais tu es un garçon intelligent et ce serait vraiment dommage si tu devais redoubler la classe.

b) d'un ton énervé : ______

c) d'un ton désespéré : ______

## 6.7 Adverbialer Gebrauch von Adjektiven

**Was versteht man unter adverbialem Gebrauch?**
Wird vom adverbialen Gebrauch von Adjektiven gesprochen, so heißt das, dass **Adjektive** in bestimmten Fällen die **Funktion eines Adverbs** übernehmen können. Wie du weißt, ist der Unterschied im Gebrauch zwischen Adverbien und Adjektiven normalerweise eindeutig geregelt:

- Adjektive beziehen sich auf ein Nomen.
- Adverbien beziehen sich auf ein Verb, ein Adjektiv, ein anderes Adverb oder einen ganzen Satz.

Allerdings gibt es Ausnahmen von dieser Regel.

**Wann wird im Französischen ein Adjektiv wie ein Adverb verwendet?**
Die Zahl der Fälle, in denen ein Adjektiv wie ein Adverb verwendet wird, ist sehr gering. Du kennst sie zum Teil bereits aus dem Englischen.

- sentir bon *to smell good*
  sentir mauvais *to smell bad*
- acheter cher
  vendre cher
  coûter cher
- parler fort *to speak loud*
  parler bas *to speak low*
- chanter juste
  chanter faux
- travailler dur

Aufgabe 87* Pour pouvoir faire cet exercice, tu dois connaître les règles du discours indirect *(voir pages 152–166)*.

Ta mère rentre du marché. Elle est énervée et fatiguée. Elle te raconte ce qui s'est passé.

„Heute war der Einkauf auf dem Markt einfach schrecklich. Zunächst wollte ich für heute Nachmittag Kuchen kaufen. Als ich an dem Stand mit den Süßwaren war, hatten sie auch wirklich gut riechende Torten. Ich wählte eine davon aus, eine große Schokotorte, und habe nach dem Preis gefragt. Die Verkäuferin hat sehr leise gesprochen. Ich habe 13 € verstanden, was ja durchaus gegangen wäre. Beim Bezahlen habe ich jedoch gemerkt, dass sie 30 € haben wollte! Da hat sie mir die Torte wirklich teuer verkauft. Beim nächsten Stand wollte ich Fische. Aber die haben so gestunken, dass ich sie lieber nicht genommen habe. Beim dritten Stand hat eine alte Frau neben mir so laut gesprochen, dass ich fast Ohrenschmerzen bekommen hätte. Außerdem habe ich festgestellt, dass der Verkäufer ihr die Erdbeeren zu einem unverschämt hohen Preis verkauft hat. Als dann auch noch ein kleiner Junge anfing zu singen, und das auch noch ziemlich falsch, habe ich kehrtgemacht. Dann essen wir heute eben nur Torte. Ich habe sie ja auch sehr teuer erstanden."

Ton copain français, qui passe ses vacances chez toi, n'a rien compris. Essaie de lui raconter ce que ta mère a dit. Il n'est pas nécessaire que tu traduises tout mot par mot. Il est plus important que tu rendes les informations les plus essentielles *(wichtig)*. Emploie au moins cinq expressions dans lesquelles un adjectif prend la place d'un adverbe.

# 7 Zeiten

## 7.1 *Accord* des *participe passé* an vorausgehendes direktes Objekt

Steht ein **direktes Objekt vor** einem *participe passé*, so muss das *participe passé* in Numerus (Zahl) und Genus (Geschlecht) daran angepasst werden *(accord)*.

Das direkte Objekt ist dabei in der Regel
- ein Relativpronomen (*que*) oder
- ein direktes Objektpronomen (*me, te, se, nous, vous, le, la, les*).

*Beispiele:* J'ai perdu la BD que tu m'a prêtée.
Hier, je ne l'ai plus retrouvée.

Aufgabe 88 Est-ce qu'il faut faire l'accord ou non ? Ajoute la forme qui convient.

a) Les chansons qu'ils ont ____________ (chanter) sont de Cœur de pirate.
b) La lettre que tu as ____________ (écrire) arrivera dans deux jours.
c) Nicole, qui a ____________ (acheter) une nouvelle voiture, a eu un accident.
d) Le repas que tu as ____________ (préparer) est délicieux.
e) Les photos qu'il m'a ____________ (montrer) ne me plaisent pas.
f) Le seul tableau que ce peintre a ____________ (créer) se trouve au Louvre.
g) La musique que tu as ____________ (écouter) date des années soixante.
h) L'artiste qui a ____________ (annoncer) une tournée en France est tombé malade.

Aufgabe 89* Complète les phrases à l'aide des mots indiqués. Il y a plus de mots que de trous *(Lücken)*.

| | |
|---|---|
| la circulation | *Verkehr* |
| le climat | *Klima* |
| la destruction | *Zerstörung* |
| le développement | *Entwicklung* |
| l'environnement | *Umwelt* |
| l'industrie | *Industrie* |
| la marée noire | *Ölpest* |
| les ordures (f. pl) | *Abfall* |
| la pollution | *Verschmutzung* |
| la protection | *Schutz* |
| le risque | *Risiko* |

a) L' ____________ qui s'est développée au XIX<sup>e</sup> siècle est une des causes de la ____________ de la nature.
b) Le changement du ____________ et les ____________ qu'on a vues aussi sur les côtes françaises nous incitent *(auffordern)* à faire quelque chose pour la ____________ de l'____________.
c) Mais quoi faire contre la ____________ que notre civilisation a provoquée et que nous provoquons toujours ?

**Aufgabe 90** Claude et René veulent partir en vacances. Avant le départ, Claude contrôle s'ils ont fait tout ce qu'elle a écrit sur la liste.
Écris des phrases en prenant l'exemple comme modèle. Remplace les mots soulignés par les pronoms qui conviennent et utilise le *passé composé*.

| | | |
|---|---|---|
| a) | réserver une chambre | ✓ (René) |
| b) | confirmer la réservation | ✓ (René) |
| c) | payer la facture | ✓ (moi) |
| d) | acheter un guide | ✓ (mes parents) |
| e) | acheter des billets de train | ✓ (moi) |
| f) | réserver les places dans le train | ✓ (moi) |
| g) | contrôler nos papiers | ✓ (René) |
| h) | rendre les livres empruntés | ✓ (René et moi) |
| i) | donner le chien à la voisine | ✓ (moi) |
| j) | arroser (gießen) les plantes | ✓ (René) |
| k) | louer des bicyclettes | ✓ (René) |
| l) | retirer (abheben) 200 euros | ✓ (René et moi) |

a) René l'a réservée.
b) ______
c) ______
d) ______
e) ______
f) ______
g) ______
h) ______
i) ______
j) ______
k) ______
l) ______

**Aufgabe 91*** **Exercice combiné :** Marie a passé une journée au parc d'attractions. Mets les formes entre parenthèses au *participe passé*. N'oublie pas l'accord s'il le faut.

Il y a peu de temps, j'ai ______________ (recevoir) une invitation au parc d'attractions que je souhaitais visiter depuis très longtemps. Ma copine Sara me l'a ______________ (donner) pour mon anniversaire.
Malheureusement, ma mère m'a ________________ (obliger) d'emmener ma petite sœur Mia. Le samedi après mon anniversaire, nous sommes ____________ (arriver) très tôt devant les portes du parc qu'on a ______________ (ouvrir) ce jour-là déjà à sept heures du matin.
Jusqu'à ce moment-là, ma petite sœur nous a ____________ (accompagner) sans rien dire. Mais ensuite, elle ________________ (commencer) à nous dire ce qu'elle voulait voir : « Cherchons la princesse que nous avons ___________ (voir) sur l'affiche. » Comme par hasard, cette princesse se trouvait près de nous, je l'ai __________________ (montrer) à Mia. Ensuite, elle voulait voir le château, jouer au pirate, etc.
Sara, par contre, voulait nous montrer un endroit particulier *(besonderer)* du parc. Elle l'a ___________________________ (découvrir) la dernière fois qu'elle y a _________________ (être). Tout à coup, nous avons __________________ (être) devant une grande pierre qui représentait une tête de mort. Au moment où je l'ai ________________ (voir), j'ai ___________________ (savoir) qu'il ferait peur à Mia et j'ai ________________ (demander) qu'on continue à visiter le parc.

**Aufgabe 92*** **Exercice combiné :** Continue l'histoire. Qu'est-ce que Marie pourrait faire pour ne pas faire peur à sa sœur ?

## 7.2 Die reflexiven Verben im *passé composé*

**Welche Verben gehören zu den „reflexiven Verben"?**

Reflexive Verben zeichnen sich dadurch aus, dass sie ein Pronomen, das sog. „Reflexivpronomen", vor sich haben, das auf das Subjekt zurückverweist. Das Reflexivpronomen stimmt also in Person und Numerus mit dem Subjekt überein.

*Beispiele:* Quand est-ce que tu te lèves ? – Moi, je me lève vers sept heures.
Mais mes parents, ils se lèvent déjà à cinq heures du matin !

Die **Relativpronomen** lauten:

| | Singular | Plural |
|---|---|---|
| 1. Person | *me/m'* | *nous* |
| 2. Person | *te/t'* | *vous* |
| 3. Person | *se/s'* | |

**Beachte:** Das Reflexivpronomen kann sowohl **direktes** als auch **indirektes Objekt** sein:

*Beispiele:* direktes Objekt: Je me couche très tard le soir.
indirektes Objekt Nous nous écrivons souvent de longs e-mails.

**Aufgabe 93*** Coche les verbes ( ☒ ) qui ont aussi une forme pronominale *(reflexive Form)*.

| | | | |
|---|---|---|---|
| ☒ laver | ☐ courir | ☐ arriver | ☐ demander |
| ☐ venir | ☐ réveiller | ☐ regarder | ☐ bouger |
| ☐ mettre | ☐ lever | ☐ naître | ☐ contrôler |
| ☐ adresser | ☐ mourir | ☐ acheter | ☐ présenter |

Écris une phrase pour chaque verbe pronominal au présent et indique si le pronom réfléchi remplace un objet direct ou un objet indirect.

a) ______
b) ______
c) ______
d) ______
e) ______
f) ______
g) ______
h) ______
i) ______
j) ______

**Wie werden die reflexiven Verben ins *passé composé* gesetzt?**
Die reflexiven Verben werden im *passé composé* mit dem Hilfsverb *être* gebildet.

*Beispiele:* Hier, je me suis occupé du chien de mon voisin.
Comme nous nous sommes promenés longtemps, il s'est endormi tôt.

**Aufgabe 94*** Comment est-ce que tu peux raccourcir ou transformer les phrases suivantes ? Utilise des verbes pronominaux.

| | |
|---|---|
| a) Georges a joué avec sa sœur, après, il lui a préparé un repas et enfin, il lui a raconté une histoire. | Georges s'est occupé de sa sœur. |
| b) Elle a ri de leur comportement *(Verhalten)* et elle a mal parlé d'eux. | |
| c) Il a cherché un agent de police et il lui a posé une question. | |
| d) Julie dormait. Tout à coup, elle a ouvert les yeux. | |
| e) Après le déjeuner, mon frère a repoussé sa chaise et a quitté sa place. | |
| f) Marie a couru derrière un arbre. Elle ne voulait pas que quelqu'un la trouve. | |
| g) M. Est est allé chez un vendeur de voitures. Deux heures plus tard, il avait une nouvelle voiture. | |
| h) Le professeur a perdu son calme et a commencé à crier. | |

**Beachte:** Auch die reflexiven Verben musst du wie alle Verben, die das *passé composé* auf *être* bilden, in Person und Numerus an das Subjekt angleichen ***(accord du participe passé)***. Das gilt aber nur, wenn das **Reflexivpronomen** ein **direktes Objekt** ist.

*Beispiel:* Sara et Monique se sont rencontrées pour la première fois.
*aber:* Mais elles se sont écrit pendant des mois.

**Aufgabe 95** Souligne les verbes dont le pronom réfléchi est un *objet direct* et coche ceux dont le pronom réfléchi est un *objet indirect*. Fais attention : il y a des cas où, selon le contexte, les deux sont possibles.

**s'éloigner** **se disputer** **se laver** **se demander** **se sentir** **se balader** **se tromper** **s'habituer** **s'agir** **s'écrire** **se compliquer** **s'entraîner** **s'endormir** **se passer** **s'acheter** **se cacher** **se voir** **se montrer** **s'amuser** **se dire**

**Aufgabe 96** Décris la matinée de Claire au *passé composé*.

a) ______________________________ b) ______________________________

c) ______________________________ d) ______________________________

e) ______________________ f) ______________________

g) ______________________ h) ______________________

**Aufgabe 97*** Quelle matinée ! Pendant la récréation, Lucien raconte à son copain ce qui s'est passé le matin. Écris ce qu'il dit.

6 h 20 (la radio) s'allumer – (je) se réveiller – peu après: (je) s'endormir de nouveau

6 h 50 (la mère) réveiller – (je) se lever – (je) se brosser les dents – (je) se laver – (je) s'habiller

7 h 05 (je) prendre le petit déjeuner – (je) renverser (umschütten) le bol de chocolat – (la mère) s'énerver – (nous) se disputer

7 h 15 (je) partir – (je) avoir froid – (je) retourner à la maison – (je) mettre un manteau plus chaud

7 h 45 (je) repartir – (je) courir – (je) ne pas faire attention à une fille en vélo – (elle) tomber – (elle) se blesser – (elle) se plaindre de douleurs dans la jambe – (je) s'inquiéter (sich beunruhigen) – (nous) aller chez un médecin – (elle) ne pas avoir de blessures graves – (elle) s'en réjouir (sich darüber freuen) – (je) s'excuser pour l'accident – après ce choc: (nous) s'acheter des petits pains au chocolat

8 h 40 (je) arriver à l'école – le cours avait déjà commencé – (proviseur) s'adresser à moi – (je) se défendre – (il) me donner une heure de colle (Nachsitzen)

Aufgabe 98* Remplis le questionnaire suivant en français. Écris des phrases complètes.

## Fragebogen

a) Wie oft hast du dir heute die Hände gewaschen?

______________________________

b) Wo habt ihr, deine Freund*innen und du, das letzte Mal Spaß gehabt?

______________________________

c) Wann ist deine Schwester am Wochenende ins Bett gegangen?

______________________________

d) Hast du schon einmal im Meer gebadet?

______________________________

e) Wie viele Nachrichten habt ihr euch gestern geschrieben?

______________________________

f) Hast du dich als Kind für Autos interessiert?

______________________________

g) Hast du dich in den letzten Tagen um deine Hausaufgaben gekümmert?

______________________________

h) Hat sich deine Klasse auf der letzten Schulfahrt wohlgefühlt?

______________________________

i) Wie oft hat dein Sportverein im vergangenen Monat trainiert?

______________________________

j) Hast du dich schnell an das Französische gewöhnt?

______________________________

k) Wie oft hat sich deine Familie in der letzten Woche gestritten?

______________________________

l) Hat sich gestern jemand über dich lustig gemacht?

______________________________

m) Hat sich im letzten Jahr jemand aus der Klasse das Leben selbst schwer gemacht?

______________________________

n) Was hast du dich in der letzten Zeit am häufigsten gefragt?

______________________________

o) Wo hat sich im vergangenen Schuljahr dein Sitzplatz befunden?

______________________________

## 7.3 Verwendung von *imparfait* und *passé composé*

**Wann wird das *imparfait* und wann das *passé composé* verwendet?**
Während sich im Deutschen die Verwendung von Imperfekt und Perfekt fast nur stilistisch und weniger inhaltlich unterscheidet, ist im Gegensatz dazu im Französischen der Gebrauch von *imparfait* und *passé composé* klar abgegrenzt.

***Imparfait:***

- Zur **Beschreibung** vergangener Handlungen, die zu dem in der Erzählung/dem Bericht relevanten Zeitpunkt schon begonnen haben und immer noch andauern.
  *Beispiel:* Airbus était une grande entreprise européenne.
- Zur Bezeichnung von gewohnheitsmäßigen, **sich wiederholenden** Handlungen
  *Beispiel:* Lufthansa achetait chaque année plusieurs avions Airbus.

***Passé composé:***

- Zur Bezeichung von Handlungen, die neu einsetzen und in der Vergangenheit abgeschlossen sind. Ihre Folgen können aber für die Gegenwart noch von Bedeutung sein.
  *Beispiele:* En 2005, Airbus a présenté le A 380 au public.
  Peu après, on a eu des problèmes.

Aufgabe 99* Lis le texte et justifie l'emploi du temps.

La ville de Toulouse est la capitale européenne de l'Aéronautique et de l'Espace. Au XX^e^ siècle, Airbus, le principal constructeur aéronautique en Europe, s'y est installé[1]. Depuis sa création en 1970, Airbus a connu[2] un grand succès. Son premier avion a été[3] l'Airbus A 300 qu'on a nommé[4] ainsi parce qu'il pouvait[5] transporter 300 passagers. Cependant, les noms des avions qui l'ont suivis[6] ne se justifiaient[7] plus par le nombre de personnes qui pouvaient[8] y prendre place. Le système était[9] plus simple. On a augmenté[10] le chiffre du modèle précédent de dix. C'est pourquoi les quatre avions qu'on a créés[11] ces dernières décennies s'appelaient[12] A 310, A 320, A 330 et A 340. Par conséquent, un nouvel avion aurait dû porter le nom A 350. Mais on voulait[13] interrompre cette série parce qu'on envisageait[14] la construction d'un modèle qui était de loin le plus grand qu'on ait fabriqué jusque-là. On a donc proposé[15] A 360 parce que ce chiffre faisait[16] penser aux 360° d'un tour du monde. Mais cette proposition n'a pas trouvé[17] le consentement général. On a donc choisi[18] un nouveau nom : A 380. Mais qu'est-ce que ce chiffre voulait dire[19] ? D'abord, les deux cercles superposés du chiffre 8 visualisaient[20] les hublots *(Fenster)* de l'avion. Ensuite, le chiffre 8 a une signification particulière dans la tradition orientale. Déjà les ancêtres des Chinois et des Japonais le considéraient[21] comme chiffre porte-bonheur. C'était[22] donc le chiffre idéal pour un avion avec lequel les constructeurs espéraient[23] faire de grands profits en Asie et avec lequel les passagers voyageraient en sécurité. En avril 2005, l'A 380 a décollé[24] pour la première fois de l'aéroport de Toulouse. Mais par la suite, cet avion a posé[25] beaucoup de problèmes. En octobre 2006, Airbus a annoncé[26] qu'il y avait[27] des retards de livraisons de l'A 380. Cela a été[28] un grand choc pour toute l'entreprise qui devait[29] compter avec plusieurs milliards d'euros de pertes. On a tout fait[30] pour sortir de la crise : d'abord, on a licencié[31] le manager, puis on a commencé[32] à réorganiser le déroulement de la production.

1 neu einsetzende Handlung, die abgeschlossen ist
2 ______
3 ______
4 ______
5 ______
6 ______
7 ______
8 ______
9 ______
10 ______
11 ______
12 ______
13 ______
14 ______
15 ______
16 ______
17 ______
18 ______

19 ______________________________
20 ______________________________
21 ______________________________
22 ______________________________
23 ______________________________
24 ______________________________
25 ______________________________
26 ______________________________
27 ______________________________
28 ______________________________
29 ______________________________
30 ______________________________
31 ______________________________
32 ______________________________

**ufgabe 100*** Regarde les photos suivantes. Quelle relation ont-elles avec l'exercice 99 ? Écris une ou deux phrases pour chaque photo avec tes propres mots.

L'hôtel de ville toulousain

A 320

A 380

**Aufgabe 101*** Dans le sud de la France, le rugby est un sport très populaire. Lucien, ton ami français, te téléphone et parle avec enthousiasme du match de son équipe. Mets les verbes entre parenthèses au temps qui convient *(imparfait ou passé composé)*.
Le texte contient quelques mots que tu ne connais pas encore. Cela ne fait rien. Essaie de comprendre le sens. Il est peut-être plus facile pour toi si tu fais d'abord l'exercice 102.

« Tu sais, pour mon anniversaire, mon père m'________________ (offrir) un billet pour aller voir un match de rugby. Et aujourd'hui, c'________ (être) le grand jour : je ______________ (aller) au stade. Tu peux t'imaginer que j'______________ (être) très nerveux avant le match. Mon équipe, celle de Toulouse, ______________ (rencontrer) celle de Narbonne. Les Toulousains __________ (avoir) l'avantage *(Vorteil)* d'avoir gagné les trois derniers matchs. Les Narbonnais, par contre, __________ (subir) une grande défaite *(Niederlage)* à domicile le week-end dernier. C'est pourquoi ils ______________ (manquer) un peu de confiance en eux, mais ils ____________ (avoir) la volonté de gagner ce match.
Comme d'habitude, les joueurs toulousains ______________ (porter) des tricots rouges et noirs. Tu te rappelles le jour où nous ______________ (se voir) la première fois ? Ce jour-là, je te/t'______________ (montrer) une photo de mon chien. Il ______________ (être en train) de déchirer *(zerreißen)* mon tricot de supporter *(Fan)*.
Mais je __________ (vouloir) te parler du match. À la 6e minute, un joueur des Narbonnais __________________ (marquer) le premier essai. J'______________ très triste. Dans le rugby, un essai est une sorte de but que tu connais du foot. C'est comme cela qu'une équipe peut marquer des points. Pendant les minutes, qui __________________ (suivre), les Toulousains __________ (être) paralysés. Les Narbonnais, par contre, ______________ (avoir) de nombreuses occasions. À la 26e minute, un joueur narbonnais ______________ (devoir) quitter le terrain en raison

d'une blessure. L'entraîneur le/l'______________________ (remplacer) par un jeune joueur que je ______________________ (ne pas connaître). Après le match, j'______________________ (apprendre) que c'était la première fois qu'il ______________ (jouer) en première division. Trois minutes après le remplacement, l'équipe de Narbonne ______________________ (se laisser) surprendre. À partir de ce moment-là, le match ______________ (tourner) à l'avantage des Toulousains. Ils ______________________ (résister) un peu mieux en mêlée. Juste avant la mi-temps, notre star ______________________ (encaisser) une pénalité et ______________________ (remettre) les deux formations à égalité. En seconde mi-temps, les Toulousains ______________________ (être) l'équipe prédominante. Ils ______________________ (profiter) de la moindre erreur de leurs adversaires. À la 73e minute, un joueur narbonnais ______________________ (donner) l'occasion aux Toulousains d'assurer leur victoire. Plaqué par son adversaire, il ______________________ (perdre) le ballon. À la dernière minute de la rencontre, un joueur narbonnais ______________________ (tenter) une ultime pénalité, mais il l'______________________ (manquer). Après le match, les Narbonnais ______________________ (être) très déçus. Mais nous, les supporters de l'équipe toulousaine, on ______________________ (fêter). »

**Aufgabe 102*** Relis le texte plusieurs fois et coche la bonne réponse ( ☒ ).

a) Lucien a regardé
- ☐ un match de foot au stade.
- ☐ un match de rugby au stade.
- ☐ un match de rugby à la télévision.

b) Le résultat du match dernier :
- ☐ Toulouse et Narbonne ont gagné.
- ☐ Toulouse et Narbonne ont perdu.
- ☐ Toulouse a gagné et Narbonne a perdu.

c) Pourquoi est-ce que Lucien parle de son chien ?
- ☐ Parce que le porte-bonheur de l'équipe de Toulouse est aussi un chien.
- ☐ Pour rappeler à son copain qu'il connaît le tricot des Toulousains.
- ☐ Parce que son chien l'a mordu le jour même.

d) Un « essai » est
- ☐ une attaque contre un joueur de l'équipe adversaire.
- ☐ une partie des tricots.
- ☐ une possibilité de faire des points.

e) Au début du match,
- ☐ l'équipe de Toulouse a mieux joué que les Narbonnais.
- ☐ l'équipe de Narbonne a mieux joué que les Toulousains.
- ☐ le niveau des deux équipes était égal.

f) En première mi-temps
- ☐ un joueur narbonnais n'a plus été capable de continuer le match.
- ☐ un joueur toulousain a été blessé.
- ☐ un jeune joueur s'est disputé avec l'entraîneur.

g) Qui a gagné le match ?
- ☐ L'équipe de Toulouse.
- ☐ L'équipe de Narbonne.
- ☐ Aucune des deux équipes. Ils ont eu le même nombre de points.

## 7.4 Le plus-que-parfait

**Wann wird das *plus-que-parfait* verwendet?**

Das *plus-que-parfait* (wörtlich: ‚mehr als abgeschlossen') bezieht sich auf eine Handlung, die schon vor einer anderen Handlung in der Vergangenheit abgeschlossen worden ist. Deshalb heißt diese Zeit auch ‚Vorvergangenheit'.

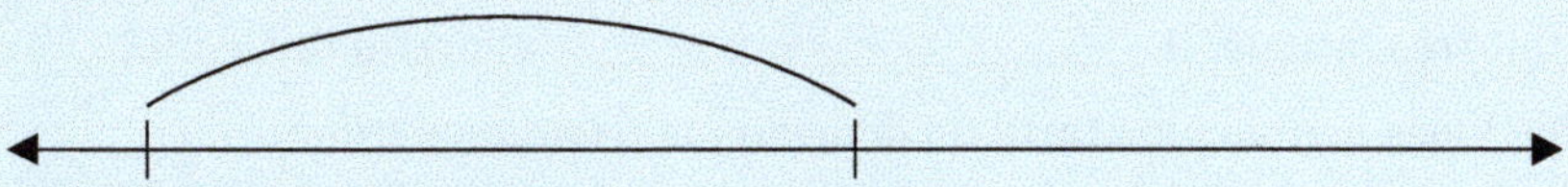

| *plus-que-parfait* | *passé composé* oder *imparfait* | *présent* |
|---|---|---|
| **Vorvergangenheit** | **Vergangenheit** | **Gegenwart** |

*Beispiel:* L'année dernière, j'ai passé mes vacances en France parce que mes parents m'avaient offert un cours de langue.

**Wie wird das *plus-que-parfait* gebildet?**

Das *plus-que-parfait* wird wie das *passé composé* gebildet. Du musst nur die Verben *avoir* bzw. *être* ins *imparfait* setzen: Form von ***avoir / être*** im ***imparfait*** + ***participe passé***.

| | *passé composé* | *plus-que-parfait* |
|---|---|---|
| *Beispiele:* | Ils ont bu de l'orangina. | Ils avaient bu de l'orangina. |
| | Elles sont allées à l'école. | Elles étaient allées à l'école. (*accord!*) |

**Aufgabe 103** Traduis les formes verbales suivantes et mets-les au *plus-que-parfait*.

| | | | |
|---|---|---|---|
| a) | ich habe genommen | j'ai pris | j'avais pris |
| b) | ______ | il buvait | ______ |
| c) | ______ | tu vis | ______ |
| d) | ______ | nous mangeons | ______ |
| e) | ______ | vous voyiez | ______ |
| f) | ______ | tu lèves | ______ |
| g) | ______ | ils meurent | ______ |
| h) | ______ | elle va ouvrir | ______ |
| i) | ______ | nous courions | ______ |
| j) | ______ | il pleuvait | ______ |
| k) | ______ | vous interdisez | ______ |
| l) | ______ | nous dormons | ______ |
| m) | ______ | ils sont | ______ |

**Aufgabe 104** Mets les verbes au *plus-que-parfait.*

### Molière

Molière ______________________ (inviter) beaucoup d'amis. Comme il était très fatigué, il ______________________ (aller) au lit très tôt. Quelques heures plus tard, un domestique *(Hausangestellter)* ____________________ (venir) dans sa chambre et l' ____________________ (réveiller). Les invités ______________________ (beaucoup boire) et ils ____________________ (commencer) à discuter. Ils ____________________ (parler) du sens de la vie. Et comme ils ______________________ (trop boire), ils ______________________ (dire) que la vie n'avait plus de sens. Ils ______________________ (aller) à la rivière. Molière ____________________ (se lever) et y ______________________ (courir). Heureusement, il ______________________ (pouvoir) convaincre ses invités qu'il ne fallait pas se suicider.

### Alexandre Dumas

Alexandre Dumas le Grand ______________________ (trouver) la matière pour son roman *Le Comte de Monte Cristo* dans les archives de la police. On ______________________ (accuser) un homme d'être un agent anglais et l'on ______________________ (mettre) en prison. Il y ______________________ (vivre) pendant sept années. Après, il en ______________________ (sortir) et ______________________ (prendre) possession d'un trésor *(Schatz)* dont le propriétaire ______________________ (être) un prêtre décédé. L'homme ______________________ (tuer) alors trois personnes pour se venger *(sich rächen)* des années qu'il ______________________ (passer) en prison. Finalement, on l' ______________________ (aussi tuer).

**Aufgabe 105** Traduis les verbes entre parenthèses en français et mets-les au *plus-que-parfait.*

Quelle malchance !

a) Le matin, le réveil que Marc ______________ *(kaufen)* la veille ______________ *(nicht klingeln).*

b) Au petit déjeuner, les oeufs qu'il ______________ *(essen)* n'étaient pas assez durs pour lui.

c) La tasse à café qu'il ______________ *(nehmen)* ______________ *(zerbrechen* = se casser).

d) Quand il ______________ *(wollen)* partir avec sa voiture, elle ______________ *(sich nicht bewegen).*

e) Le taxi qu'il ______________ *(rufen)* n' ______________ *(kommen)* que trois heures plus tard.

f) Au travail, les projets que lui et ses collègues ______________ *(machen)* avaient disparus *(verschwinden).*

g) Il ______________ *(müssen)* se défendre auprès de son chef, mais celui-ci ______________ *(nicht zuhören).*

h) Avant de rentrer chez lui, il ______________ *(finden)* une lettre sur son bureau : son chef l'______________ *(entlassen* = licencier).

i) Le soir, il ______________ *(bekommen)* un message de sa femme avec qui il ______________ *(heiraten)* l'été dernier.

**Aufgabe 106*** Regardez les douze images. Elles racontent six épisodes. Relie les deux images qui vont ensemble. Qu'est-ce qu'on a fait ? Qu'est-ce qui s'était passé avant ?

A

B

C

D

E

F

G

H

I

J

K

L

(A+G) Le garçon est arrivé au sommet. Avant, il avait grimpé le montagne/la colline à vélo.

**Aufgabe 107*** Qui a passé ses vacances où, avec qui et pour combien de temps ? Trouve la bonne solution à l'aide des phrases indiquées ci-dessous. Mets (+) dans la case si la combinaison est juste, (–) si la combinaison est fausse.

| | copine | copain | famille | parents | seul | 3 jours | 5 jours | 1 semaine | 2 semaines | 3 semaines | Paris | Chamonix | Corse | Nice | Bruxelles |
|---|---|---|---|---|---|---|---|---|---|---|---|---|---|---|---|
| Jean | | | | | | | | | | | | | | | |
| Cécile | | | | | | | | | | | | | | | |
| Nicolas | | | | | | | | | | | | | | | |
| Yvonne | | | | | | | | | | | | | | | |
| Louis | | | | | | | | | | | | | | | |
| Paris | | | | | | | | | | | | | | | |
| Chamonix | | | | | | | | | | | | | | | |
| Corse | | | | | | | | | | | | | | | |
| Nice | | | | | | | | | | | | | | | |
| Bruxelles | | | | | | | | | | | | | | | |
| 3 jours | | | | | | | | | | | | | | | |
| 5 jours | | | | | | | | | | | | | | | |
| 1 semaine | | | | | | | | | | | | | | | |
| 2 semaines | | | | | | | | | | | | | | | |
| 3 semaines | | | | | | | | | | | | | | | |

Vacances

1. Un séjour à Paris avec toute la famille coûte très cher. C'est pourquoi cette personne était rentrée de vacances plus tôt que Louis.
2. Celui qui était parti avec son meilleur copain avait appris à faire de la voile.
3. La personne qui vive d'ailleurs à Toulouse et qui avait pris le bateau pour arriver à sa destination, n'y était pas restée deux semaines.
4. Louis avait fait de l'escalade dans les Alpes.
5. Jean avait eu quinze jours de vacances. C'est une fille qui était revenue plus tard que lui.
6. Le couple amoureux avait réservé une chambre pour une semaine.
7. Celle qui avait préféré voyager seule avait passé plus d'une semaine dans une capitale.
8. Cécile avait accompagné ses parents. Leurs vacances avaient duré deux jours de plus que celles de Nicolas.

## 7.5 *Le futur I (le futur simple)*

**Was drückt das *futur simple* aus?**

Das *futur simple* dient wie das *futur composé* (Präsensform von *aller* + Infinitiv) zur Beschreibung von Handlungen oder Sachverhalten, die erst in der **Zukunft** eintreten.

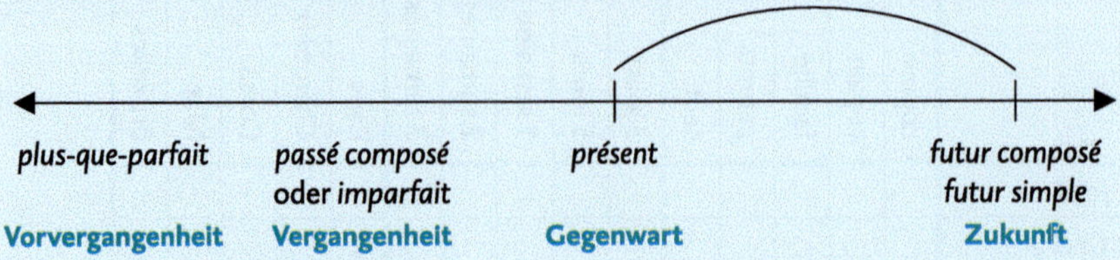


**Wo liegt der Unterschied in der Verwendung des *futur simple* und des *futur composé*?**

- Das *futur composé* ist häufig leichter zu bilden und wird deshalb gern in der **gesprochenen** Sprache verwendet.
- Das *futur simple* wird in **geschriebenen** Texten bevorzugt.

**Wie wird das *futur simple* gebildet?**

Das *futur simple* wird im Gegensatz zum *futur composé* aus einer einzigen Verbform gebildet. Daher auch seine Bezeichnung. Um seine Formen zu erhalten, musst du an den **Infinitiv** die **Endungen *-ai, -as, -a, -ons, -ez, -ont*** anfügen:

*Beispiele:* 1. P. Sg. *futur simple* von *travailler*: je travaillerai
3. P. Pl. *futur simple* von *finir*: ils finiront

**Aufgabe 108** Parmi les mots suivants, il y a onze verbes au *futur simple*. Est-ce que tu les reconnais ? Souligne-les.

demanderont
tombera
dormais
finissons
travail
penserez
travailleras
partir
invitera
portons
tournerai
choisiront
rencontrerons
quitterai
changeait
aidaient
bougeons
ouvrions
monterez
fêterons

**Aufgabe 109** Claire et Nicole téléphonent.
Mets les formes entre parenthèses au *futur simple.*

**Claire** : Allô ?

**Nicole** : Allô Claire, c'est Nicole. Dans deux jours, mes parents ____________ (aller) à l'opéra et ____________ (rentrer) tard dans la nuit. Ils ____________ (voir) une représentation d'*Aïda*, ça ____________ (durer) longtemps.

**Claire** : Ah bon ? Comment en ____________ (profiter) -tu?

**Nicole** : Ma sœur et moi, nous ____________ (inviter) tous nos copains et copines.

**Claire** : Génial ! Quand est-ce que votre fête ____________ (commencer) ?

**Nicole** : La plupart de nos copains et copines ____________ (arriver) vers 20 heures. Je vous ____________ (donner) à manger et à boire. Tu ____________ (préparer) une salade ?

**Claire** : Pas de problème. Et j' ____________ (apporter) aussi une mousse au chocolat. Vous ____________ (offrir) aussi des boissons alcoolisées ?

**Nicole** : Mais non, mes parents n'y ____________ (consentir = *zulassen*) pas. Mais Christian ____________ (jouer) de la guitare électrique. Après, nous nous ____________ (sentir) mal et nous ____________ (souffrir) d'un mal de tête affreux.

**Claire** : Tu es méchante.

**Nicole** : Mais non, en fait, je l'aime bien. Tu ____________ (dormir) chez moi ?

**Claire** : Volontiers. Merci beaucoup. À vendredi donc.

**Welche Ausnahmen gibt es bei der Bildung des *futur simple* zu beachten?**

- **Verben auf *-re*.** Bei der Bildung des *futur simple* verlieren diese Verben das auslautende *-e* des Infinitivs, da es aus Aussprachegründen nicht mehr benötigt wird.

  prendre – nous prendrons  croire – vous croirez

- ***appeler, acheter, (se) lever*** und ***jeter***

| | | | |
|---|---|---|---|
| appeler – | nous appellerons | (se) lever – | vous (vous) lèverez |
| acheter – | ils achèteront | jeter – | tu jetteras |

- envoyer – tu enverras

| | | | |
|---|---|---|---|
| envoyer – | tu enverras | recevoir – | vous recevrez |
| aller – | j'irai | devoir – | tu devras |
| courir – | je courrai | savoir – | ils sauront |
| mourir – | il mourra | pouvoir – | nous pourrons |
| tenir – | je tiendrai | vouloir – | il voudra |
| venir – | tu viendras | avoir – | tu auras |
| falloir – | il faudra | être – | il sera |
| voir – | vous verrez | faire – | nous ferons |

**Aufgabe 110** Qu'est-ce que Michel fera demain ?

a) se lever à neuf heures
b) prendre une tasse de café dans un bar
c) appeler son copain
d) acheter de nouveaux rollers
e) faire la cuisine
f) écrire un message à sa copine
g) boire un thé avec elle
h) envoyer un e-mail à son prof
i) aller au cinéma
j) lire un roman

a) *Il se lèvera à neuf heures.*
b) ______
c) ______
d) ______
e) ______
f) ______
g) ______
h) ______
i) ______
j) ______

ufgabe 111* Transforme les formes du *futur composé* en *futur simple.* Après, écris pour chaque verbe une phrase au *futur simple.*

a) nous allons être ______________________

______________________________________________

b) elle va avoir ______________________

______________________________________________

c) tu vas faire ______________________

______________________________________________

d) elle va savoir ______________________

______________________________________________

e) ils vont aller ______________________

______________________________________________

f) vous allez venir ______________________

______________________________________________

g) vous allez pouvoir ______________________

______________________________________________

h) tu vas envoyer ______________________

______________________________________________

i) elles vont tenir ______________________

______________________________________________

j) je vais mourir ______________________

______________________________________________

k) nous allons recevoir ______________________

______________________________________________

l) tu vas voir ______________________

______________________________________________

m) nous allons devoir ______________________

______________________________________________

n) elles vont vouloir ______________________

______________________________________________

**Aufgabe 112*** Les prévisions météo pour demain.

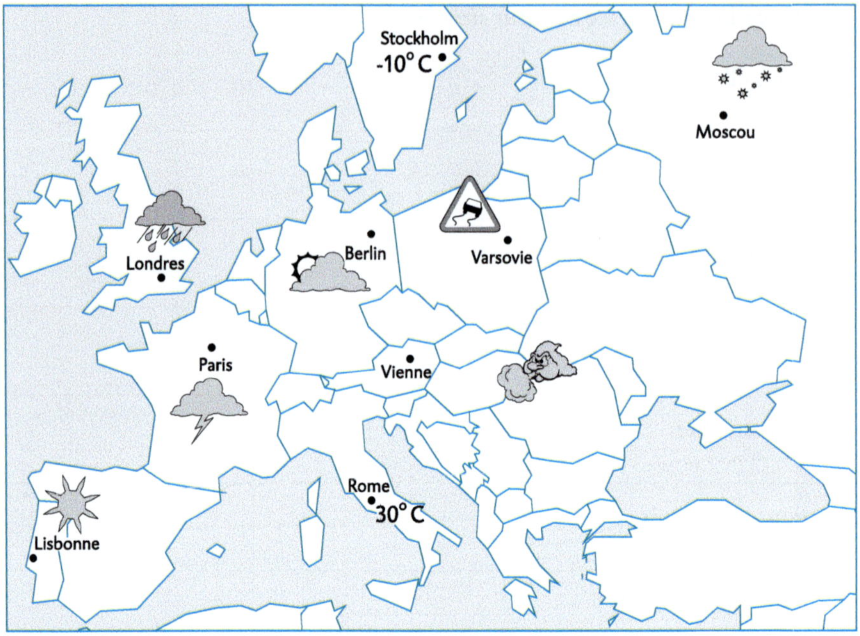


Présente la météo aux téléspectateurs. Utilise le *futur simple* et indique les pays dans lesquels les villes se trouvent.

**Voici quelques expressions qui pourraient t'aider :**
il fait chaud / froid, il fait… degrés à, les températures montent jusqu'à / tombent à…
il y a du soleil, le soleil brille
il y a des nuages, les nuages sont nombreux, il y a des éclaircies, il y a du brouillard
il y a du vent, il fait du vent
il pleut, il y a de la pluie
il neige, il y a de la neige, il y a des chutes de neige
il grêle, il y a du verglas
le temps est couvert / variable

*Bonsoir mesdames et messieurs. À Berlin, en Allemagne, il y aura des éclaircies.*

*À Londres,*

**ufgabe 113*** Raymond est un étudiant qui n'arrive pas à terminer ses études. Après des années et des années à l'université, sa mère se fait du souci. Voici ce qu'il dit à sa mère. Mets les paroles au *futur simple* !

« Ne t'inquiète pas, maman. L'année prochaine, je _______________ (passer) mon examen. J'_______________ (avoir) une bonne note. Un patron m'_______________ (offrir) un emploi bien payé et je _______________ (gagner) beaucoup d'argent. Je _______________ (mettre) des vêtements élégants et j'_______________ (acheter) un grand appartement. Je _______________ (conduire) une belle voiture et je _______________ (faire) la fête avec beaucoup de copains et copines. »

Sa mère adore ce qu'il dit. Elle est convaincue que tout se réalisera facilement et le raconte à sa voisine. Traduis le texte et utilise le *futur simple* !

„Mein Sohn hat viel Erfolg an der Universität. Im nächsten Juni wird er bereits sein Studium beenden. Er wird die besten Noten bekommen. Deshalb wird er leicht eine gut bezahlte Arbeit finden und sofort viel Geld verdienen. Er wird sich elegant kleiden und in einer großen Villa wohnen. Er wird sich einen großen Wagen kaufen und man wird ihn auf viele Feste einladen. Ich werde sehr stolz auf ihn sein."

**Aufgabe 114*** Votre horoscope pour l'année prochaine. Complète-le avec les formes du *futur simple*. Invente des textes pour les signes astrologiques de la page suivante.

**Bélier (21 mars – 20 avril)**
Vous ________________ (rencontrer) une personne mystérieuse qui ________________ (mettre) fin à votre vie de célibataire.

**Taureau (21 avril – 20 mai)**
Votre patron vous ________________ (offrir) une augmentation de salaire dont vos collègues ________________ (être) jaloux.

**Gémeaux (21 mai – 21 juin)**
Vous ________________ (reprendre) le travail après une longue maladie. On vous ________________ (aimer) plus qu'avant.

**Cancer (22 juin – 22 juillet)**
Après un mois de dur travail, vous ________________ (se reposer) et vous ________________ (s'occuper) plus de votre famille.

**Lion (23 juillet – 23 août)**
Vous ________________ (faire) un voyage autour du monde et vous ________________ (trouver) beaucoup de nouveaux amis.

**Vierge (24 août – 23 septembre)**
Vous ________________ (éclaircir) un malentendu *(Missverständnis)* avec votre partenaire. Cela vous ________________ (aider) à moins vous disputer.

**Balance (24 septembre – 23 octobre)**

**Scorpion (24 octobre – 22 novembre)**

**Sagittaire (23 novembre – 21 décembre)**

**Capricorne (22 décembre – 20 janvier)**

**Verseau (21 janvier – 19 février)**

**Poissons (20 février – 20 mars)**

**Aufgabe 115*** Un de tes copains passera ses prochaines vacances dans un des lieux suivants. Qu'est-ce qu'il y fera ? Écris au moins trois phrases par photo et utilise le *futur simple*.

à la plage

en montagne

dans le désert

dans une ville

chez lui

# 8 Modi

**Welche Modi gibt es im Französischen?**
Während das Deutsche nur drei Modi kennt (Indikativ, Konjunktiv und Imperativ), werden im Französischen vier Modi unterschieden:
- *indicatif*
- *conditionnel*
- *subjonctif*
- *impératif*

Jeder Modus gibt der Aussage eine andere Nuance. Der Standard-Modus ist der *indicatif*.

## 8.1 Das *conditionnel*

**Wann wird das *conditionnel* verwendet?**
Das *conditionnel* wird in Sätzen verwendet,
- die einen **Wunsch**, einen **Vorschlag** oder eine **Bitte** auszudrücken, oder
- die Bedingungen wiedergeben **(Konditionalsätze)**.

Das Französische kennt zwei Stufen des *conditionnel*:
- *conditionnel I* (= *conditionnel simple*)
- *conditionnel II* (= *conditionnel passé*)

Das *conditionnel I* bezieht sich auf die Gegenwart, das *conditionnel II* auf die Vergangenheit.

**Wie wird das *conditionnel I* gebildet?**
Das *conditionnel I* (*conditionnel simple*) unterscheidet sich vom *futur simple* nur in den **Endungen**. Beim *conditionnel I* lauten sie: ***-ais, -ais, -ait, -ions, -iez, -aient***:

Beispiel: 1. Pers. Sg. *conditionnel I* von *travailler* – je travaillerais
3. Pers. Pl. *conditionnel I* von *finir* – ils finiraient

Aufgabe 116 Traduis les infinitifs suivants. Puis, mets les verbes au *conditionnel I*.

| **infinitif** | | **conditionnel I** | |
|---|---|---|---|
| verstehen | *comprendre* | ils | *comprendraient* |
| korrigieren | ______ | tu | ______ |
| lesen | ______ | elle | ______ |
| buchstabieren | ______ | vous | ______ |
| schreiben | ______ | nous | ______ |
| sprechen | ______ | je | ______ |
| kritisieren | ______ | il | ______ |

**Aufgabe 117** *Futur simple* ou *conditionnel I* ?

| futur simple | conditionnel I |
| --- | --- |
| ______ | ils tiendraient |
| ______ | ______ |
| ______ | ______ |
| ______ | ______ |
| ______ | ______ |
| ______ | ______ |
| ______ | ______ |
| ______ | ______ |
| ______ | ______ |
| ______ | ______ |

ils tiendraient, tu verras,
elle jetterait, vous pourrez,
elles sauront, il recevrait,
tu voudrais, je courrais,
nous nous lèverons,
il faudrait, il aura, vous iriez
j'enverrai, nous serions,
il mourra, vous achèteriez

**Aufgabe 118** Sandra passera ses vacances chez sa correspondante française. Qu'est-ce qu'elle aimerait faire ? Utilise des verbes comme *préférer, vouloir, pouvoir, aimer, aimer mieux*, etc. au *conditionnel I.*

regarder un film français
parler uniquement français
faire une excursion
participer à tous les cours à l'école
manger dans un restaurant

a) ______

b) ______

c) ______

d) ______

e) ______

**Aufgabe 119*** Une soirée devant la télévision

Voilà les Mercier : mère, père, Carole, Thierry, Vincent et la grand-mère. Tous les six voudraient regarder la télévision. Mais chacun d'entre eux s'intéresse à une autre émission. À laquelle ? Écris-les au-dessous des images.

| TF 1 | France 2 | France 3 | Canal + | Arte |
|---|---|---|---|---|
| 20.00 Journal, météo<br>20.50 Dans la forêt amazonienne. 2/3 National Geographic<br>22.05 Commissaire Moulin *série*. Mortelle séduction, France 2019 | 20.00 Journal, météo<br>20.50 Les mystères de la Bible : l'apocalypse – la fin du monde ?<br>22.15 Lorsque le monde parlait arabe – il était une fois Bagdad *histoire* | 20.20 Plus belle la vie. *série*<br>20.50 Grand Prix du Japon *reportage*<br>21.30 Euro millions *jeu*<br>22.30 Œuvres de Mozart concert 2016 | 20.00 Tennis : tournoi messieurs de Roland Garros – les deux premiers quarts de finale<br>22.30 Roswell, les aliens attaquent. *Sci Fi* USA 2022 | 20.00 Le journal de la culture<br>20.15 Le commissaire Rimon *dessin animé*<br>22.00 Un billet de train pour… (15/20) le Mont Blanc<br>22.55 Météo |

**Carole**

*Tournoi de Roland Garros,*
*Canal + 20.00 h*

**le père**

**la mère**

**Thierry**

**la grand-mère**

**Vincent**

Les six commencent à discuter. Emploie le *conditionnel simple* !

Je voudrais (*vouloir*) absolument regarder le tournoi de tennis à 20.00 h sur Canal +. J'adore le tennis !

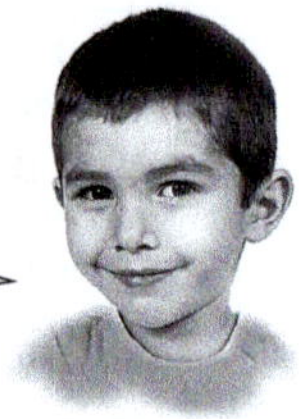

Mais moi, ______________________

(*aimer voir*) ______________________

______________________________

______________________ (*s'intéresser*)

______________________________

______________________________

Vincent, on ______________________

(*regarder bien*) ______________________

______________________________ ?

Ah non ! Je ______________________

(*se décider*) ______________________

______________________________

______________________ (*choisir*)

______________________________

______________________________

**Wie wird das *conditionnel II* gebildet?**

Das *conditionnel II (conditionnel passé)* gehört wie das *passé composé* und das *plus-que-parfait* zur Gruppe der zusammengesetzten Verbformen.

Es wird gebildet aus: ***avoir/être* im *conditionnel I* + *participe passé*** (mit *accord*!)

*Beispiele:* J'aurais regardé la télé.
Je serais allé(e) au ciné.

Aufgabe 120 Mets les formes du *conditionnel I* au *conditionnel II*.

| conditionnel I | conditionnel II |
|---|---|
| tu serais | ______ |
| il aurait | ______ |
| je ferais | ______ |
| nous irions | ______ |
| elle achèterait | ______ |
| tu partirais | ______ |
| ils prendraient | ______ |
| vous viendriez | ______ |
| il choisirait | ______ |

Aufgabe 121 La mère de Sandrine est en colère.
Mets les formes entre parenthèses au *conditionnel II*.

a) Nous ______ *(ne pas faire)* de bêtises.
b) Je ______ *(ne jamais rentrer)* trop tard.
c) Je ______ *(ne pas mentir)* à ma mère.
d) Tu ______ *(ne pas devoir)* faire cela.
e) Je ______ *(ne pas boire)* d'alcool.
f) Mes parents m'______ *(interdire)* cela.
g) J' ______ *(respecter)* mes parents.
h) Je ______ *(ne pas sortir)* avec un mec pareil *(solchem)*.
i) On ______ *(pouvoir)* prévoir ce malheur.

**Aufgabe 122** Un anniversaire de mariage raté ?
Mets les expressions entre parenthèses au *conditionnel II.*

C'est le 30 juillet. Sylvie est très mécontente : elle est convaincue que Yannick a oublié leur anniversaire de mariage. Elle fait des reproches à son mari et lui dit ce qu'il aurait pu faire pour elle.

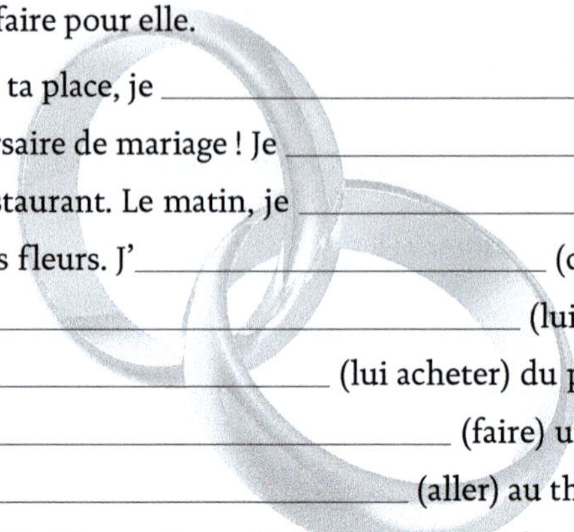

**Sylvie** : Yannick, à ta place, je ______________________ (ne pas oublier) notre anniversaire de mariage ! Je ______________________ (inviter) ma femme au restaurant. Le matin, je ______________________ (lui offrir) des fleurs. J'______________________ (chanter) une chanson d'amour. Je ______________________ (lui écrire aussi) un beau poème. J'______________________ (lui acheter) du parfum. L'après-midi, nous ______________________ (faire) une excursion. Le soir, nous ______________________ (aller) au théâtre ou au cinéma.

**Yannick** : Mais chérie ! Le mariage, c'était le 30 août, n'est-ce pas ? Attends encore un peu !

**Aufgabe 123*** Qu'est-ce que tu aurais fait dans les situations suivantes ?

a) Céline avait un contrôle de maths. Malheureusement, elle n'a pas entendu le réveil. Quand elle est arrivée à l'arrêt d'autobus, celui-ci était déjà parti.

Qu'est-ce que tu aurais fait ?

b) Jacques est tombé amoureux de la copine de son meilleur copain. Un jour, elle demande à Jacques s'il a envie d'aller au cinéma avec elle.

Comment est-ce que tu aurais réagi ?

c) Pour les vacances d'été, les parents de Marcel lui font deux propositions. Il pourrait faire un cours de langue de quatre semaines au Québec ou bien passer deux semaines avec ses copains au bord de la mer près de Bordeaux.

Quelles vacances est-ce que tu aurais choisi ?

ufgabe 124* Johannes, 17 ans, et Frank, 18 ans, de Francfort veulent faire un tour en Bretagne avec leurs vélos et visiter cette belle région. Pour préparer le voyage, ils ont cherché des informations sur Internet. Après, ils ont fixé une route qui commence et finit à Rennes.

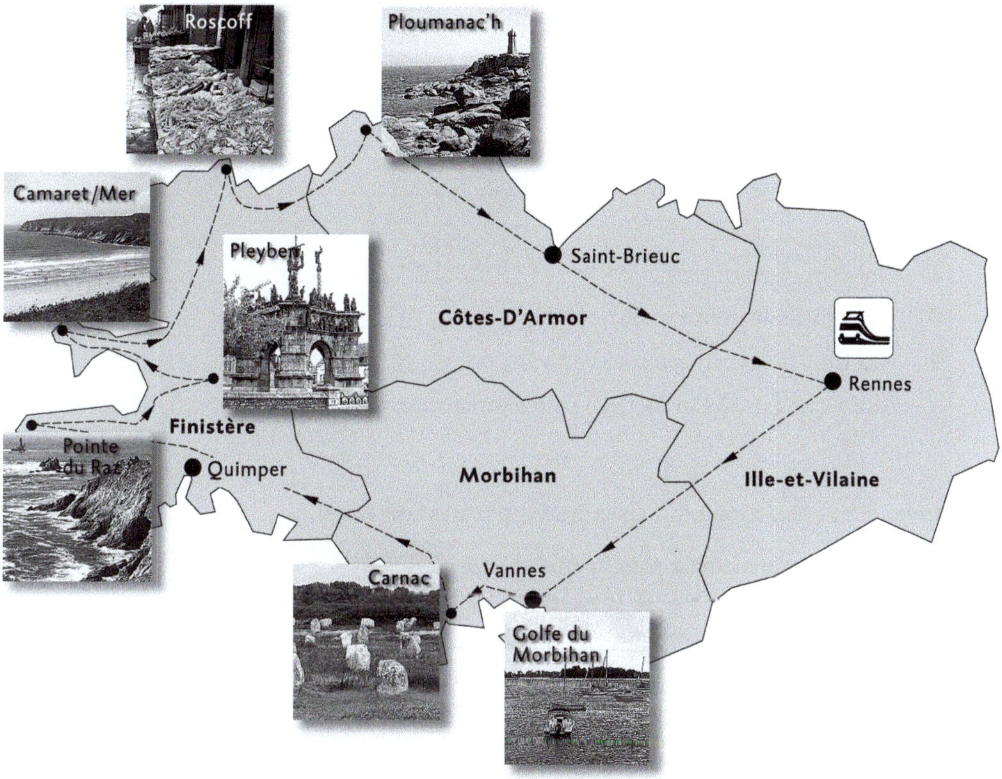


Regarde la carte. Qu'est-ce qu'ils feront ? Trouve le bon ordre.

- [1] arriver à la gare
- [ ] escalader des rochers gigantesques
- [ ] manger des poissons et des langoustes dans un port de pêche
- [ ] repartir en Allemagne en train
- [ ] faire du bateau
- [ ] regarder les alignements de mégalithes
- [ ] se baigner et bronzer sur la plage
- [ ] se trouver à un point extrême de la France, à la « fin de la terre »
- [ ] visiter un enclos paroissial célèbre

Trois jours avant le départ pour Nantes, c'est le choc ! Johannes a eu un accident de voiture. Maintenant, il est à l'hôpital avec une jambe dans le plâtre *(Gips)*. Aller en Bretagne, c'est impossible ! Les deux jeunes sont très tristes et pensent aux activités qu'ils auraient fait. Utilise le *conditionnel II*.

1 D'abord, nous serions arrivés à la gare de Nantes.

2 Nous ______ sur le golfe du Morbihan.

3 On ______ à Carnac.

4 À la Pointe du Raz, on ______.

5 À Pleyben, on ______.

6 Nous ______.

7 On ______.

8 Sur la Côte de granit rose, nous ______.

9 À la fin, après trois semaines en vélo, on ______.

Alors, que faire ? On partira l'année prochaine, bien sûr !

**Aufgabe 125*** Invente une situation pour chacune des phrases suivantes.

a) À sa place, je n'aurais pas chanté la Marseillaise.

Pour regarder la finale de la coupe du monde, ma copine anglaise est allée dans une pizzeria.

b) À la place de son copain, Samuel serait resté à la maison.

______

c) Je crois que vous oublieriez même votre propre anniversaire.

______

d) Sans Larisse, le petit Guy aurait brûlé la maison.

______

## 8.2 Der *subjonctif*

Der *subjonctif* kommt fast ausschließlich **im Nebensatz** (*que*-Satz) vor und wird meistens **automatisch** durch bestimmte Verben, Ausdrücke und Konjunktionen **ausgelöst**. Dieser Modus hat **keine Entsprechung im Deutschen**.

**Wie wird der *subjonctif* gebildet?**

- Die **regelmäßige Bildung** der Verben auf *-er*, *-re* und *-ir*:
  **Stamm der 3. Person Plural des Indikativ Präsens** + **Endungen**
  (Verbform ohne *-ent*) *-e, -es, -e, -ions, -iez, -ent*

  *Beispiel:* travailler ils travaillent

  | | |
  |---|---|
  | que je travaille | que nous travaillions |
  | que tu travailles | que vous travailliez |
  | qu' il travaille | qu' ils travaillent |

Aufgabe 126 Traduis les *infinitifs* français en allemand. Puis, écris la 3ème personne du pluriel de l'*indicatif présent* et trouve la bonne forme du *subjonctif*.

| deutscher Infinitiv | Infinitiv | 3. Pers. Pl. Indikativ | subjonctif |
|---|---|---|---|
| suchen | chercher | ils/elles cherchent | que je cherche |
| | mettre | ils/elles | que nous |
| | réussir | ils/elles | que vous |
| | aimer | ils/elles | que tu |
| | craindre | ils/elles | qu'ils |
| | sentir | ils/elles | qu'elle |
| | manger | ils/elles | que je |
| | attendre | ils/elles | que nous |
| | dormir | ils/elles | qu'il |
| | crier | ils/elles | que vous |
| | vendre | ils/elles | qu'elles |
| | courir | ils/elles | que nous |
| | interdire | ils/elles | qu'ils |
| | vivre | ils/elles | qu'il |

- Die Verben, die in der 1. und 2. Person Plural (zum Teil auch in der 3. Person Plural) einen **Wechsel im Verbstamm** haben, behalten diesen Wechsel im *subjonctif* bei.

| | | *indicatif* | → *subjonctif* |
|---|---|---|---|
| *Beispiel:* | voir | je vois | que je voie |
| | | tu vois | que tu voies |
| | | il voit | qu il voie |
| | | nous voyons | que nous voyions |
| | | vous voyez | que vous voyiez |
| | | ils voient | qu' ils voient |

Weitere Verben, die einen Wechsel im Verbstamm haben, sind z. B. acheter *(kaufen)*, appeler *(rufen)*, boire *(trinken)*, croire *(glauben)*, devoir *(müssen)*, employer *(verwenden)*, espérer *(hoffen)*, jeter *(werfen)*, mourir *(sterben)*, payer *(zahlen)*, préférer *(bevorzugen)*, prendre *(nehmen)*, recevoir *(erhalten)*, tenir *(halten)*, venir *(kommen)*.

**Aufgabe 127** Traduis les formes verbales allemandes en français. Puis, mets-les au *subjonctif* et inscris-les dans les mots croisés.

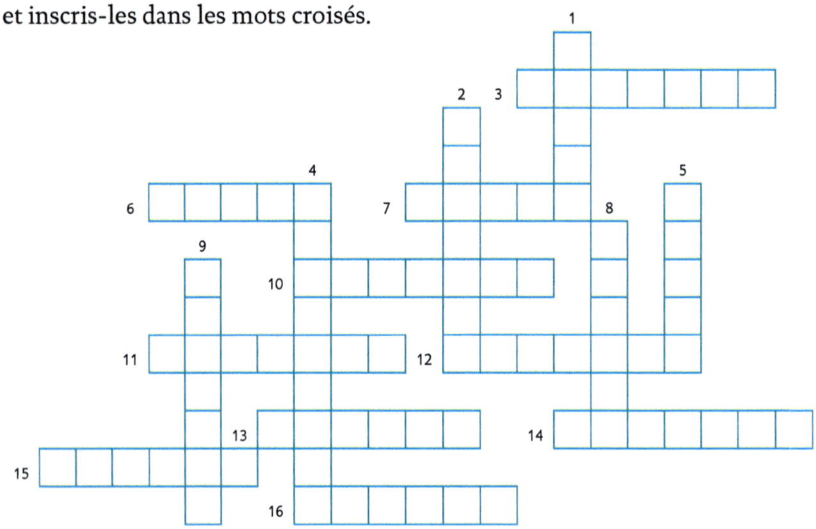

| | | | | | |
|---|---|---|---|---|---|
| 1 | er stirbt | __________ | 9 | du nimmst | __________ |
| 2 | sie glauben | __________ | 10 | er bevorzugt | __________ |
| 3 | wir müssen | __________ | 11 | wir kommen | __________ |
| 4 | sie verwenden | __________ | 12 | du hältst | __________ |
| 5 | du siehst | __________ | 13 | du wirfst | __________ |
| 6 | ich trinke | __________ | 14 | er bekommt | __________ |
| 7 | er muss | __________ | 15 | ihr bezahlt | __________ |
| 8 | er kommt | __________ | 16 | ihr haltet | __________ |

- Verben, deren *subjonctif*-Formen du dir extra einprägen musst:

| **être** | **avoir** | **aller** | **savoir** | **faire** | **pouvoir** | **vouloir** |
|---|---|---|---|---|---|---|
| sois | aie | aille | sache | fasse | puisse | veuille |
| sois | aies | ailles | saches | fasses | puisses | veuilles |
| soit | ait | aille | sache | fasse | puisse | veuille |
| soyons | ayons | allions | sachions | fassions | puissions | voulions |
| soyez | ayez | alliez | sachiez | fassiez | puissiez | vouliez |
| soient | aient | aillent | sachent | fassent | puissent | veuillent |

Aufgabe 128 Regarde les formes du *subjonctif* et relie-les à l'infinitif correspondant.

| | |
|---|---|
| qu'elle puisse | aller |
| qu'ils sachent | avoir |
| qu'il ait | être |
| que tu veuilles | faire |
| que tu sois | pouvoir |
| qu'ils aillent | savoir |
| que nous fassions | vouloir |

Aufgabe 129 **Exercice combiné :** Quels sont les vœux de Saïd ?
Mets les formes au *subjonctif*.

Je veux

… que mes parents ____________ (avoir) plus de patience.

… que mon chien ____________ (vivre) encore longtemps.

… que ma petite sœur m'____________ (énerver) moins.

… que mes profs me ____________ (donner) de meilleures notes.

… que les contrôles ____________ (être) moins difficiles.

… que mon équipe ____________ (gagner) le prochain match.

… que je ____________ (pouvoir) faire un cours de snowboard en hiver.

### Wann wird der *subjonctif* verwendet?

Der *subjonctif* wird im Nebensatz automatisch nach bestimmten Auslösern im Hauptsatz verwendet. Diese können sein:

- Verben und Ausdrücke, die einen **Wunsch**, einen **Willen** oder eine **Befürchtung** ausdrücken

| | |
|---|---|
| vouloir que *(wollen, dass)* | craindre que *(befürchten, dass)* |
| aimer que *(mögen, dass)* | avoir peur que *(Angst haben, dass)* |
| aimer mieux que *(lieber mögen, dass)* | interdire que *(verbieten, dass)* |
| préférer que *(bevorzugen, dass)* | éviter que *(vermeiden, dass)* |
| détester que *(verabscheuen, dass)* | permettre que *(erlauben, dass)* |
| désirer que *(wünschen, dass)* | accepter que *(annehmen, dass)* |

*Beispiel:* Le professeur veut que tu fasses tes devoirs régulièrement.
*Der Lehrer will, dass du regelmäßig die Hausaufgaben machst.*

Hierzu zählen auch einige unpersönliche Wendungen:

il faut que (wird in der Regel mit dem deutschen Verb ‚müssen' übersetzt)
il est nécessaire que *(es ist notwendig, dass)*
il est important que *(es ist wichtig, dass)*

*Beispiel:* Le professeur dit : « Il faut que tu fasses tes devoirs ! »
*Der Lehrer sagt: „Du musst deine Hausaufgaben machen!"*

**Beachte:** Der *subjonctif* wird auch dann verwendet, wenn das einleitende Verb in der Vergangenheit steht.

*Beispiel:* Le professeur voulait que j'apprenne mieux la grammaire.
*Der Lehrer wollte, dass ich die Grammatik besser lerne.*

**Aufgabe 130** Emploie le *subjonctif*.

a) Je veux que vous ________________ (dire) la vérité.
b) Ma mère demande que je ________ (faire) du baby-sitting toute la semaine.
c) J'avais proposé que vous ________________ (acheter) trois tickets à la fois.
d) Désirez-vous que nous ________________ (partir) ?
e) J'aimerais mieux que tu ____________ (ne pas aller) au concert de techno.
f) Les pompiers craignaient que les curieux ________________ (gêner) les travaux.
g) Mes parents préfèrent que je ________________ (ne pas rentrer) trop tard.
h) Il est nécessaire que nous ________________ (protéger) mieux notre environnement *(Umwelt)*.
i) Le médecin aimerait que nous ________________ (arrêter) de fumer.

ufgabe 131* Pendant les vacances d'été, tu fais un stage sur un terrain de camping au bord de la mer. Comme plusieurs touristes se sont plaints du comportement *(Verhalten)* d'autres clients, le propriétaire veut rédiger un nouveau règlement pour le terrain. Il te demande de t'en occuper. Complète le règlement ci-dessous avec les expressions données.

payer d'avance *(im Voraus)*, jeter les ordures dans les poubelles réservées à cet effet *(dafür)*, éviter de faire du bruit, rouler à une vitesse limite de 10 km/h, faire du feu, entrer/sortir avec le camping-car pendant la nuit, tenir les chiens en laisse *(Leine)*, baisser la musique après 22.00 heures, se présenter au bureau avant de partir

REGLEMENT DU CAMPING DE QUIBERON

1. Il faut que vous ______________________________

______________________________
2. Il est nécessaire que vous ______________________________

______________________________
3. Le gérant veut que tous ______________________________

______________________________
4. Il faut aussi que, à l'intérieur du terrain de camping, les véhicules ______________________________

______________________________
5. Le gérant ne veut pas que vous ______________________________

______________________________
6. Il ne veut pas non plus que vous ______________________________

______________________________
7. Il faut que vous ______________________________

______________________________
8. Il est important que vous ______________________________

______________________________
9. Il est important que tout le monde ______________________________

______________________________

BONNES VACANCES !

- Verben und Ausdrücke, die eine **wertende Stellungnahme** ausdrücken

  trouver bon, mauvais, juste … que (*es gut, schlecht, gerecht … finden, dass*)
  il est bon, mauvais, injuste, triste … que (*es ist gut, schlecht, ungerecht, traurig …, dass*)
  être content, heureux, triste … que (*zufrieden, glücklich, traurig … sein, dass*)
  il/cela me plaît que (*es gefällt mir, dass*)
  regretter que (*bedauern, dass*)
  plaindre que (*sich beklagen, dass*)

  *Beispiele:* Je regrette que Sophie ne vienne pas.
  *Ich bedaure, dass Sophie nicht kommt.*

  Il est bon que vous ne buviez pas d'alcool à la boum.
  *Es ist gut, dass ihr auf der Fete keinen Alkohol trinkt.*

**Aufgabe 132*** Lis la lettre suivante et réponds aux questions. Fais des phrases complètes et utilise des expressions avec le *subjonctif*.

Salut Georg,

est-ce que tu vas bien ? Comme tu le sais déjà, mes parents et moi, nous habitons maintenant à Paris. La ville est fascinante et j'aime bien y vivre. Chaque week-end, je peux aller dans un autre cinéma ! Malheureusement, notre appartement est très petit parce que les loyers (Mieten) sont chers ici. C'est pourquoi il y a beaucoup de personnes qui vivent dans la rue. Cela me rend triste. Pourquoi est-ce que les hommes politiques ne les aident pas ? Heureusement, mes parents ont des emplois bien payés. Paris est vraiment un rêve pour moi. Mais la nature me manque quand même un peu. Si je veux faire du sport, je dois aller dans un stade ou sur un terrain de sport. Cela m'énerve. Mais je ne veux pas me plaindre. J'adore ma nouvelle vie. J'espère que tu vas bientôt me rendre visite.

Amicalement,

Marcel

1. De quoi est-ce que Marcel est content ?
2. Qu'est-ce qu'il trouve bon ?
3. Qu'est-ce qui ne lui plaît pas ?
4. De quoi est-ce qu'il est triste ?
5. De quoi est-ce qu'il se plaint ?
6. De quoi est-ce qu'il est heureux ?
7. Qu'est-ce qu'il regrette ?

- nach **bestimmten Konjunktionen**

Konjunktionen dienen dazu, Haupt- und Nebensätze miteinander zu verknüpfen:

| *Beispiele:* | kausal | parce que/comme | *(weil)* |
|---|---|---|---|
| | temporal | pendant que | *(während)* |
| | | depuis que | *(seitdem)* |
| | | après que | *(nachdem)* |

Durch Konjunktionen wird ein Text abwechslungsreicher und stilistisch schöner. Im Französischen gibt es Konjunktion, auf die ein Indikativ folgt (so wie bei den oben genannten), aber auch solche, die einen ***subjonctif*** nach sich ziehen:

| *Beispiele:* | temporal | **jusqu'à ce que** | *(bis)* |
|---|---|---|---|
| | | **avant que** | *(bevor)* |
| | final | **pour que** | *(damit)* |
| | konsekutiv | **sans que** | *(ohne dass)* |
| | konzessiv | **bien que** | *(obwohl)* |

Aufgabe 133 *Subjonctif* ou *indicatif*? Mets la bonne forme.

a) Notre professeur était furieux parce que nous ____________ (ne pas avoir fait) nos devoirs.

b) Pour que nous ____________ (travailler) mieux, il a fait plus de contrôles.

c) Bien que nous ____________ (faire) peu de fautes, il était toujours mécontent de nous.

d) Sans qu'il le ______________________ (vouloir), il nous a déprimé.

e) L'autre jour *(kürzlich)*, pendant qu'il ____________________ (essayer) de faire son cours, nous avons préféré dormir ou écrire des lettres.

f) Nous avons continué ainsi jusqu'à ce qu'il ____________________ (donner) une heure de colle à *(jdn. eine Stunde nachsitzen lassen)* une fille.

g) Ensuite, c'est nous qui étions furieux parce que ce ____________________ (ne pas être) juste.

h) Depuis que mon camarade de classe lui ____________________ (avoir parlé), notre professeur est plus gentil avec nous.

i) C'est mieux de parler avec les profs avant que la situation ____________ (devenir) intolérable.

**Aufgabe 134*** Relie les phrases qui vont ensemble. Puis, fais des deux phrases une seule. Pour cela utilise des subordonnées *(Nebensatz)* qui sont introduites par *(die eingeleitet werden durch)* une conjonction.

| | | | |
|---|---|---|---|
| 1 | Rachel et Monique ont fini leurs devoirs. | A | Pendant ce temps, son grand frère regarde la télé. |
| 2 | Marie aime le soleil. | B | Ils espèrent qu'il va avoir de meilleures notes en français. |
| 3 | Julien a passé la nuit chez son copain. | C | Après, leurs copines leur rendent visite. |
| 4 | Les parents de Michel lui paient un cours de langue à Lyon. | D | Ses parents ne le savaient pas. |
| 5 | François n'a pas beaucoup d'argent. | E | Avant, ses parents lui avaient acheté une nouvelle bicyclette. |
| 6 | Louis a fait un grand tour de vélo en Italie. | F | Voilà pourquoi elle passe souvent ses vacances en Espagne. |
| 7 | Denis fait la vaisselle. | G | Il a quand même acheté une grande voiture. |

1C Après que Rachel et Monique ont fini leurs devoirs, leurs copines leur rendent visite.

**Was musst du beachten, wenn das Subjekt von Haupt- und Nebensatz identisch ist?**
Bei den Ausdrücken, die einen Wunsch, einen Willen oder eine Befürchtung wiedergeben, musst du eine **Infinitvkonstruktion** verwenden, wenn das Subjekt von Haupt- und Nebensatz identisch ist. Dies gilt in der Regel auch bei den Ausdrücken der wertenden Stellungnahme und bei den Konjunktionen.

*Beispiele:* Pierre désire que Richard prenne le dernier gâteau.
Subjekt Hauptsatz ≠ Subjekt Nebensatz
Pierre désire prendre le dernier gâteau.
Subjekt Hauptsatz = Subjekt Nebensatz

Manon rentre sans que son mari lui dise « bonsoir ».
Subjekt Hauptsatz ≠ Subjekt Nebensatz
Manon rentre sans dire « bonsoir » à son mari.
Subjekt Hauptsatz = Subjekt Nebensatz

**Aufgabe 135** Subordonnée *(Nebensatz)* avec *que* ou infinitif ?

a) Nous proposons *d'aller voir* (nous, aller voir) un film avec Omar Sy.
b) Le ministre veut ______ (les citoyens, consommer) plus.
c) Pour ______ (leur fils, pouvoir participer) à l'échange scolaire, les parents renoncent à leurs vacances d'été.
d) Plusieurs clients quittent le restaurant sans ______ (ils, payer).
e) Après plusieurs d'années Mathilde est heureuse ______ (elle, retrouver) sa copine.
f) Nicolas préfère ______ (son frère, promener) le chien.
g) Mathieu joue souvent au loto pour ______ (il, faire fortune).
h) Je suis content ______ (je, recevoir) un baiser de Martina, la plus belle fille de ma classe.
i) Ma correspondante est rentrée avant ______ (elle, avoir appris) notre langue.
j) M. et Mme Blanc ont peur ______ (leur fille, faire) des bêtises.

# 9 Bilan 2

**Aufgabe 136** Un élève modèle. Formule les phrases avec un adverbe.

a) C'est un bon travailleur. → *Il travaille bien.*

b) Il fait ses devoirs avec soin.

→ ______________________

c) Il trouve les solutions avec facilité.

→ ______________________

d) Il a une écriture élégante.

→ ______________________

e) Il suit les cours avec attention.

→ ______________________

f) Ses calculs sont précis.

→ ______________________

g) Il a une compréhension rapide.

→ ______________________

h) Il s'exprime avec clarté.

→ ______________________

i) Il s'adresse aux profs avec politesse.

→ ______________________

j) Son comportement est parfait.

→ ______________________

Aufgabe 137 *Adjectif* ou *adverbe* ?

Ajoute les mots entre parenthèses aux phrases suivantes. Décide s'il faut adapter la forme indiquée ou non. Écris toute la phrase.

Murielle se prépare à son examen.

a) Murielle étudie pour l'examen qu'elle va passer. *(soigneux, bientôt)*

b) Elle a révisé les trois quarts de son programme. *(presque, lourd)*

c) Elle sera préparée à la fin du mois. *(bon, prochain)*

d) Elle est sûre qu'elle va réussir. *(tout à fait, facile)*

e) Elle sort peu mais se repose dans la journée. *(à présent, très, souvent)*

f) « Quand on travaille, on n'est pas stressé », dit-elle. *(régulier, trop)*

g) « Et le soir, on s'endort parce qu'on sait qu'on a travaillé. » *(tranquille, vrai, bon)*

h) « Les sorties sont rares en ce moment, mais je trouve que c'est normal. » *(évident, absolu)*

Aufgabe 138 Le *passé composé* et *l'accord du participe passé.* Mets les verbes entre parenthèses au *passé composé*. N'oublie pas l'accord s'il le faut.

**Une conversation en classe**

**Isabelle** : Où est-ce que tu ____________ *(passer)* tes vacances de Noël ?

**Martine** : Nous les ____________ *(passer)* à Courchevel en Savoie dans les Alpes.

**Isabelle** : Et tu ______ bien ____________ *(s'amuser)* ?

**Martine** : C'était formidable ! Je ____________ *(partir)* le samedi matin avec Julie. Nous ____________ *(faire)* un long voyage en voiture, c'est moi qui conduisais et nous ____________ *(arriver)* à 6 heures de l'après-midi. Nous ____________ *(ne pas s'arrêter)* une seule fois.

**Isabelle** : Et vous ____________ *(avoir)* beau temps ?

**Martine** : Il ____________ *(pleuvoir)* tout le temps pendant le voyage, mais quand nous ____________ *(arriver)* à Courchevel, le temps ____________ *(s'améliorer)*. Le lendemain, nous ____________ *(aller)* faire du ski.

**Isabelle** : Vous aviez emmené vos skis ?

**Martine** : Non, nous les ____________ *(louer)*. Nous ____________ *(louer)* tout le matériel.

**Isabelle** : Vous les ____________ *(payer)* cher, vos skis ?

**Martine** : Oui, mais je ____________ *(se dire)* qu'on était en vacances.

**Isabelle** : Vous ____________ *(se reposer)* un peu ?

**Martine** : Non, nous ____________ *(ne pas vouloir)* passer notre temps à dormir. Mais chut ! Je vais te raconter la suite plus tard, le prof arrive !

**Aufgabe 139** *Passé composé, imparfait* et *plus-que-parfait*
Mets la biographie de Molière au passé. Utilise le *passé composé, l'imparfait* et le *plus-que-parfait.*

Molière naît en 1622. Il fait des études de droit à Orléans où son père l'a envoyé. Mais bientôt il découvre sa vraie passion : le théâtre. Il crée l'Illustre Théâtre avec Madeleine Béjart, il est même emprisonné parce qu'il a accumulé des dettes *(Schulden)* qu'il ne peut pas payer, et il part jouer en Province pendant treize ans avec la troupe.
En 1658, il revient à Paris pour jouer devant le roi. Il devient célèbre avec la pièce *Les Précieuses ridicules*, en 1659. Il joue dans la salle du Palais royal et il a beaucoup de succès. Il est auteur, acteur et directeur de la troupe. Dans ses pièces, il critique surtout les nobles et les bourgeois, mais aussi l'hypocrisie *(Scheinheiligkeit)*. La troupe joue *Tarfuffe*, en 1664, à Versailles, mais la pièce fait scandale. Le roi doit l'interdire. Molière peut cependant continuer à jouer devant le roi et la cour. *Les Fourberies de Scapin, Les Femmes savantes* sont aussi de grands succès. Mais il est très malade et il travaille trop. Il meurt le 17 février 1673, pendant qu'il joue *Le Malade imaginaire*. Il a 51 ans.

**Aufgabe 140** Le *conditionnel* et le *futur I*
Donne des conseils. Forme d'abord une phrase au *conditionnel*, après au *futur.*

Elle n'a que des problèmes…

a) **Conditionnel :** devoir faire des économies
*Tu devrais faire des économies.*

**Futur :** comme ça/avoir encore de l'argent à la fin du mois.
*Comme ça, tu auras encore de l'argent à la fin du mois.*

b) **Conditionnel :** si j'étais toi/arrêter de fumer

______________________________________________

**Futur :** tu voir/ça te faire du bien

______________________________________________

c) **Conditionnel :** moi à ta place/faire du yoga

______________________________________________

**Futur :** comme ça/être moins nerveuse

______________________________________________

d) **Conditionnel :** pouvoir faire un régime *(eine Schlankheitskur machen)*

______________________________________________

**Futur :** perdre du poids

______________________________________________

e) **Conditionnel :** devoir sourire plus souvent

_______________________________________________

**Futur :** les gens/te trouver plus jolie

_______________________________________________

f) **Conditionnel :** faire mieux/de moins les contredire *(jdm widersprechen)*

_______________________________________________

**Futur :** elles/être plus gentilles avec toi

_______________________________________________

g) **Conditionnel :** il falloir/travailler plus soigneusement

_______________________________________________

**Futur :** tes notes/être meilleures

_______________________________________________

h) **Conditionnel :** pouvoir partir en voyage organisé

_______________________________________________

**Futur :** rencontrer beaucoup de gens

_______________________________________________

Aufgabe 141 Le *subjonctif*

Ajoute les formes du *subjonctif* ou de l'*indicatif* au dialogue suivant entre Marion et Simon.

Simon n'a pas de chance

**Marion** : Alors chéri, la fête s'est bien passée hier ?

**Simon** : Pas du tout. C'était une soirée tellement ennuyeuse. C'est très bien que tu ____________ *(ne pas être)* venue.

**Marion** : Je regrette que ça se ____________ *(être)* si mal passé.

**Simon** : C'est dommage que Michel ____________ *(ne pas avoir)* été là parce qu'avec lui on rigole toujours. Je trouve curieux qu'il ____________ *(ne pas avoir)* été invité. Mais tant pis. Qu'est-ce qu'on va faire aujourd'hui ?

**Marion** : Je n'ai pas beaucoup de temps. Ma mère veut venir me voir ce soir.

**Simon** : Comment ? Ce n'est pas vrai !

**Marion** : Tu ne veux pas qu'elle ________________ *(venir)* ?

**Simon** : J'aimerais mieux que nous ___________________ *(faire)* quelque chose tous les deux.

**Marion** : Mais hier, tu es sorti sans moi aussi.

**Simon** : C'était différent. Tu as accepté que je _________________ *(sortir)* seul. J'ai proposé que tu ________________ *(venir)* avec moi. Je ne veux pas que nous _______________________________________________ *(ne pas non plus se voir)* ce soir. Et en plus, je n'aime pas que tu ____________________ *(faire)* des projets sans m'en parler avant.

**Marion** : Moi aussi, j'aimerais mieux que nous ____________________ *(passer)* la soirée ensemble. Veux-tu rester ici bien que ma mère ________________ *(être)* là ?

**Simon** : Non merci. J'ai peur que ta mère et moi nous ______________________ ____________ *(se disputer)*.

**Marion** : Mais pourquoi ?

**Simon** : J'ai l'impression qu'elle _________________ *(mettre)* son nez dans nos affaires, qu'elle ___________________ *(parler)* sans arrêt et surtout qu'elle ____________________ *(vouloir)* toujours avoir raison. Il faut toujours que je ___________________ *(faire)* attention à ce que je dis. Sinon, elle se sent tout de suite offensée.

**Marion** : Tu ne penses pas que tu __________________ *(exagérer)* un peu ?

**Simon** : Pas du tout.

À ce moment, le téléphone sonne. Marion décroche l'écouteur. C'est sa mère. Deux minutes après, Marion dit :

**Marion** : C'était ma mère. Elle dit qu'elle _________________________ *(ne pas pouvoir)* venir. Elle préfère que je ___________________ *(venir)* chez elle.

décrocher raccrocher

Aufgabe 142 Les *temps* et les *modes*. Ajoute au dialogue suivant les verbes entre parenthèses aux *temps* et aux *modes* indiqués.

Marion est allée chez sa mère sans Simon. Il ne voulait absolument pas l'accompagner. Sa mère voit tout de suite que quelque chose ne va pas bien.

**La mère** : Mais qu'est-ce que tu as ? Tu ______________ *(pleurer/passé composé)* ?

**Marion** : Non, mais je ______________ *(se disputer/passé composé)* avec Simon après avoir dit que j'______________ *(aller/imparfait)* passer la soirée avec toi. Il se plaint chaque fois si j'ai un rendez-vous avec quelqu'un d'autre que je ______________ *(ne rien faire/subjonctif)* avec lui. Après notre dispute, il ______________ *(partir/passé composé)* sans mot dire. Je ne sais pas quoi faire. Qu'est-ce que tu ______________ *(faire/conditionnel)* à ma place ?

**La mère** : Attends jusqu'à demain. Je suis sûre qu'il ______________ *(se calmer/futur simple)* bientôt. Il est normal qu'il ______________ *(être/subjonctif)* déçu. Mais c'est important aussi dans un couple qu'on ______________ *(savoir/subjonctif)* faire des compromis et qu'on ______________ *(laisser/subjonctif)* de la liberté à l'autre. ______________ *(sortir/impératif)* plus souvent avec tes copines !

**Marion** : J'ai peur qu'on ______________ *(avoir/subjonctif)* encore plus de problèmes après.

**La mère** : Non, il faut qu'il ______________ *(s'y habituer/subjonctif)*. Tu ______________ *(voir/futur)*, tout ______________ *(aller/futur)* bien.

**Marion** : Tu as peut-être raison. Mais ce ______________ *(ne pas être/futur)* facile.

**La mère** : Bien sûr. Une relation n'est jamais facile. Mais changeons de sujet maintenant. On ______________ *(pouvoir/conditionnel)* regarder un film. Ça te ______________ *(changer/futur simple)* les idées. J'espère qu'il va te plaire.

# … rund um den Satz

## 10 Fragesätze

Im Französischen gibt es viele Möglichkeiten, Fragesätze zu formulieren. Grundsätzlich gilt zu unterscheiden, ob sie mit einem Fragewort eingeleitet werden (Ergänzungsfrage) oder nicht, und damit eine Antwort mit „Ja" oder „Nein" erfordern (Entscheidungsfrage).

- **Ergänzungsfrage**
  *Beispiel:* Il va où ?
  Où est-ce qu'il va ?
- **Entscheidungsfrage**
  *Beispiel:* Il a fait ses devoirs ?
  Est-ce qu'il a fait ses devoirs ?

### 10.1 Die Fragen mit *qui est-ce qui, qui est-ce que, qu'est-ce qui* und *qu'est-ce que*

***Qui est-ce qui*** **und** ***qui est-ce que***

Mit den beiden Frageformen ***qui*** *est-ce qui* und ***qui*** *est-ce que* fragst du nach **Personen**.

- *qui est-ce qui* ersetzt das Subjekt
  *Beispiel:* Qui est-ce qui a dit ça ?
- *qui est-ce que* ersetzt das Objekt
  *Beispiel:* Qui est-ce que tu as rencontré ?

***Qu'est-ce qui*** **und** ***qu'est-ce que***

Mit den beiden Frageformen ***qu'****est-ce qui* und ***qu'****est-ce que* fragst du nach **Sachen**.

- *qu'est-ce qui* ersetzt das Subjekt
  *Beispiel:* Qu'est-ce qui ne te plaît pas ?
- *qu'est-ce que* ersetzt das Objekt
  *Beispiel:* Qu'est-ce que tu aimerais faire cet après-midi ?

**Aufgabe 143** Regarde le dessin. Complète les questions et donne les bonnes réponses.

a) ______________________ représente cette scène ? – ______________________

b) ______________________ le chien mord ? – ______________________

c) ______________________ fait Marie ? – ______________________

d) ______________________ est couché sur la serviette ? – ______________________

e) ______________________ le maître-nageur observe ? – ______________________

f) ______________________ François tient dans la main ? – ______________________

g) ______________________ flotte sur l'eau ? – ______________________

h) ______________________ est assis près de Sara ? – ______________________

i) ______________________ tu vois dans l'eau ? – ______________________

j) ______________________ se trouve à côté de la chaise du maître-nageur ? –

______________________

## 10.2 Die Inversionsfrage mit einem Pronomen als Subjekt

Ist das **Subjekt** einer Ergänzungs- oder Entscheidungsfrage ein **Personalpronomen**, dann kannst du diese Frage auch mit **Inversion** bilden. Das heißt, du **vertauschst die Stellung von Subjekt und Verb** und verbindest diese mit einem **Bindestrich**.

*Beispiele:* Connais-tu ce garçon?
Comment as-tu connu ce garçon?

Wie beim Imperativ musst du beim Aufeinandertreffen zweier Vokale ein -*t*- einfügen.

*Beispiele:* A-t-il parlé avec elle?
Combien de fois a-t-elle essayé de lui téléphoner?

Aufgabe 144 Rebecca et Laura vont aller à la boum de leur copine Jessica. Rebecca pose beaucoup de questions à sa copine. Mais Laura, elle, était en train d'écrire un message sur son portable et n'a pas fait attention.
Reformule les questions de Rebecca et utilise l'inversion.

a) Est-ce que nous prenons le bus?

______________________________

b) Pourquoi est-ce que tu n'as pas encore acheté de cadeau?

______________________________

c) Alors, qu'est-ce que nous apporterons?

______________________________

d) Est-ce qu'elle aime les livres ou est-ce qu'elle préfère les films?

______________________________

e) Est-ce qu'elle va nous offrir des cocktails?

______________________________

f) Est-ce que tu vas aussi fêter tes 15 ans?

______________________________

g) Quels garçons est-ce qu'elle a invités?

______________________________

h) À quelle heure est-ce qu'ils vont arriver?

______________________________

i) Laura, est-ce que tu écoutes?

______________________________

**Aufgabe 145** Les questions suivantes sont-elles correctement formulées ?
Corrige-les si elles sont fausses.

| | | juste | faux |
|---|---|---|---|
| a) | Vous avez-vous déjà pris le déjeuner ? | ☐ | ☐ |
| b) | A-t-il pas fait la cuisine ? | ☐ | ☐ |
| c) | Pourquoi n'est-il pas rentré à la maison ? | ☐ | ☐ |
| d) | Que nous allons faire ? | ☐ | ☐ |

**Aufgabe 146*** Les parties soulignées sont les réponses à des questions. Formule ces questions.
Emploie l'inversion et des pronoms personnels.

### LE NAUFRAGE DU PÉTROLIER « ERIKA »

NOËL 1999. Le pétrolier « Erika » parti de Rotterdam est en route pour l'Italie. Dans la Manche et dans le Golfe de Gascogne, il y a une terrible tempête. Au sud de la Bretagne, le pétrolier se trouve en difficulté parce qu'il est vieux de 25 ans et en mauvais état. La situation devient de plus en plus dangereuse et le capitaine cherche du secours.
À minuit, les gardes-côtes reçoivent son SOS. Ils arrivent à sauver l'équipage mais l'« Erika » se casse en deux parties, perd beaucoup de pétrole et coule finalement devant la côte bretonne. Ce naufrage a provoqué une gigantesque marée noire qui, par la suite, a causé la mort d'innombrables oiseaux et d'animaux marins.
L'« Erika » transportait le pétrole Total-Fina. Mais la compagnie française a reconnu très tardivement sa responsabilité dans cette catastrophe écologique. Finalement, les responsables ont payé des millions pour nettoyer les plages, les ports et les rochers pollués.

**Wo stehen bei der Inversionsfrage die Objekt- und die Adverbialpronomen?**
Bei der Inversionsfrage bleibt die Stellung der Objekt- und Adverbialpronomen dieselbe wie im Aussagesatz.

| *Beispiele:* | Il y rencontrera son grand-père. | → | Y rencontrera-t-il son grand-père ? |
|---|---|---|---|
| | Il lui parlera de ses vacances. | → | Lui parlera-t-il de ses vacances ? |
| | Il ne l'a pas encore vu. | | Ne l'a-t-il pas encore vu ? |

Aufgabe 147* La Française Clémence Poésy est une actrice célèbre. Elle a joué, entre autres, dans le film *Harry Potter et la Coupe de feu* de Mike Newell. Une journaliste qui veut l'interviewer a pris des notes.
Formule ses questions. Remplace les mots soulignés par des pronoms et emploie l'inversion.

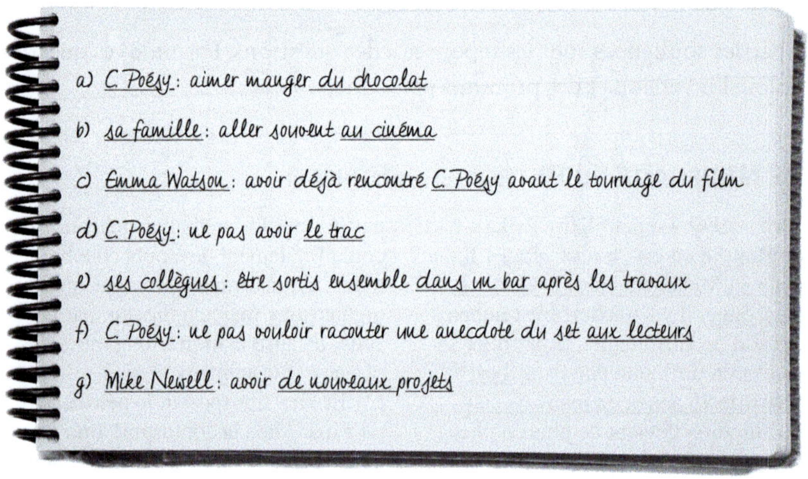


a) Aimez-vous en manger ?
b) ______
c) ______
d) ______
e) ______
f) ______
g) ______

## 10.3 Das Fragepronomen *lequel*

**Wie lauten die Formen des Fragepronomens *lequel*?**

Das Fragepronomen *lequel* wird wie ein Adjektiv flektiert (gebeugt).

- Die Formen lauten:

| | maskulin | feminin |
|---|---|---|
| Singular | *lequel* | *laquelle* |
| Plural | *lesquels* | *lesquelles* |

- Das Fragepronomen *lequel* kann auch **mit Präpositionen** kombiniert werden.

  *Beispiel:* Tu veux sortir avec une amie. Avec laquelle?

  Handelt es sich dabei um *à* oder *de*, so verschmilzt es mit diesen.

| | maskulin | feminin | maskulin | feminin |
|---|---|---|---|---|
| Singular | *auquel* | *à laquelle* | *duquel* | *de laquelle* |
| Plural | *auxquels* | *auxquelles* | *desquels* | *desquelles* |

  *Beispiel:* Vous irez au cinéma? Auquel?

Aufgabe 148 Mets des formes de *lequel* qui correspondent aux expressions de gauche.

une voiture ______________________

sur une moto ______________________

au feu rouge ______________________

de la bicyclette ______________________

les chauffeurs ______________________

dans la rue ______________________

du train ______________________

de l'essence ______________________

aux bateaux ______________________

des camions ______________________

au péage ______________________

à la station ______________________

**Wann wird *lequel* als Fragepronomen verwendet?**

Dieses Fragepronomen dient dazu, jemanden aus einer vorgegebenen Auswahl von Personen oder Sachen wählen zu lassen.

*Beispiele:* Le vendeur de glace a quinze parfums différents. Lesquelles?
Voilà quelques tablettes de chocolat. Laquelle est-ce que tu veux?

**Aufgabe 149*** Regarde les photos. Complète les questions avec une forme de *lequel* et donne des réponses.

a) Sur les photos, il y a plusieurs animaux. ____________________ ?

____________________________________________

b) Sur une des photos, il y a des tortues. ____________________ ?

____________________________________________

c) Un des chats a un comportement *(Verhalten)* inhabituel. ________________ ?

____________________________________________

d) Le cochon d'Inde sur la photo en haut s'intéresse à une boisson.

____________________ ?

____________________________________________

e) La photo avec le cochon d'Inde et le cheval fait allusion à *(anspielen auf)* un personnage typique. ________________?

______________________________________________________________________

f) Le chien sur la photo porte deux choses sur la tête. ____________________?

______________________________________________________________________

g) Si tu avais la possibilité d'avoir un des animaux représentés, ____________ est-ce que tu aimerais t'occuper?

______________________________________________________________________

Aufgabe 150* **Exercice combiné :** Est-ce que tu connais le cinéma français ? Complète les questions et trouve la bonne réponse.

| 1. ____________________ a inventé le cinéma ? | |
|---|---|
| ☐ Jean-François Champollion | ☐ les frères Wright |
| ☐ les frères Lumière | ☐ Edouard Cinéma |

| 2. ____________________ on appelle aussi le cinéma ? | |
|---|---|
| ☐ le septième art | ☐ le cici |
| ☐ la lumière mouvante | ☐ le CN |

| 3. ____________________ se trouve au centre du film *Le Grand bleu* de Luc Besson ? | |
|---|---|
| ☐ la planète Terre | ☐ la mer |
| ☐ le ciel | ☐ un rêve d'une petite fille |

| 4. ____________________ se trouve le plus grand cinéma d'Europe ? | |
|---|---|
| ☐ à Strasbourg | ☐ à Paris |
| ☐ à Toulouse | ☐ à Lille |

| 5. ____________ des acteurs français suivants a joué dans le film *Intouchables* ? | |
|---|---|
| ☐ Niels Schneider | ☐ Omar Sy |
| ☐ Samy Seghir | ☐ Gérard Depardieu |

6. Au festival de Cannes, ______________ est décerné *(wird verliehen)* au meilleur film ?

- [ ] une palme
- [ ] un ours
- [ ] un lion
- [ ] un oscar

7. ______________________ a joué le rôle d'Obélix dans le film d'Alain Chabat ?

- [ ] Jean Dujardin
- [ ] Daniel Auteuil
- [ ] Gérard Depardieu
- [ ] Christian Clavier

8. ______________________ le titre d'un film de Claude Chabrol (paru en 2000) contient ?

- [ ] un mot allemand
- [ ] le mot « chocolat »
- [ ] une erreur
- [ ] seulement des images

9. ______________________ l'actrice Catherine Deneuve a-t-elle eu une relation ?

- [ ] Gérard Depardieu
- [ ] Steven Spielberg
- [ ] François Mitterrand
- [ ] Marcello Mastroianni

10. *Le fabuleux destin d'Amélie Poulain* joue dans une grande ville. ______ ?

- [ ] Paris
- [ ] Lyon
- [ ] Marseille
- [ ] Bordeaux

11. ______________________ tu ne trouves pas sur le lieu du tournage ?

- [ ] le metteur en scène
- [ ] l'acteur
- [ ] la costumière
- [ ] l'animateur

12. __________________ des sociétés de production de cinéma suivantes est française ?

- [ ] Paramount Pictures
- [ ] Warner Bros. Entertainment
- [ ] Eon Productions
- [ ] Gaumont

13. __________________ est *Vercingétorix* dans le film de Jacques Dorfmann (2001) ?

- [ ] un chien gaulois légendaire
- [ ] un chef gaulois, adversaire de César
- [ ] un ami d'Obélix
- [ ] l'amant de Cléopâtre

# 11 Konditionalsätze

**Was sind Konditionalsätze?**
Ein Konditionalsatz *(proposition conditionnelle)* besteht aus
- einem **Nebensatz (*si*-Satz)**, der eine Bedingung ausdrückt, und
- einem **Hauptsatz**, der die Folge angibt.

**Welche Arten von Konditionalsätzen gibt es?**
Im Französischen kannst du zwei Arten von Bedingungssätzen unterscheiden:
- erfüllbare Bedingungen
- unerfüllbare Bedingungen (in der Gegenwart oder in der Vergangenheit)

Jeder dieser Bedingungssätze hat im Französischen eine **typische Zeitenabfolge**.

## 11.1 Erfüllbare Bedingungen (realer Bedingungssatz)

**Welche Zeiten stehen in den *si*-Sätzen, die eine erfüllbare Bedingung beinhalten?**
Ist die Bedingung erfüllbar, steht
- im ***si*-Satz** das ***présent***,
- im **Hauptsatz** das ***futur simple***.

*Beispiel:* Si j'ai de l'argent, j'achèterai une nouvelle voiture.

Von dieser Zeitenfolge sind Bedingungen ausgenommen, deren Erfüllung sich auf die Gegenwart und nicht auf die Zukunft bezieht, z. B. bei Imperativen:

*Beispiel:* Si vous avez faim, mangez une pomme.

Aufgabe 151 Mets la conjonction *si* à la bonne place.

a) ______ le professeur a de la fièvre, ______ il restera à la maison.
b) ______ les parents se fâcheront ______ Paul rentre avec un mauvais bulletin.
c) ______ tu manges trop de frites à la cantine, ______ tu deviendras malade !
d) ______ les élèves veulent organiser une fête, ______ le professeur les aidera.
e) ______ quelqu'un t'offre des drogues, ______ dis non.
f) ______ nous vous poserons des questions ______ nous ne comprenons pas ce qu'il dit.
g) ______ tu sais bien parler le français, ______ tu apprendras plus facilement l'espagnol et l'italien.
h) ______ son copain lui donnera les devoirs d'anglais ______ elle lui explique le problème de maths.

**Aufgabe 152** Carole va chez une voyante. Mais celle-ci ne dit que des choses évidentes. Forme des phrases avec *si*.

a) *Si vous partez en vacances, vous ne serez pas à la maison.*

b) ______

c) ______

d) ______

e) ______

**Aufgabe 153*** Qu'est-ce que tu feras s'il pleut le week-end ? Et s'il fait beau ou s'il neige ?

a)  S'il pleut, ______

b)  S'il fait beau, ______

c)  S'il neige, ______

## 11.2 Unerfüllbare Bedingungen (irrealer Bedingungssatz)

**Welche Zeiten stehen im irrealen Bedingungssatz der Gegenwart?**
Bei einer unerfüllbaren Bedingung der Gegenwart steht
- im **si-Satz** das ***imparfait***,
- im **Hauptsatz** das ***conditionnel I***.

*Beispiel:* Si j'avais de l'argent, j'achèterais une nouvelle voiture.

**Beachte:** Im Französischen darf im Gegensatz zum Deutschen **kein *conditionnel* und kein *futur simple* im *si*-Satz** stehen.

**Aufgabe 154** Complète les phrases avec *si*. Mets la forme du verbe qui convient.

a) S'ils avaient de la chance, ils gagneraient (gagner) un jour au loto.
b) S'ils gagnaient au loto, ils ________ (être) millionnaires.
c) S'ils ________ millionnaires, ils ________ (profiter) de la vie.
d) S'ils ________ de la vie, ils ________ (partir) pour faire un voyage autour du monde.
e) S'ils ________ pour faire un voyage autour du monde, ils ________ (visiter) tous les pays.
f) S'ils ________ tous les pays, ils ________ (rencontrer) beaucoup de gens sympa.
g) S'ils ________ beaucoup de gens sympa, ils ________ (se faire) partout des amis.
h) S'ils ________ partout des amis, ils ________ (s'amuser) bien avec eux.
i) S'ils ________ bien avec eux, ils ________ (ne plus s'ennuyer).
j) S'ils ________, ils ________ (aller) très bien.
k) S'ils ________ très bien, ils ________ (ne plus jamais rentrer) chez eux.

**Aufgabe 155*** Qu'est-ce que tu ferais si tu avais la possibilité de visiter les pays suivants ? Forme des propositions conditionnelles. Fais attention aux prépositions que tu mets devant les noms de pays.

Si je faisais un voyage en France,

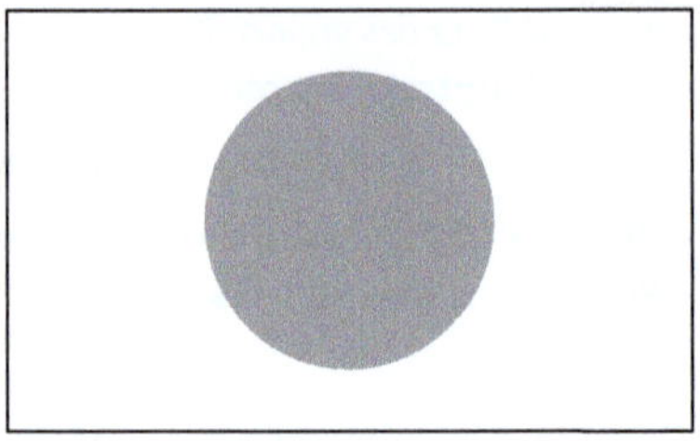

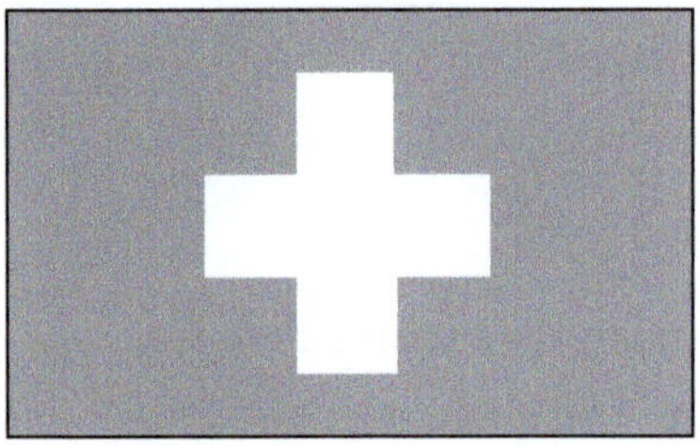

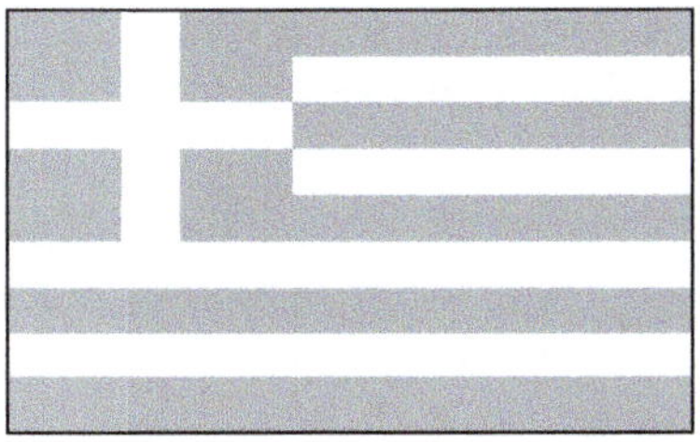

**Welche Zeiten stehen im irrealen Bedingungssatz der Vergangenheit?**

Bei einer unerfüllbaren Bedingung der Vergangenheit steht

- im **si-Satz** das *plus-que-parfait*,
- im **Hauptsatz** das *conditionnel II*.

*Beispiel:* Si j'avais eu de l'argent, j'aurais acheté une nouvelle voiture.

**ufgabe 156** Jérôme croit tout savoir faire. Forme des propositions conditionnelles au passé. Mets les formes qui conviennent.

a) Si je __________ (ne pas être) malade,
j'__________ (gagner) la course.

b) Si j'__________ (vivre) au Moyen Age,
j'__________ (inventer) l'électricité.

c) Si j'__________ (faire) la cuisine,
le repas __________ (être) meilleur.

d) Si j'__________ (participer) au safari,
j'__________ (prendre) une photo du lion.

e) Si je __________ (ne pas oublier) mon porte-monnaie,
j'__________ (acheter) la Ferrari.

f) Si j'__________ (être) sur le terrain de foot,
j'__________ (marquer) le but.

Aufgabe 157 **Exercice combiné :** Sophie écrit une lettre à sa copine Louise qui vit à Bruxelles et lui parle de la visite de sa correspondante française.
Mets les formes qui conviennent.

Chère Louise,
Comment vas-tu ? La semaine dernière, ma correspondante Sandrine de Nantes est venue me voir. Si je n'avais pas eu de photo d'elle, je ______________ (ne pas la reconnaître). Sandrine est une fille gentille, mais elle sait ce qu'elle veut. Je pense que si notre accueil ne lui avait pas plu, elle ______________ (rentrer) tout de suite. Malheureusement, ma mère ne savait pas que Sandrine était végétarienne. Si elle l' ______________ (savoir), elle ne nous aurait pas préparé de steaks. Ma correspondante ne parle pas très bien allemand. Si, en été, elle ______________ (voyager) seule à Berlin, elle ne comprendra rien. Si j'étais à sa place, je ______________ (se servir) d'un dictionnaire. Mais je crois que tout le monde a été content. Et je suis sûre que nous n'aurions pas autant (so) rigolé si l'échange ______________ (ne pas être) si bien préparé.
Et toi, est-ce que tu aurais envie de me rendre visite ? Viens en août, si tu ______________ (vouloir). Je m'en réjouirais.

Je t'embrasse
Sophie

Aufgabe 158* **Exercice combiné :** Lis d'abord le texte.

## La Pucelle d'Orléans

Rue de Rivoli, à Paris, on fête le souvenir de Jeanne d'Arc le deuxième dimanche de mai : fille d'un paysan, Jeanne est née à Domrémy en Lorraine, en 1412. À l'âge de treize ans, elle aurait entendu des voix surnaturelles qui lui demandaient de sauver sa patrie.
À l'époque, la France se trouvait en guerre (la Guerre de Cent Ans) et souffrait de l'occupation anglaise. C'est pourquoi tout le monde en France était désespéré. Les Anglais avaient même pris la ville de Paris et le candidat français à la couronne, Charles VII, préférait vivre au château de Chinon.
Jeanne s'est mise en route. Elle voulait encourager Charles à aller à Reims pour devenir le roi légitime de France. Mais quand elle y est arrivée, celui-ci s'est caché. Mais Jeanne l'a reconnu tout de suite parmi ses courtisans.

« Elle est vraiment envoyée par Dieu » pensait Charles et l'a mise à la tête d'une armée pour chasser les Anglais qui assiégeaient Orléans. Jeanne a libéré la ville. Victoire ! Elle était devenue une héroïne et l'espoir de tous les patriotes français.
Après plusieurs victoires sur les ennemis anglais, son succès s'est arrêté brusquement : On l'a capturée et livrée aux Anglais ! Pour se débarrasser de leur ennemie dangereuse, ils lui ont fait un procès. Au tribunal, on a accusée Jeanne d'avoir porté des vêtements masculins et d'avoir présenté ses visions comme des messages divins. En 1432, on l'a condamnée et brûlée vive sur la place du Vieux Marché à Rouen. Charles VII n'a rien fait pour la secourir ! Aujourd'hui, les Français adorent Jeanne d'Arc, canonisée *(heilig gesprochen)* depuis 1920. Elle est un des symboles nationaux de leur patrie.

Trouve les mots dans le texte qui font partie de la même famille que les mots indiqués et traduis-les.

a) occuper *(besetzen)* : ____________________
b) l'espoir *(Hoffnung)* : ____________________
c) le courage *(Mut)* : ____________________
d) la reine *(Königin)* : ____________________
e) la chasse *(Jagd)* : ____________________
f) le siège *(Belagerung)* : ____________________
g) libre *(frei)* : ____________________
h) vaincre *(besiegen)* : ____________________
i) l'ami *(Freund)* : ____________________
j) le danger *(Gefahr)* : ____________________
k) Dieu *(Gott)* : ____________________

Trouve les mots qui correspondent à la définition.

| légitime | patriote | courtisan |
|---|---|---|
| secourir | couronne | |
| | capturer | accuser |

l) un symbole du pouvoir royal : ______________________

m) qc qui est conforme au droit : ______________________

n) qn qui vit à la cour d'un roi : ______________________

o) qn qui aime très fort son pays : ______________________

p) arrêter un ennemi : ______________________

q) dire que qn est coupable : ______________________

r) venir en aide à qn : ______________________

**Aufgabe 159*** Est-ce que les affirmations *(Behauptungen)* suivantes sont justes ? Coche la bonne case ( ☒ ) et corrige les affirmations s'il le faut.

| | vrai | faux |
|---|---|---|
| a) Jeanne est née à Paris. | ☐ | ☐ |
| b) Elle a vécu au $XV^{ème}$ siècle. | ☐ | ☐ |
| c) À l'époque, les Français avaient occupé toute l'Angleterre. | ☐ | ☐ |
| d) Charles VII était désespéré de la situation de la France. | ☐ | ☐ |
| e) Sans qu'il le sache, Jeanne se trouvait à la tête de ses troupes. | ☐ | ☐ |
| f) Il a envoyé une armée pour sauver la fille. | ☐ | ☐ |
| g) Jeanne d'Arc est morte d'une maladie grave. | ☐ | ☐ |

Aufgabe 160 **Exercice combiné :** Relie les parties de la phrase qui correspondent. Mets les verbes au temps qui convient. Vérifie l'accord !

| | | | |
|---|---|---|---|
| A | Si Jeanne (ne pas avoir) de visions surnaturelles, | 1 | les Anglais (ne pas perdre) Orléans. |
| B | Moi, si (être) à la place de Jeanne d'Arc, | 2 | nous le (regarder) certainement. |
| C | Si Jeanne (ne pas être) à la tête des troupes françaises, | 3 | il (ne pas lui donner) son armée. |
| D | Si le film avec Milla Jovovich dans le rôle de Jeanne d'Arc (passer) à la télé, | 4 | nous (aller voir) sa statue, rue de Rivoli. |
| E | Si Jeanne (ne pas aider) sa patrie, | 5 | les ennemis (ne pas l'arrêter). |
| F | Si Jeanne (être plus prudent), | 6 | je (ne pas faire) confiance à Charles VII. |
| G | Si Jeanne (ne pas reconnaître) Charles, | 7 | les Anglais (quitter) Paris. |
| H | Si nous (aller) à Paris, | 8 | on (ne pas connaître) cette jeune fille lorraine. |
| I | Si Jeanne (recevoir) plus de soldats, | 9 | la France (rester) sous dominance anglaise. |

A 8 Si Jeanne n'avait pas eu de visions surnaturelles,
on n'aurait pas connu cette jeune fille lorraine.

Aufgabe 161* **Exercice combiné :** Traduis en français.

a) Wenn M. Lamy nicht zu schnell gefahren wäre, hätte es keinen Unfall gegeben.

b) Wenn ich morgen nicht mehr krank bin, besuche ich dich.

c) Du hättest bessere Noten, wenn du besser arbeiten würdest.

d) Wenn Sylvie mehr Geld verdienen würde, würde sie zum Skilaufen in die Alpen fahren.

e) Wenn wir vorsichtiger gewesen wären, hätten wir keine Probleme gehabt.

f) Selbst wenn du mir eine Million anbieten würdest, würde ich es meinen Eltern nicht sagen.

g) Wenn sich Nathalie heute besser fühlt, besucht sie mich.

h) Wenn wir letztes Jahr nach Arras gefahren wären, hätten wir seinen Turm besichtigt.

ıfgabe 162* Prends la place de ces trois personnages. Présente cinq idées.

a) Le petit Jacques est convaincu de devenir plus tard président de la république. Il a déjà beaucoup d'idées de ce qu'il fera lorsqu'il dirigera le pays.

Décris ce qu'il fera. Utilise la proposition conditionnelle.

Exemple : *Si j'étais président de la République, je voyagerais dans le monde entier.*

b) Pour la première fois, la jeune Céline a enregistré des chansons et les a envoyées à une maison de disque. Maintenant, elle rêve de devenir une vedette de rock.

Décris ce qu'elle raconte à sa copine. Utilise la proposition conditionnelle.

Exemple : *Si mes chansons plaisaient à la maison de disque, elle m'inviterait.*

c) Peu avant sa mort, un vieux millionnaire mécontent pense à sa vie.

Écris ce qu'il pourrait écrire dans son journal intime *(Tagebuch)*. Utilise la proposition conditionnelle.

Exemple : *J'aurais été plus heureux dans ma vie si j'avais travaillé moins.*

**Wie werden die Konditionalsätze im Englischen gebildet?**

Im Englischen gilt dieselbe vorgeschriebene Zeitenfolge wie im Französischen:

| *Beispiele:* | **Typ 1** | Si j'ai assez d'argent,<br>*If I have enough money,* | j'achèterai une nouvelle voiture.<br>*I'll buy a new car.* |
|---|---|---|---|
| | **Typ 2** | Si j'avais assez d'argent,<br>*If I had enough money,* | j'achèterais une nouvelle voiture.<br>*I would buy a new car.* |
| | **Typ 3** | Si j'avais eu assez d'argent,<br>*If I had had enough money,* | j'aurais acheté une nouvelle voiture.<br>*I would have bought a new car.* |

**Aufgabe 163*** Traduis de l'anglais en français.
Coche ( ☒ ) le type de proposition conditionnelle.

| | Type 1 | Type 2 | Type 3 |
|---|---|---|---|
| a) If my friend comes today, we will go to the beach.<br>*Si mon ami vient aujourd'hui, nous irons / on ira à la plage.* | ☒ | ☐ | ☐ |
| b) If it rained tonight, I would stay at home.<br>__________ | ☐ | ☐ | ☐ |
| c) What will you do if she doesn't come?<br>__________ | ☐ | ☐ | ☐ |
| d) If we had known your birthday, we would have offered you a gift.<br>__________ | ☐ | ☐ | ☐ |
| e) If John worked hard, he would be more successful.<br>__________ | ☐ | ☐ | ☐ |

## 11.3 Unterschied zwischen *si* und *quand*

**Welchen Unterschied gibt es zwischen den beiden Konjunktionen *si* und *quand*?**
Die beiden Konjunktionen *si* und *quand* können im Deutschen mit ‚wenn' wiedergegeben werden. Dieses ‚wenn' ist im Deutschen aber doppeldeutig: es kann sowohl in Konditionalsätzen als auch in Temporalsätzen verwendet werden.
Im Französischen werden diese beiden Satztypen durch die Konjunktionen eindeutig voneinander abgegrenzt. So steht

- in **Konditionalsätzen** die Konjunktion *si* (verbindliche Zeitenfolge),
- in **Temporalsätzen** die Konjunktion *quand* (ohne festgelegte Zeitenfolge).

*Beispiel:* Wenn es regnet, nehme ich einen Regenschirm.

- Konditionalsatz:
  (Falls es regnet/Sollte es regnen, nehme ich einen Regenschirm.)
  *S'il pleut, je prendrai un parapluie.*
- Temporalsatz:
  (Immer wenn/Dann wenn es regnet, nehme ich einen Regenschirm.)
  *Quand il pleut, je prends un parapluie.*

**ufgabe 164** Laure n'aime pas l'école. Mets la bonne conjonction (*si* ou *quand*).

a) __________ le professeur explique un problème, Laure n'écoute pas.
b) __________ elle faisait attention, elle aurait de meilleures notes.
c) __________ le professeur était plus gentil, elle le respecterait plus.
d) __________ Laure rentre de l'école, elle regarde la télé.
e) __________ elle avait eu des frères ou des sœurs, elle aurait joué avec eux.
f) __________ elle va au lit, elle n'a pas encore fait ses devoirs.

**fgabe 165*** Traduis les phrases suivantes.

a) Wenn es am Wochenende regnet, werde ich mein Zimmer aufräumen.

______________________________

b) Wenn du Lust hast, könnten wir ins Stadion gehen.

______________________________

c) Wenn ich in die Disco gehe, bin ich am nächsten Morgen immer müde.

______________________________

d) Hilfst du mir, wenn ich dich ins Kino einlade?

______________________________

# 12 Indirekte Rede

Die indirekte Rede (*discours indirect*) dient dazu, das wiederzugeben, was gesagt wird oder wurde. Alle Arten von Sätzen können in die indirekte Rede umgewandelt werden: Aussagesätze, Fragesätze und Imperativsätze.

## 12.1 Indirekte Aussagesätze

**Wie wird ein indirekter Aussagesatz gebildet?**
Bei der Umwandlung der direkten Rede in die indirekte Rede wird der in Anführungszeichen gesetzte Satz zu einem mit der Konjunktion ***que*** eingeleiteten Nebensatz.

*Beispiel:* Je dis à Sophie : « J'ai faim. » Je dis à Sophie que j'ai faim.

**Mit welchen Verben kann die indirekte Rede eingeleitet werden?**
Die indirekte Rede kann außer mit *dire* auch mit anderen Verben eingeleitet werden. Achte darauf, für Abwechslung zu sorgen.

| | | | | | |
|---|---|---|---|---|---|
| ajouter | *hinzufügen* | expliquer | *erklären* | raconter | *erzählen* |
| annoncer | *ankündigen* | imaginer | *sich vorstellen* | remarquer | *bemerken* |
| apprendre | *erfahren* | indiquer | *angeben* | répéter | *wiederholen* |
| déclarer | *erklären* | jurer | *schwören* | répondre | *antworten* |
| entendre dire | *hören* | mettre en relief | *hervorheben* | souligner | *unterstreichen* |
| être d'avis | *der Meinung sein* | penser | *denken* | trouver | *finden* |

**Beachte:** Bei *trouver bon/mauvais/normal* usw. steht der *subjonctif*.

**Aufgabe 166** Quel verbe pourrait introduire le discours indirect dans les phrases suivantes ? Choisis parmi les verbes indiqués et mets-les à la forme qui convient.

répéter, annoncer, être d'avis, jurer, trouver, apprendre, promettre, déclarer

a) Les élèves ________________ qu'ils ont trop de devoirs.
b) Le client ________________ que les fruits sont trop chers.
c) La prof ________________ que la classe va écrire un contrôle.
d) Depuis un an, le ministre ________________ que la situation va bientôt changer.
e) La propriétaire ________________ que le loyer n'augmentera pas.
f) Le vendeur ________________ que la voiture n'a pas encore eu d'accident.
g) La police ________________ à cette femme que son mari a volé l'argent.
h) La mère ________________ que son bébé n'a pas envie de boire du lait.

**Wie werden die Zeiten in der indirekten Rede gesetzt?**

**Regel 1:** Steht das **einleitende Verb** des Hauptsatzes in einer Zeit der **Nicht-Vergangenheit** (*présent, futur, conditionnel simple*), so bleiben die **Zeiten und Modi** der direkten Rede bei der Umformung in die indirekte Rede **unverändert**.

*Beispiel:* Je dis : « J'ai soif. » — Je dis que j'ai soif.
Je dirai : « J'ai soif. » — Je dirai que j'ai soif.

Aufgabe 167 Le professeur veut aller au théâtre avec sa classe pour y voir une pièce de Molière. Molière, de son vrai nom Jean-Baptiste Poquelin, a vécu de 1622 à 1673. Il est l'auteur de comédies célèbres, acteur et directeur de troupe à la cour de Louis XIV, le roi Soleil.
Transforme le *discours direct* en *discours indirect*.

a) Le professeur annonce aux parents de ses élèves : « La classe ira voir une pièce de Molière au théâtre. »

______

______

b) Il ajoute : « Les pièces de Molière sont toujours très amusantes. »

______

______

c) Il souligne : « Les élèves vont beaucoup aimer *Le Malade imaginaire*, sa meilleure comédie. »

______

______

Et les élèves, qu'est-ce qu'ils en diront ?

d) Les élèves déclareront : « C'est une bonne idée. »

______

e) La déléguée de la classe promettra : « La classe ne fera pas de bêtises. »

______

______

f) Un garçon proposera : « Toute la classe pourrait manger une pizza après la représentation. »

______

______

**Regel 2:** Steht das **einleitende Verb** des Hauptsatzes in einer Zeit der **Vergangenheit** (*imparfait, passé composé, plus-que-parfait, conditionnel passé*), so stehen in der indirekten Rede folgende Zeiten und Modi:

- Beim Präsens und den zusammengesetzten Zeiten *futur composé* und *passé composé* musst du die konjugierte Form ins *imparfait* setzen:

  *Beispiele:* J'ai dit : « J'ai soif. » — J'ai dit que j'avais soif. (*imparfait*)
  J'ai dit : « Je vais avoir soif. » — J'ai dit que j'allais avoir soif.
  J'ai dit : « J'ai eu soif. » — J'ai dit que j'avais eu soif. (*plus-que-parfait*)

- Da beim *imparfait* und *plus-que-parfait* die konjugierte Form bereits im *imparfait* steht, bleiben diese beiden Zeiten unverändert.

  *Beispiele:* J'ai dit : « J'avais soif. » — J'ai dit que j'avais soif. (*imparfait*)
  J'ai dit : « J'avais eu soif. » — J'ai dit que j'avais eu soif. (*plus-que-parfait*)

- Das *conditionnel* bleibt ebenfalls unverändert (da auch hier die Endung mit der *imparfait*-Endung identisch ist).

  *Beispiel:* J'ai dit : « J'aurais (eu) soif. » — J'ai dit que j'aurais (eu) soif.

- Beim *futur simple* wird die *présent*-Endung in die *imparfait*-Endung umgewandelt.

  *Beispiel:* J'ai dit : « J'aurai soif. » — J'ai dit que j'aurais soif. (*conditionnel*)

Steht das einleitende Verb in einer Zeit der Vergangenheit, können in der indirekten Rede also nur **imparfait**-Formen bzw. -Endungen vorkommen.

**Aufgabe 168** Ton copain Michel t'a raconté l'histoire suivante. Mets-la au discours indirect.

Après six ans, le chat de Jean a apporté pour la première fois une souris vivante à la maison. Il voulait faire un cadeau aux parents de Jean. Ils dormaient déjà quand le chat est entré dans leur chambre à coucher. Ils se sont réveillés et ont fait la chasse à la souris. Si celle-ci ne s'était pas caché dans le pot d'une plante qui se trouvait près de la fenêtre, ils n'auraient jamais réussi à attraper l'animal. Ses parents ont mis la plante avec la souris sur la terrasse. Le chat s'en est allé, tout triste.

Michel a raconté que, après six ans, le chat de Jean…

**Was muss du bei den Pronomen beachten?**
Bei der Umformung von der direkten Rede in die indirekte Rede findet ein Perspektivenwechsel statt. Aus diesem Grund musst du die verschiedenen Pronomen je nach Sinnzusammenhang anpassen:

- **Personalpronomen**
  *Beispiel:* Luc dit : « Je rentrerai à la maison à huit heures. »
  Luc dit qu'il rentrera à la maison à huit heures.
- **Possessivpronomen**
  *Beispiel:* Pierre dit: « Ce sont mes BD. »
  Pierre dit que ce sont ses BD.
- **Objektpronomen**
  *Beispiel:* Il dit : « Je te montrerai mes BD. »
  Il dit qu'il me montrera ses BD.

Aufgabe 169 Vos parents étaient partis pour le week-end. Comme vous étiez seuls, vous avez fait une grande fête. Le lendemain, les voisins ont sonné à votre porte. Mets leurs paroles au discours indirect. Utilise des verbes différents pour introduire le discours indirect.

d) Vous avez bu trop d'alcool.

c) La prochaine fois, nous appellerons la police.

e) Les escaliers étaient sales.

b) La musique était trop forte.

f) Nous informerons vos parents.

a) Normalement, nous ne nous plaignons pas.

g) Il faut avoir du respect envers les autres.

a) *Ils ont dit que...* ____________________________________________

b) ________________________________________________________

c) ________________________________________________________

d) ________________________________________________________

e) ________________________________________________________

f) ________________________________________________________

g) ________________________________________________________

**Aufgabe 170** Est-ce que vous aimez le sport ? Un magazine pour les jeunes a interviewé des garçons et des filles de 12 à 14 ans à ce sujet. Mets leurs réponses au discours indirect.

| | |
|---|---|
| a) **Laurent :** | Le sport est ma vie. Pour le sport, je renoncerais même à tous mes séries. |
| b) **Barbara :** | Quand j'étais enfant, j'ai fait beaucoup de sport. Mais depuis un an, je n'en fais plus souvent. |
| c) **Yves :** | J'adore surtout le foot. Dans quelques années, je jouerai dans l'équipe nationale. |
| d) **Fabien :** | Je n'ai jamais compris pourquoi tout le monde aime le sport. Il est plus intéressant de jouer sur l'ordinateur. |
| e) **Caroline :** | Normalement, je m'entraîne au moins trois fois par semaine. Mais malheureusement, je me suis cassée la jambe pendant le dernier match. |
| f) **Philippe :** | À l'âge de trois ans, mes parents m'ont appris à faire du ski. Depuis ce temps, j'aime bien pratiquer ce sport. |

a) *Laurent a souligné que…* ______________________

______________________

b) ______________________

______________________

c) ______________________

______________________

d) ______________________

______________________

e) ______________________

______________________

f) ______________________

______________________

**Aufgabe 171** Une classe française est en route pour l'échange scolaire. Mets les paroles des élèves au *discours indirect*.

David

Pierre

Cédric

Sylvie

Daniel

Marie

Valérie

Sandrine

Céline

Yvonne

Aufgabe 172* Tu trouves ici quelques citations de Français célèbres.
Mets-les au *discours indirect.*

| **Descartes** (1596–1650) | « Je pense, donc je suis. » |
|---|---|

*Descartes a dit qu'il pensait, et que donc il était.*

| **Chateaubriand** (1768–1848) | « Je m'ennuie de la vie. » |
|---|---|

______

| **Voltaire** (1696–1778) | « Un jour tout sera bien, voilà notre espérance. Tout est bien aujourd'hui, voilà l'illusion. » |
|---|---|

______

| **Louis XIV** (1638–1715) | « L'État, c'est moi ! » |
|---|---|

______

| **La Bruyère** (1645–96) | « Il n'y a pour l'homme que trois évènements : naître, vivre et mourir. » |
|---|---|

______

| **Voltaire** (1696–1778) | « Si Dieu n'existait pas, il faudrait l'inventer. » |
|---|---|

______

| **Corneille** (1606–84) | « Il faut bonne mémoire après qu'on a menti. » |
|---|---|

______

| **Balzac** (1799–1850) | « La gloire est le soleil des morts. » |
|---|---|

______

| **Guitry** (1885–1957) | « On se dit au revoir quand on espère bien qu'on ne se reverra jamais, et on se revoit volontiers quand on s'est dit adieu. » |
|---|---|

______

| les frères **Goncourt** (1822–96/1830–70) | « L'histoire est un roman qui a été, le roman est de l'histoire qui aurait pu être. » |
|---|---|

______

| | |
|---|---|
| **Sartre** (1905–80) | « L'enfer, c'est les autres. » |

______________________________________________

| | |
|---|---|
| **Musset** (1810–57) | « La vie est un sommeil, l'amour est le rêve. Et vous auriez vécu si vous aviez aimé. » |

______________________________________________

**…fgabe 173*** Luc a écrit un e-mail à sa sœur qui est fille au pair dans une famille allemande. Souligne les phrases au discours indirect. Puis transforme-les en discours direct pour savoir ce que Luc, Jérôme et leurs parents ont dit.

Message

À: alsct@web.de Cc Bcc

Objet: Voyage en Allemagne

Salut Antonia,

Ça va à Munich ? Tu apprends sagement l'allemand chez les Berger, comme il faut ? Tu n'as pas trop de problèmes avec leurs deux gamins pour lesquels tu fais du baby-sitting ?

Écoute, hier soir, en famille, on a discuté des projets pour l'été. Moi, j'ai suggéré à papa, maman et à Jérôme que tu étais très très seule et qu'il fallait te rendre visite en Allemagne. Maman a tout de suite trouvé que c'était une bonne idée et qu'ainsi nous serions sûrs que tu te portais bien. En plus, elle a dit qu'elle voulait faire la connaissance des Berger et de Leon, ton petit ami allemand dont tu nous as parlé. Jérôme a dit « beurk ». Il a souligné qu'il préférait rester chez lui. Il a dit qu'il n'avait pas envie de faire un si long voyage. En réalité, il avait appris que ses copains feraient du kayak en Dordogne en août… Alors papa a remarqué qu'on pourrait très bien faire du VTT et des randonnées en montagne près de Munich, mais ton frère répétait qu'il ne voulait pas y aller. Tant pis ! Alors nous avons décidé que Jérôme resterait chez mémé pendant deux semaines et participerait aux excursions de ses copains et que nous, les autres, partirions pour l'Allemagne.

Est-ce que les Berger seront d'accord de notre visite ? Leon sera là aussi ?

Réponds-nous vite. On veut te revoir bientôt.

Bises, Luc ☺

Envoyer

**Aufgabe 174*** Antonia a répondu à l'e-mail de son frère. Traduis ce qu'elle a écrit en français.

Nachricht

An: manlsct@wanadoo.fr Cc Bcc

Betreff: Re: Voyage en Allemagne

Hallo Luc,

vielen Dank für deine E-Mail. Mir geht es sehr gut in München. Alles läuft gut bei den Bergers und ich lerne leicht deutsch. Ihr werdet sehen! Ich habe den Bergers angekündigt, dass ihr im August kommen werdet. Sie haben geantwortet, dass sie sich sehr über euren Besuch freuen. Herr Berger hat sogar vorgeschlagen, dass wir alle zusammen an einem Wochenende in die Alpen fahren könnten. Was Leon betrifft, er ist ein bisschen schüchtern, aber ich verspreche euch, dass er da sein wird, um euch kennenzulernen. Seid ihr einverstanden? Sag mir schnell, wann ihr genau ankommen werdet.

Alles Gute,

Antonia ☺

Senden

**Aufgabe 175*** Réponds en quelques phrases aux questions suivantes. Utilise le discours indirect.

a) Qu'est-ce que tes profs disent de votre classe ?

________________________________________

________________________________________

b) Qu'est-ce que tes parents ont dit quand tu as voulu sortir la dernière fois ?

________________________________________

________________________________________

c) Qu'est-ce que tu dirais si un bon copain te demandait 100 € ?

________________________________________

________________________________________

**Was musst du bei den adverbialen Bestimmungen beachten?**
Wie die Pronomen werden auch die adverbialen Bestimmungen in der indirekten Rede an die Perspektive des Erzählers angepasst:

- **Ortsangaben**

| | |
|---|---|
| ici | → là |
| | → là-bas |
| | → à cet endroit |

- **Zeitangaben**

| | |
|---|---|
| hier | → la veille |
| hier soir | → la veille au soir |
| aujourd'hui | → ce jour-là |
| demain | → le lendemain |
| demain matin | → le lendemain matin |
| après-demain | → le surlendemain |
| maintenant | → à ce moment |
| la semaine prochaine | → la semaine suivante |

**Wo stehen die Orts- und Zeitangaben in der indirekten Rede?**
Die Orts- und Zeitangaben werden in der indirekten Rede in der Regel an das Satzende gestellt. Die Stellung am Satzanfang dient der besonderen Hervorhebung.

Aufgabe 176 À La Rochelle, il y a un grand aquarium où l'on peut voir beaucoup d'animaux marins de notre planète. Pendant un échange scolaire à La Rochelle, un groupe d'élèves a visité l'aquarium rochelais. Comme il a plu du matin au soir ce jour-là, les jeunes sont restés longtemps « vingt mille lieues sous la mer ».

Voilà ce qu'ils ont raconté à Alain, qui n'a pas participé à l'excursion parce qu'il était malade. Mets les paroles de ses copains au discours indirect.

a) **Charlotte** : « Aujourd'hui, j'ai vu Nemo, le petit poisson clown ! »

______________________________

b) **Édith** : « L'audioguide raconte des anecdotes étonnantes sur la vie des animaux marins. »

______________________________

______________________________

c) **Sylvie** : « J'ai laissé mes impressions sur le livre d'Or de l'aquarium. »

______________________________

______________________________

d) **Thomas** : « Les billets d'entrée ne sont pas chers. »

______________________________

e) **Daniel** : « J'ai aussi des poissons tropicaux chez moi. »

f) **Frédéric** : « Je me suis perdu parmi les 65 aquariums. »

g) **Yves et Luc** : « Dans la boutique, nous avons acheté des cartes postales et des petits cadeaux pour nos parents. »

h) **Adeline** : « Je n'oserais pas plonger au milieu des requins. »

i) **Marc** : « J'ai pris un ascenseur pour arriver au fond de la mer. »

j) **Victor** : « L'année dernière, mon copain y est aussi allé avec la famille de son correspondant ! »

k) **Yan** : « Le prof nous a demandé de ne pas prendre de photos. »

l) **Anne** : « Je vais bientôt y retourner. »

Aufgabe 177 Le jeudi avant Pâques, Valérian a parlé de ce qu'il avait fait mercredi et ce qu'il allait encore faire les jours qui venaient. Commence les phrases par *il a dit que…* et utilise *la veille, ce jour-là,* etc. au lieu de *mercredi, jeudi* etc.
Fais attention de mettre les verbes du discours indirect au temps qui convient.

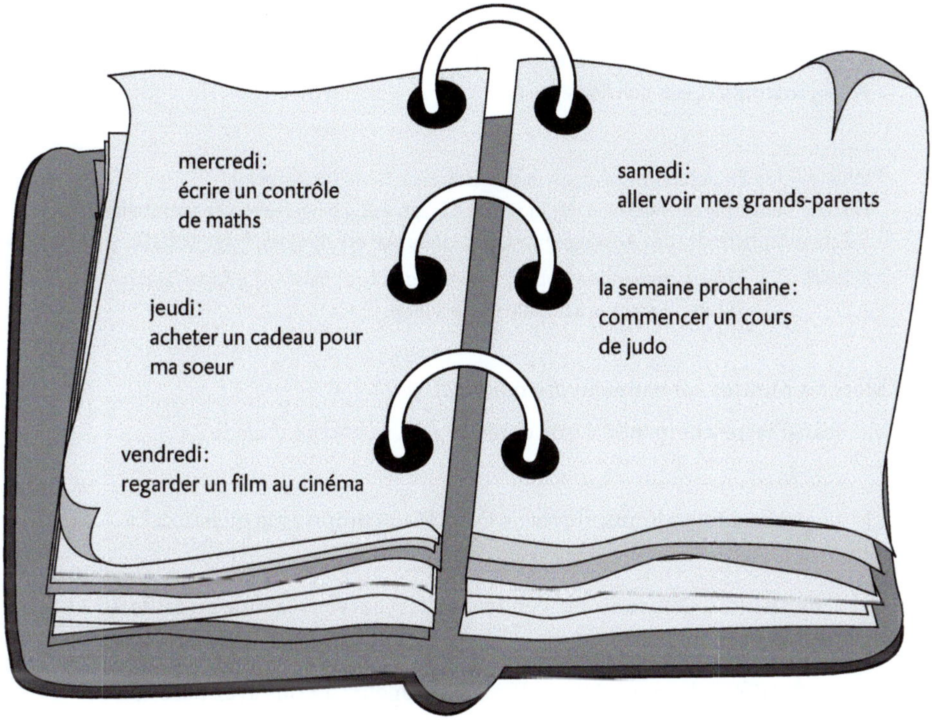


a) ______________________________

______________________________

b) ______________________________

______________________________

c) ______________________________

______________________________

d) ______________________________

______________________________

e) ______________________________

______________________________

## 12.2 Indirekte Fragen

Indirekte Fragen geben das wieder, was andere (oder du selbst) fragen oder gefragt haben. Die Regeln, die für die **Umformung der Zeiten** aus einem direkten in einen indirekten Aussagesatz aufgestellt wurden, gelten ebenfalls für die Bildung der indirekten Fragen.

Für die richtige Umformung der direkten Frage in die indirekte Frage ist es wichtig, die beiden Arten von Fragen zu unterscheiden:

- **Entscheidungsfragen** (ohne Fragewort)
- **Ergänzungsfragen** (mit Fragewort)

**Wie werden Entscheidungsfragen in die indirekte Rede umgeformt?**
Entscheidungsfragen werden in der indirekten Frage mit *si* eingeleitet. Die Satzstellung im *si*-Satz entspricht der des Aussagesatzes. Das *est-ce que* der direkten Frage entfällt.

*Beispiel:* Thierry demande à Sophie : « Est-ce que tu as faim ? » / « As-tu faim ? »
Thierry demande à Sophie si elle a faim.

Aufgabe 178 Mets les phrases suivantes au *discours indirect.*

a) Jean-Pierre a demandé à une copine : « Tu es encore malade ? »

________________________________________

b) Le prof a demandé aux élèves : « Vous avez compris ma question ? »

________________________________________

c) Une cliente a demandé à la vendeuse : « Avez-vous la jupe en taille 40 ? »

________________________________________

d) Le chauffeur de taxi a demandé à un voyageur : « Vous avez besoin d'un taxi ? »

________________________________________

e) Un homme s'est demandé : « Est-ce que ma femme m'aime encore ? »

________________________________________

f) La vedette a demandé à son public : « Vous souhaitez écouter mon nouvel album ? »

________________________________________

g) Le touriste a demandé à l'information : « Est-ce qu'il y aura une visite guidée à 15 h ? »

________________________________________

**Wie werden Ergänzungsfragen in die indirekte Rede umgeformt?**
Soll eine Ergänzungsfrage in die indirekte Rede umgewandelt werden, so bleiben die Fragepronomen in der Regel erhalten:

*Beispiele:* Philippe leur demande : « Où est-ce que vous irez ? »
Philippe leur demande où ils iront.

Isabelle demande : « Qui est arrivé ? »
Isabelle demande qui est arrivé.

**Aufgabe 179** Ton correspondant David te rend visite. Ta grand-mère, elle aussi, passe quelques jours chez vous et fait sa connaissance. Elle pose beaucoup de questions. Comme David ne parle pas bien allemand, tu fais l'interprète. Introduis tes phrases avec *elle veut savoir* ou *elle te demande.*

| | la grand-mère | toi |
|---|---|---|
| a) | Wo wohnst du? | *Elle te demande...* |
| b) | Wie viele Geschwister hast du? | |
| c) | Wie alt bist du? | |
| d) | Seit wann bist du in Deutschland? | |
| e) | Warum sprichst du kein Deutsch? | |
| f) | Wie findest du die deutschen Gerichte? | |
| g) | Welche deutsche Stadt würdest du gerne besichtigen? | |
| h) | Wem hast du schon Postkarten geschrieben? | |

**Wie werden Fragen mit *qu'est-ce qui* bzw. *qu'est-ce que* in die indirekte Rede gesetzt?**
Möchtest du direkte Fragen mit *que* in die indirekte Frage umwandeln, so musst du *ce qui* bzw. *ce que* verwenden:

- *qu'est-ce qui* → ***ce qui*** (für Subjekt)
- *qu'est-ce que* → ***ce que*** (für Objekt)

*Beispiel:* Je me demande : « Qu'est-ce qui s'est passé ? »
Je me demande ce qui s'est passé.

J'aimerais savoir : « Qu'est-ce que tu fais ? »
J'aimerais savoir ce que tu fais.

Aufgabe 180 La mère pose toujours des questions à sa fille. Mets les phrases suivantes au discours indirect et introduis-les par *elle demande…*

a) « Qu'est-ce que c'est ? »

Elle demande… ______________________

b) « Qu'est ce que tu vas faire ? »

______________________

c) « Qu'est ce qui se trouve dans ton sac à main ? »

______________________

d) « Qu'est-ce que tu regardes ? »

______________________

e) « Qu'est-ce que tu as écrit dans ton journal intime ? »

______________________

Aufgabe 181* Traduis les phrases suivantes.

a) Ich frage dich, was du morgen machst.
b) Paul will wissen, was dich interessiert und was du gerade liest.
c) Du weißt noch nicht, was morgen passieren wird.
d) Erklär mir, was du zu Weihnachten haben möchtest.

a) ______________________
b) ______________________
c) ______________________
d) ______________________

fgabe 182* **Exercice combiné :** Lis le texte et réponds aux questions que le professeur a posées à sa classe.

## Le Québec

Le Québec est une province de l'est du Canada. Elle se trouve entre la province de l'Ontario, la baie d'Hudson et le fleuve Saint-Laurent.
Au sud-est, elle a des frontières communes avec les États-Unis. Le Québec est trois fois plus grand que la France métropolitaine. La capitale de la province du Québec s'appelle aussi Québec. Mais la plus grande ville est Montréal.
Avant l'arrivée des Français, le territoire appartenait à des tribus *(Stämme)* indiennes. En 1534, presque un demi-siècle après la découverte de l'Amérique par Christophe Colomb, Jacques Cartier a mis pied dans cette région. C'était un explorateur français qui a pris possession du territoire au nom du roi de France.
Aujourd'hui, le Québec est le seul territoire en Amérique du Nord – hormis *(außer)* l'archipel français de Saint-Pierre-et-Miquelon – qui n'est pas anglophone. Plus de 80 % des Québécois parlent français.

a) Qu'est-ce que le Québec ?
**Réponse :** ______________________________

b) Où est-ce que se trouve le Québec ?
**Réponse :** ______________________________

c) Comment s'appelle la capitale du Québec ?
**Réponse :** ______________________________

d) Qui vivait sur le territoire du Québec avant l'arrivée des Français ?
**Réponse :** ______________________________

e) Qui était Jacques Cartier ?
**Réponse :** ______________________________

f) Pour qui est-ce qu'il est allé en Amérique du Nord ?
**Réponse :** ______________________________

g) Quelle langue parle la majorité *(Mehrheit)* des Québecois ?
**Réponse :** ______________________________

Maintenant, mets les questions du professeur au *discours indirect.*

Le prof a demandé
- a) ce qu'était le Québec.
- b) ______
- c) ______
- d) ______
- e) ______
- f) ______
- g) ______

Aufgabe 183 **Exercice combiné :** Qu'est-ce que le prof a demandé ?
Transforme ces questions indirectes en questions directes.

a) Le prof a demandé aux élèves s'ils avaient fait leurs devoirs.
Le prof a demandé aux élèves : « Est-ce que vous avez fait vos devoirs ? »

b) Le prof voulait savoir pourquoi il y avait trop de fautes dans leurs contrôles.

______

______

c) Il a demandé aux parents de ses élèves si leurs enfants faisaient régulièrement les exercices.

______

______

d) Il voulait savoir s'il fallait faire plus d'exercices.

______

e) Il se demandait s'il était trop sévère.

______

f) Le prof voulait savoir de ses élèves ce qu'on pourrait faire pour changer la situation.

______

______

g) Il leur a demandé s'ils étaient prêts à mieux participer au cours.

______

ufgabe 184* **Exercice combiné :** 10 questions pour un champion. Coche la bonne réponse (☒).

1.

| Quelle ville ne se trouve pas au bord de la mer ? | |
|---|---|
| ☐ Marseille | ☐ Bordeaux |
| ☐ Brest | ☐ Lyon |

50 €

2.

| Comment est-ce qu'on appelle aussi l'équipe française de foot ? | |
|---|---|
| ☐ les Bleus | ☐ les Rouges |
| ☐ les Tricolores | ☐ les Noirs |

100 €

3.

| Où est-ce qu'on fabrique traditionnellement le camembert ? | |
|---|---|
| ☐ en Bretagne | ☐ en Normandie |
| ☐ en Provence | ☐ en Alsace |

200 €

4.

| Le pont du Gard, qu'est-ce que c'est ? | |
|---|---|
| ☐ un château | ☐ une forteresse |
| ☐ un aqueduc romain | ☐ une cathédrale |

500 €

5.

| Quel fleuve est aussi une frontière ? | |
|---|---|
| ☐ la Seine | ☐ le Rhin |
| ☐ le Rhône | ☐ la Loire |

1.000 €

6.

| Où séjourne le parlement européen ? | |
|---|---|
| ☐ à Bruxelles | ☐ à Genève |
| ☐ à Strasbourg | ☐ à Luxembourg |

5.000 €

7.

| Quand est-ce qu'on a construit le tunnel sous la Manche ? | |
|---|---|
| ☐ 1968 | ☐ 1981 |
| ☐ 1994 | ☐ 2004 |

10.000 €

8.

| Comment est-ce que s'appellent les habitants de Toulouse ? | |
|---|---|
| ☐ Toulousains | ☐ Toulouses |
| ☐ Toulousiers | ☐ Toulouseurs |

25.000 €

9.

| Qui n'a jamais été premier ministre français ? | |
|---|---|
| ☐ Georges Pompidou | ☐ Jacques Chirac |
| ☐ François Mitterrand | ☐ Dominique de Villepin |

50.000 €

10.

| Qui, parmi les chanteurs français, a été champion de poker ? | |
|---|---|
| ☐ Manu Chao | ☐ Jean Ferrat |
| ☐ Zaz | ☐ Patrick Bruel |

100.000 €

Transforme les questions au discours indirect.

1. *Le showmaster a demandé au candidat…*
2. ______
3. ______
4. ______
5. ______
6. ______
7. ______
8. ______
9. ______
10. ______

ufgabe 185* **Exercice combiné :** Est-ce que tu comprends le langage des messages ? Traduis les messages en français parlé.

Koi29 ?
Raoul
*Quoi de neuf ?*

Sara t'M. Tle+bo.
Olivier
*Sara t'aime.*
*Tu es le plus*
*beau.*

Tapaenvi2flateuf ?
Jean

Jpepa.
Alexandre

Bjr! Onvao6né ?
Simon

Cavaetr5pa.
Isabelle

Tuvab1 ?
Nicole

Orib
Nathalie

RVa7hokfé
Emma

Mets les dialogues de l'exercice au discours indirect.

a) *Raoul voulait savoir d'Olivier ce qu'il y avait de neuf.*
*Il a répondu que…*

b) *Jean…*
*Il…*

c) *Simon…*
*Elle…*

d) *Nicole…*
*Elle…*

e) *Emma…*
*Il…*

f) *Claire…*
*Charlotte…*

# 13 Infinitivkonstruktionen

In französischen Sätzen werden häufig Infinitive verwendet. Es gibt
- Infinitive, die von Hilfsverben oder anderen Verben abhängen und
- Infinitivkonstruktionen, die einen Nebensatz ersetzen.

## 13.1 Infinitive nach Hilfsverben und anderen Verben

Infinitive, die von Hilfsverben oder anderen Verben abhängen, werden auf verschiedene Weise angeschlossen:
- **ohne Präposition**
- mit der **Präposition *à***
- mit der **Präposition *de***
- mit der **Präposition *par***

Wie du die Infinitive anschließen musst, hängt von dem vorausgehenden Verb ab. Es gibt dafür keine Regeln, weshalb du jede Konstruktion einzeln lernen musst.

**Welche Verben schließen den folgenden Infinitiv ohne Präposition an?**
Zu dieser Gruppe zählen alle Hilfsverben, aber auch andere Verben:

| | |
|---|---|
| devoir faire qc | *etw. tun müssen/sollen* |
| il faut faire qc | *etw. tun müssen* |
| pouvoir faire qc | *etw. tun können (aufgrund der äußeren Umstände)* |
| savoir faire qc | *etw. tun können (aufgrund seines Könnens/WIssens)* |
| vouloir faire qc | *etw. tun wollen* |
| oser faire qc | *sich trauen, etw. zu tun* |
| aimer faire qc | *gerne etw. tun* |
| adorer faire qc | *etw. sehr gerne tun* |
| préférer faire qc | *bevorzugen, etw zu tun* |
| laisser faire qc | *etw. tun lassen* |

*Beispiele:* Marcel devrait faire ses devoirs. Mais il préfère jouer au foot.

fgabe 186* Théo parle de ce qu'il fait pendant la journée. Traduis le texte suivant.

a) le matin

Am Morgen muss ich um sechs Uhr aufstehen. Wenn meine Mutter mich in die Schule fährt, kann ich bis halb sieben im Bett bleiben.

______________________________

______________________________

______________________________

b) l'après-midi

Am Nachmittag mache ich gerne Sport. Ich kann gut schwimmen.

c) le soir

Am Abend schaue ich gerne einen Film im Kino an. Leider bevorzugen es meine Freunde, in die Diskothek zu gehen. Ich traue mich nicht, meine Eltern zu fragen, ob ich sie begleiten kann. Sie werden mich nicht in die Diskothek gehen lassen.

**Welche Verben schließen den folgenden Infinitiv mit der Präposition *à* an?**

**Zu diesen Verben zählen unter anderem:**

| | |
|---|---|
| commencer à faire qc | *beginnen, etw. zu tun* |
| continuer à faire qc | *fortfahren, etw. zu tun; etw. weiterhin tun* |
| réussir à faire qc | *gelingen, etw. zu tun* |
| s'habituer à faire qc | *sich daran gewöhnen, etw. zu tun* |

*Beispiel:* Adeline commence à pleurer.

**Aufgabe 187** Traduis les phrases suivantes.

a) Mein Bruder hat begonnen, Gitarre zu spielen.

b) Ich weiß nicht, ob er weiterhin auch Klavier spielen wird.

c) Ich habe mich daran gewöhnt, die Wohnung zu verlassen, wenn er spielt.

d) Es gelingt mir nicht, zu lesen, für die Schule zu arbeiten oder eine Serie anzusehen.

**Welche Verben schließen den folgenden Infinitiv mit der Präposition *de* an?**
Zu diesen Verben zählen unter anderem:

| | |
|---|---|
| essayer de faire qc | *versuchen, etw. zu tun* |
| arrêter de faire qc | *aufhören, etw. zu tun* |
| finir de faire qc | *aufhören, etw. zu tun* |
| avoir besoin de faire qc | *etw. tun müssen* |
| demander à qn de faire qc | *jdn. bitten, etw. zu tun* |
| proposer à qn de faire qc | *jdm. vorschlagen, etw. zu tun* |
| interdire à qn de faire qc | *jdm. verbieten, etw. zu tun* |
| venir de faire qc | *gerade etw. getan haben* |
| être en train de faire qc | *gerade dabei sein, etw. zu tun* |
| être content de faire qc | *zufrieden sein, etw zu tun* |

*Beispiel:* Finalement, il a arrêté de m'énerver.

**Beachte:** Die Konstruktion *venir de faire qc* kommt nur im *présent* oder im *imparfait* vor.

*Beispiel:* Je viens de réussir à mon bac. *Ich habe gerade mein Abitur bestanden.*
Je venais de réussir à mon bac. *Ich hatte gerade mein Abitur bestanden.*

**fgabe 188*** Écris une phrase pour chaque verbe.

a) venir de : ______________________________

b) demander de : ______________________________

c) essayer de : ______________________________

d) être en train de : ______________________________

e) interdire de : ______________________________

f) proposer de : ______________________________

**Welche Verben schließen den folgenden Infinitiv mit der Präposition *par* an?**
Hier musst du dir insbesondere zwei Verben merken:

| | |
|---|---|
| commencer par faire qc | *anfangen, etw. zu tun (in einer Reihenfolge)* |
| finir par qc | *enden mit etw. (in einer Reihenfolge)* |

*Beispiel:* Dans la salle de bain, il commence par se laver et finit par se brosser les dents.

Aufgabe 189 **Exercice combiné :** Sans préposition ou avec préposition ? Mets les verbes dans la bonne colonne *(Spalte)*.

| | | | | | |
|---|---|---|---|---|---|
| demander | commencer | oser | arrêter | savoir | finir |
| essayer | être en train | interdire | réussir | oublier | apprendre |
| devoir | être content | préférer | vouloir | s'habituer | pouvoir |
| continuer | avoir besoin | aimer | proposer | venir | renoncer |

| **infinitif sans préposition** | **infinitif avec *à*** | **infinitif avec *de*** | **infinitif avec *par*** |
|---|---|---|---|
| | | | |
| | | | |
| | | | |
| | | | |
| | | | |
| | | | |
| | | | |
| | | | |
| | | | |
| | | | |
| | | | |

Aufgabe 190 **Exercice combiné :** Mets les prépositions qui conviennent (ø, *à* ou *de*).

Je viens _____ acheter un nouveau logiciel. Hier soir, j'ai essayé _____ l'installer sur mon ordinateur. Malheureusement, je n'ai pas réussi _____ remettre l'ordinateur en marche. Mais il ne faut pas _____s'énerver trop tôt ! Car tout à coup, il a commencé _____ booter tout seul. Je dois _____ apprendre _____ avoir plus de patience. J'ai écrit un e-mail à mon corres. Jérémie était en train _____ naviguer sur Internet quand il a reçu l'e-mail. Il a préféré _____ streamer une chanson, puis il m'a répondu. Nous étions contents _____ être de nouveau en contact.

## 13.2 Infinitivkonstruktionen anstelle von Nebensätzen

**Wann steht im Französischen eine Infinitivkonstruktion anstelle eines Nebensatzes?**
Infinitive sind im Französischen ein elegantes Mittel der Satzverkürzung. Damit Infinitive einen Nebensatz ersetzen können, gilt in der Regel, dass das **Subjekt des Nebensatzes mit dem des übergeordneten Satzes identisch** ist.

**Wie werden Infinitivkonstruktionen mit *après* und *avant* verwendet?**
Zwei Handlungen, die nacheinander geschehen sind, können durch ***avant de* + Infinitiv** bzw. ***après + avoir/être + participe passé*** verbunden werden (sofern das Subjekt der beiden Handlungen identisch ist!).

*Beispiele:* Chloé monte dans l'avion. Avant, Chloé doit éteindre son portable.
→ Avant de monter dans l'avion, Chloé doit éteindre son portable.
*Bevor Chloé ins Flugzeug steigt, muss sie ihr Handy ausschalten.*

Chloé éteint son portable. Après, Chloé monte dans l'avion.
→ Après avoir éteint son portable, Chloé monte dans l'avion.
*Nachdem Chloé ihr Handy ausgeschaltet hat, steigt sie ins Flugzeug.*

**Aufgabe 191** Utilise les constructions *avant de* ou *après avoir/être*.

a) Avant ______________________ (boire un bon vin), les grands-parents descendent à la cave.

b) Après ______________________ (passer son bac), Pascal fait un tour du monde.

c) Après ______________________ (aller au café), nous allons au ciné.

d) Avant ______________________ (aller chercher sa copine à la gare), Antonia achète des fleurs.

e) Après ______________________ (arriver au théâtre), Nadine remarque qu'elle a perdu son billet d'entrée.

f) Avant ______________________ (sortir), Jacques met son manteau.

g) Après ______________________ (avoir l'accident), Danielle n'ose plus faire du ski.

h) Avant ______________________ (s'habiller), Nicole se lave rapidement.

**Aufgabe 192*** Franzi et Barbara de Berlin passent quelques jours à Paris. Hier, elles ont visité beaucoup de lieux. Décris leur journée. Choisis parmi les constructions *après avoir* et *avant de.*

sortir du musée du Louvre

rester un peu auprès de la pyramide en verre

visiter le petit arc de triomphe sur la place du Carrousel

se reposer au jardin des Tuileries

aller à l'Obélisque sur la place de la Concorde

se promener sur les Champs-Elysées

monter à l'arc de triomphe sur la place de l'étoile

rentrer à l'hôtel en métro

1. *Après être sorties du musée, Franzi et Barbara…* __________

2. __________

3. __________

4. __________

**Aufgabe 193*** M. Lagrange a fait les courses. Décris le chemin qu'il a pris. Utilise des phrases avec *avant de* et *après avoir/être*.

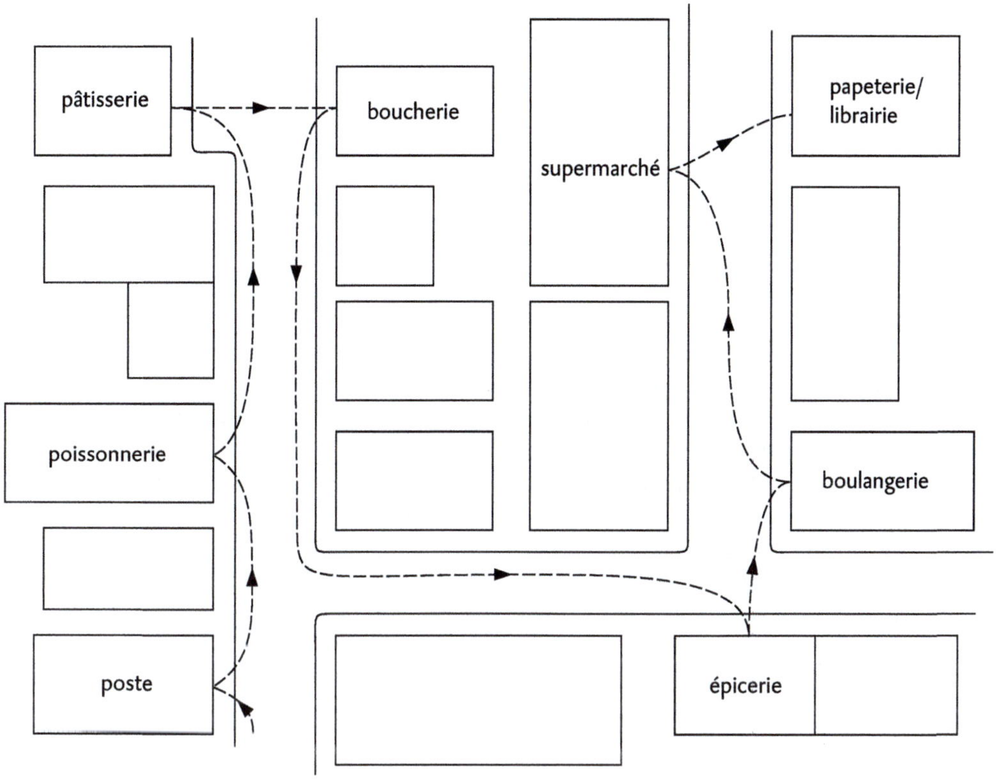


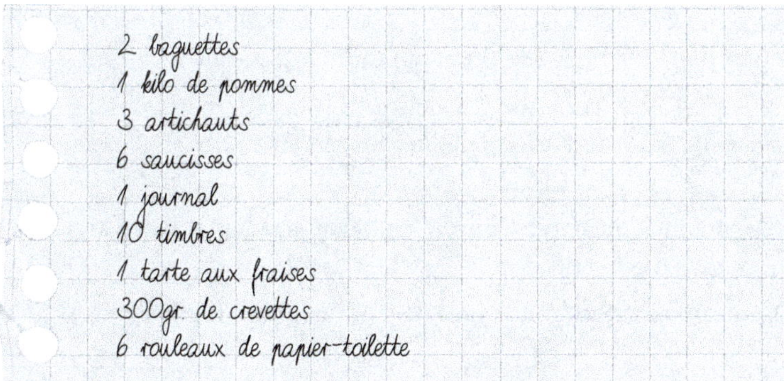

Voilà des verbes que tu peux utiliser :

| acheter, entrer, choisir, prendre, quitter, commander, aller chercher, acheter |
|---|

1. *Après avoir acheté des timbres à la poste, M. Lagrange est entré dans...*

2. 

3. 

4. 

**Wie werden Infinitivkonstruktionen mit *pour* verwendet?**

Infinitivkonstruktionen mit *pour* haben einen finalen Sinn, das heißt, sie drücken einen **Zweck** oder eine **Absicht** aus.

*Beispiel:* Le film commence à 20 h. On veut arriver à l'heure. Nous nous dépêchons.
Nous nous sommes dépêchés pour arriver à l'heure.
*oder* Pour arriver à l'heure, nous nous sommes dépêchés.
*Wir haben uns beeilt, um pünktlich zu kommen.*

Da der Zusammenhang, der von *pour* eingeleitet wird, noch nicht realisiert ist, kann diese Konstruktion nur mit dem **Infinitiv Präsens** gebildet werden. Die **Subjekte** beider zu verknüpfenden Sätze **müssen übereinstimmen**.

Aufgabe 194 Relie les phrases avec une construction avec *pour*.

a) Lucien invite tout le monde au café. Il veut se faire des amis.

b) Hélène part pour le Japon. Elle veut apprendre le japonais.

c) Estelle travaille beaucoup à l'école. Elle veut réussir au bac.

d) Léon aide son oncle au stand. Comme ça, il peut gagner un peu d'argent.

e) Victor s'entraîne chaque jour. Il veut devenir un grand footballeur.

**ufgabe 195*** Écris les solutions dans les mots croisés. Le mot à trouver est le mot général (au pluriel) pour tous les objets qui servent à arriver à un but.

**le mot à trouver**

1 On les prend pour monter d'un étage à l'autre.
2 On le construit pour pouvoir traverser une rivière.
3 On l'utilise pour se protéger *(sich schützen)* contre la pluie.
4 On y va pour passer son bac.
5 On s'en sert pour savoir quand les trains arrivent et partent.
6 On le lit pour apprendre les nouvelles.
7 On la consulte pour savoir l'heure.
8 On s'y couche pour bien dormir.
9 On l'utilise pour ouvrir une porte.
10 On le fête pour rappeler la date de naissance de quelqu'un.
11 On l'allume souvent en voiture pour écouter les informations.
12 Des personnes dont on a besoin pour éteindre un incendie.
13 Une partie du corps dont on a besoin pour manger.
14 On les met pour ne pas être nu.
15 Un véhicule *(Fahrzeug)* pour voler dans l'air.

**Aufgabe 196*** Victor a beaucoup de projets. Mais pourquoi est-ce qu'il veut les réaliser ? Invente des raisons. Utilise la construction avec *pour*.

a) Pour ______________________________, il va changer d'emploi.

b) Pour ______________________________, il n'ira plus à la cantine.

c) Pour ______________________________, il va l'été prochain en Espagne.

d) Pour ______________________________, il veut vendre sa voiture.

e) Pour ______________________________, il range régulièrement sa chambre.

**Wie werden Infinitivkonstruktionen mit *sans* verwendet?**

Infinitivkonstruktionen mit *sans* haben modalen Charakter, das heißt sie drücken aus, wie etwas gemacht wird.

*Beispiele:*

Luc s'amuse bien à Rome. Et il ne dépense pas beaucoup d'argent.
Luc s'amuse bien à Rome sans dépenser beaucoup d'argent.
*Luc hat großen Spaß in Rom, ohne viel Geld auszugeben.*

Luc s'est bien amusé à Rome. Et il n'a pas dépensé beaucoup d'argent.
Luc s'est bien amusé à Rome sans avoir dépensé beaucoup d'argent.
*Luc hatte großen Spaß in Rom, ohne viel Geld ausgegeben zu haben.*

Die **Subjekte** beider zu verknüpfenden Sätze **müssen übereinstimmen**!

**Aufgabe 197** Relie les deux phrases avec une construction avec *sans*.

a) Les jeunes traversent la rue. Ils ne font pas attention à la circulation.

______________________________

b) Gilles fait de l'escalade. Il ne pense pas au danger.

______________________________

c) Monique a passé toute la journée à la plage. Elle ne s'est pas baignée une seule fois.

______________________________

______________________________

**Aufgabe 198*** Lis le texte suivant. Forme au moins cinq phrases avec *sans* pour rendre *(wiedergeben)* le contenu *(Inhalt)* de l'histoire.

Marie et Lucas qui sont toujours très distraits veulent partir en vacances. Le matin du départ, ils quittent la maison et oublient d'emmener leurs valises, ce qu'ils ne vont remarquer que trop tard. Ils montent dans la voiture et partent. Après quelques kilomètres, la voiture s'arrête. Ils n'ont pas fait le plein *(volltanken)* ! À la frontière franco-allemande, on ne les arrête pas. Ils ont de la chance parce qu'ils n'ont pas leurs papiers sur eux. Le soir, ils arrivent à Marseille. Comme ils n'ont pas réservé de chambre, ils doivent passer la nuit dans un hôtel très cher. Pour ne pas dépenser trop d'argent, ils renoncent au dîner et vont tout de suite au lit. Ils s'endorment à neuf heures le soir et dorment jusqu'à dix heures le matin. Ils n'ont même pas entendu le réveil qui a sonné à sept heures. Ils se lèvent et veulent prendre l'autobus pour aller au port. Ils y montent sans billets parce qu'ils n'ont pas envie de les acheter. Malheureusement, on les contrôle. Ils doivent payer 200 €. Maintenant, ils n'ont plus envie de continuer leur voyage. Même s'ils n'ont rien vu de la ville, ils rentrent à la maison.

a) *Ils quittent la maison sans emmener leurs valises.*
b) ______
c) ______
d) ______
e) ______
f) ______
g) ______
h) ______

## 13.3 Verneinung von Infinitiven und Stellung der Pronomen

**Wie werden Infinitive verneint?**

Wenn Infinitive verneint werden sollen, musst du im Französischen beide **Negationspartikel direkt vor den Infinitiv** stellen.

*Beispiel:* Il joue au malade pour ne pas travailler.

Aufgabe 199* Quand est-ce que tu agirais ainsi *(so handeln)* ?
Complète les phrases avec *pour ne pas*.

a) Je passerais toute la journée au lit pour ne pas devoir aller voir ma tante. .

b) Je mentirais à mon copain ______.

c) Je me réveillerais à quatre heures du matin ______ ______.

d) Je renoncerais au déjeuner ______.

e) Je vendrais mes mangas préférés ______.

f) Je ferais la cuisine pour mon frère ______ ______.

**Wo stehen die Pronomen, wenn ein Infinitiv im Satz vorkommt?**

Allgemein gilt, dass die Objekt- und Adverbialpronomen vor dem konjugierten Verb stehen und von einer eventuellen Negation mit eingeschlossen werden.
Beziehen sich die Pronomen aber inhaltlich auf einen Infinitiv im Satz, so stehen die **Pronomen vor dem Infinitiv**.

*Beispiele:* Je ne sais pas où se trouvent mes chaussettes. Je vais les chercher.
Avant de les chercher dans l'armoire, je regarde dans la machine à laver.
Après ne pas les avoir trouvées dans la machine, je les vois sous la table.

Durch die HInzunahme von Negation und Pronomen können die Infinitivkonstruktionen häufig sehr komplex werden. In der gesprochenen Sprache werden in diesem Fall die Konjunktionen *pour que*, *avant que* und *après que* bevorzugt.

Aufgabe 200* Fais des propositions avec *avant de* (2x), *après avoir/être* (2x), *pour* (1x) et *sans* (1x). Remplace les mots soulignés par des pronoms.

a) Brian a rencontré la jolie Angélina. Avant, il était très malheureux.
Avant de l'avoir rencontrée, Brian était très malheureux.
______

b) Angélina a donné rendez-vous <u>à Brian</u> au café en face de l'hôtel de ville. Avant, elle a beaucoup réfléchi.

___

___

___

c) Brian n'a pas trouvé <u>ce café</u> sur son plan. Puis, il l'a recherché en ligne.

___

___

d) Angélina a mis son portable dans son sac. Elle ne voulait pas perdre <u>son portable</u> dans le métro.

___

___

e) Brian a mis <u>ses lunettes de soleil</u>. Puis, il est allé au rendez-vous.

___

f) Angélina a salué Brian. Elle n'a pas fait la bise <u>à Brian</u>.

___

ıfgabe 201[A] **Exercice combiné :** Laquelle des phrases suivantes peux-tu traduire par *avant de, après avoir/être, sans* ou *pour* + infinitif ? Coche-les (☒). Les lettres indiquent ce qui est important de connaître pour pouvoir utiliser une construction avec l'infinitif. Puis, traduis les cinq phrases en français.

a) **avant de**

- O Bevor der Kellner ihm die Rechnung gibt, verlässt er das Café.
- S Bevor er in die nächste Bar geht, ruft er seine Freundin an.
- R Bevor er dort ankommt, ist seine Freundin schon da.

b) **après avoir/être**

- U Nachdem Anne ein Zimmer reserviert hatte, kaufte sie einen Reiseführer.
- B Nachdem sie zurückgekehrt war, gab ihr Freund ihr einen Brief.
- J Nachdem sie ihn gelesen hatte, musste sie auf die Reise verzichten.

c) **pour**

[E] Michel besucht seine Großmutter, damit er dort reiten kann.

[A] Michel besucht seine Großmutter, damit sie nicht allein ist.

[T] Michel besucht seine Großmutter, damit seine Eltern Freunde aus Amerika einladen können.

d) **sans**

[T] Jean müsste eine Klassenarbeit über den „Fremden“ von Camus schreiben, ohne dass er den Roman gelesen hat.

[L] Daher bleibt er zu Hause, ohne dass seine Eltern es wissen.

[R] Am nächsten Tag geht er wieder in die Schule, ohne dass ihn jemand fragt, wo er war.

[ ] ______________________________

[ ] ______________________________

[ ] ______________________________

[ ] ______________________________

[ ] ______________________________

Aufgabe 202* **Exercice combiné :** Traduis la recette suivante (brownies) en allemand.

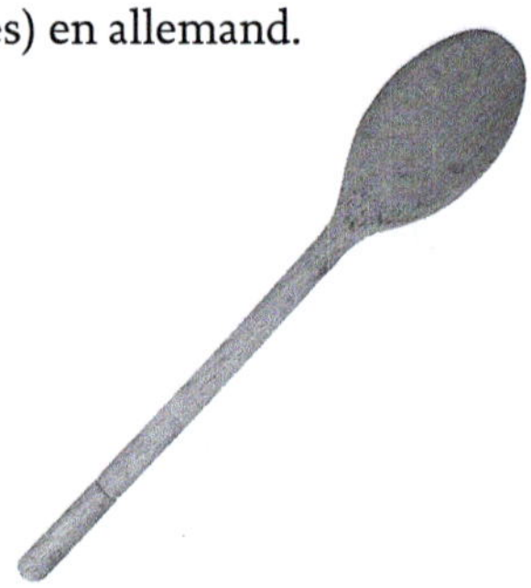

INGRÉDIENTS *(Zutaten)*
175 g de beurre
400 g de sucre
150 g de farine
100 g de cacao
1 sachet *(Päckchen)* de sucre vanillé
4 œufs
150 g de cerneaux de noix *(Nusskerne)*

**Préparation :** Avant de commencer, préchauffe *(vorheizen)* le four *(Ofen)* à 150 °C et beurre *(zu « le beurre »)* deux moules *(Backform)* ronds (22 cm). Prends une casserole qui est assez grande pour y mettre tous les ingrédients. Après avoir fait fondre *(zerlaufen)* le beurre dans cette casserole, laisse-le refroidir. Après avoir ajouté tous les ingrédients, mélange-les bien. Mets la pâte dans les moules et fais-la cuire *(zu « la cuisine »)* 20 à 25 minutes. Pour ne pas avoir de brownies mous *(weich)*, laisse-les refroidir avant de les servir.

**Aufgabe 203** **Exercice combiné :** Trouve la solution aux problèmes de maths suivants.

| additionner : | *addieren* | diviser : | *dividieren* |
|---|---|---|---|
| soustraire : | *subtrahieren* | multiplier : | *multiplizieren* |

a) **324**

- Divise le chiffre par 4.
- Après l'avoir divisé une autre fois par 9, additionne 17.
- Avant de le multiplier par 5, soustrais 8.

Résultat : ____________

b) **7**

- Après avoir multiplié ce chiffre par 13, soustrais 11.
- Avant d'additionner 8, divise le chiffre par 8.
- Pour avoir le résultat final, divise le chiffre par 3.

Résultat : ____________

c) **1027**

- Avant de soustraire 2, multiplie le chiffre par 2.
- Après l'avoir divisé par 12, additionne 9.
- Pour finir, divise le chiffre une autre fois par 12.

Résultat : ____________

Traduis les indications suivantes en français avant de faire le calcul *(Rechnung)*.

d) **113**

- Zähle 3 hinzu, bevor du die Zahl durch 4 teilst.

  ______________________________________________

- Multipliziere die Zahl mit 3.

  ______________________________________________

- Nachdem du sie mit 2 multipliziert hast, teile sie durch 6.

  ______________________________________________

Résultat : ____________

# 14 Bilan 3

Aufgabe 204 Les parties soulignées du texte suivant sont les réponses à des questions. Formule ces questions. Emploie l'inversion si possible.

*En 1969 a paru le livre* Papillon *de Henri Charrière, un roman réputé autobiographique. Quelques années plus tard, le roman a été adapté pour un film, avec les acteurs Steve McQueen et Dustin Hoffman.*

Henri Charrière (a) vivait à Paris en 1930. On l'appelait Papillon (b) parce qu'il n'était jamais là où la police le croyait. Mais un jour, (c) on l'a arrêté. On l'a condamné à la prison en Guyane. Papillon n'avait qu'une idée en tête (d) : s'enfuir. Il a construit un bateau et est parti sur la mer avec d'autres prisonniers (e). Ils ont fait un voyage de plusieurs milliers de kilomètres (f), mais ils ont été repris et condamnés à 8 ans de prison (g) sur une île. On l'a mis dans une cage (h) à laquelle il n'y avait pas de fenêtres. Pendant 8 ans, il n'a jamais vu le soleil.
Au bout de deux ans, Papillon a eu le droit de se baigner dans la mer une fois par semaine (i). Il a eu l'idée de se jeter dans la mer et de se laisser porter par les vagues (j). Sur un sac plein de noix de coco, il a réussi à atteindre le continent.

a) ____________________

b) ____________________

c) ____________________

d) ____________________

e) ____________________

f) ____________________

g) ____________________

h) ____________________

i) ____________________

j) ____________________

ufgabe 205 Forme des propositions conditionnelles avec les verbes entre parenthèses.

Si je vivais au pays de cocagne *(Schlaraffenland)*, ...

a) il ________________ *(faire)* toujours beau et
le soleil ________________ *(briller)* tous les jours.

b) je ________________ *(dormir)* sous un arbre
dont les fruits me ________________ *(tomber)* dans la bouche.

c) je ________________ *(ne jamais être)* malade
et je ________________ *(ne jamais avoir)* froid.

d) il ________________ *(ne pas falloir)* travailler pour gagner sa vie.

e) on ________________ *(ne pas avoir besoin)* d'argent
parce que tout ________________ *(être)* gratuit.

f) je ________________ *(se baigner)* dans la mer
et je ________________ *(se reposer)* sur la plage de sable blanc.

g) ma famille et moi, nous ________________ *(habiter)* dans une villa
avec vue sur la mer.

h) nous ________________ *(être)* toujours contents
et rien ne nous ________________ *(manquer)*.

i) je ________________ *(ne pas
avoir)* d'obligations *(Verpflichtungen)*.

j) un jour, peut-être nous ________________
________________ *(s'ennuyer)*...

**Aufgabe 206** Décide s'il s'agit d'une proposition temporelle (introduite par *quand*) ou d'une proposition conditionnelle réelle (introduite par *si*). Mets les verbes entre parenthèses aux formes correctes.

Papa pense à tout avant de partir en vacances.

a) ___S'___ il ___pleut___ *(pleuvoir)*, on ___n'ira pas___ *(ne pas aller)* à la plage, mais on ______________ *(visiter)* un musée.

b) ________ ce ______________ *(ne pas être)* trop cher, nous ______________ *(manger)* dans un restaurant.

c) ________ nous ______________ *(être)* à la plage, vous ______________ *(rester)* à portée de vue *(in Sichtweite)*.

d) ________ il y ______________ *(avoir)* quelqu'un qui veut vous vendre quelque chose, vous ______________ *(ne rien acheter)*.

e) ________ le gîte que j'ai loué ______________ *(ne pas être)* beau, on en ______________ *(chercher)* un autre.

f) ________ il ______________ *(faire)* nuit et que nous ______________ *(vouloir)* dormir, vous ______________ *(ne pas faire)* de bruit.

g) ________ la ville ______________ *(organise)* un spectacle, nous y ______________ *(aller)* peut-être.

h) ________ cela ______________ *(ne pas coûter)* trop cher, nous ______________ *(pouvoir)* faire de la voile.

i) ________ les vacances nous ______________ *(plaire)*, nous ______________ *(revenir)* l'année prochaine.

j) ________ nous ______________ *(faire)* les valises avant de rentrer, vous nous ______________ *(aider)*.

Aufgabe 207 Forme des propositions irréelles selon l'exemple donné.

a) Ses amis invitent Ken parce qu'il est sympa.
*Si Ken n'était pas sympa, ses amis ne l'inviteraient pas.*

b) Julie s'ennuie parce que Ken n'est pas là.

______________________________________________

______________________________________________

c) Elle regarde la télé parce qu'elle ne sait pas quoi faire.

______________________________________________

______________________________________________

d) Elle se fait des soucis parce qu'il est tard.

______________________________________________

e) À minuit elle l'appelle parce qu'il n'est toujours pas là.

______________________________________________

______________________________________________

f) Elle ne peut pas le joindre *(erreichen)* parce qu'il ne va pas au téléphone.

______________________________________________

______________________________________________

Une heure après, Ken téléphone et dit :

g) « Écoute, Julie. Je ne peux plus conduire parce que nous faisons la fête et on boit de l'alcool aussi. »

______________________________________________

______________________________________________

h) « Les autres ne rentrent pas non plus parce qu'ils ne peuvent plus conduire. »

______________________________________________

______________________________________________

i) Julie se demande si c'est la vérité parce que normalement il ne boit pas d'alcool.

______________________________________________

______________________________________________

j) Elle est déçue parce qu'elle ne le croit pas.

______________________________

k) À une heure et demie, elle va au lit parce qu'elle est fatiguée.

______________________________

______________________________

l) Elle n'arrive pas à s'endormir parce qu'elle n'arrête pas de réfléchir.

______________________________

______________________________

**Aufgabe 208** Farid écrit un e-mail à Sandra :

> Message
>
> De: farid@mahed.fr  Cc Bcc
>
> Objet: *L'homme dans le désert*
>
> Salut Sandra. Corinne et moi, nous voulons aller au cinéma demain. Au Rex ils jouent *L'homme dans le désert* avec Nicolas Defontaine. Tu n'aurais pas envie de nous accompagner ? Fabien va peut-être venir aussi. Nous serions contents si tu pouvais venir avec nous. À bientôt.
>
> Farid
>
> Envoyer

Corinne entre. Elle veut savoir ce que Farid a écrit. Farid répond :

J'ai écrit un e-mail à Sandra. Je lui ai dit que ______________________________

______________________________

______________________________

______________________________

______________________________

______________________________

______________________________

______________________________

Sandra répond tout de suite.

Message

De: 135sandra135@yahoo.fr Cc Bcc

Objet: RE : L'homme dans le désert

Merci de ton e-mail. Je veux bien venir avec vous. Nicolas Defontaine est mon acteur préféré. Je vous retrouve à 20 heures devant le cinéma. Je serai peut-être en retard parce que j'ai beaucoup de devoirs à faire. Notre prof de maths nous fait vraiment travailler. Alors, vous m'attendrez un peu ? J'espère que Fabien pourra venir. Salut !

Sandra

Envoyer

Farid raconte à Fabien ce que Sandra a écrit :

Aufgabe 209 Après un exposé devant la classe, Caroline se pose beaucoup de questions. Reformule les questions selon le modèle. Emploie l'infinitif passé.

Caroline n'est pas sûre d'elle.

a) Est-ce que je n'ai rien oublié ?
b) Est-ce que je me suis bien expliqué ?
c) Est-ce que j'ai fait bonne impression ?
d) Est-ce que j'ai parlé assez fort ?
e) Est-ce que j'aurai une bonne note ?
f) Est-ce que j'ai été assez claire ?
g) Est-ce que je n'ai pas parlé trop vite ?

J'ai peur…

a) *d'avoir oublié quelque chose.*
b) ______
c) ______
d) ______
e) ______
f) ______
g) ______

Aufgabe 210 Éric und Cécile voudraient visiter les châteaux de la Loire. Complète le dialogue avec des infinitifs.

**Éric** : J'aurais envie ______ *(zu besuchen)* les châteaux de la Loire. Je me souviens ______ *(sie besucht zu haben)* avec Philippe, sans ______ *(sicher zu sein)* de la date.

**Cécile** : C'est une bonne idée ______ *(dort zu verbringen)* un week-end. Moi, je suis toujours content ______ *(zu verlassen)* la ville. Mais il faut ______ *(reservieren)* une chambre. Je te propose ______ *(zu schauen)* sur Internet.

**Éric** : Bon, je vais ______ *(einschalten)* l'ordinateur. Où est-ce que tu voudrais ______ *(gehen)* ? À Amboise ?

**Cécile** : Amboise ? C'est la ville où Léonard de Vinci a passé ses dernières années, n'est-ce pas ? J'ai l'impression ____________________ *(schon dorthin gefahren zu sein)* une fois, mais je ne crois pas ____________________ *(gesehen zu haben)* Blois. ____________________ *(nachdem man gesehen hat)* un château, ce n'est pas très intéressant ____________________ *(es besuchen)* une deuxième fois.

**Éric** : Dans ce cas, on pourrait ____________________ *(anfangen zu suchen)* des informations sur Blois. Voyons. Tiens, je crois ____________________ *(gefunden zu haben)* un hôtel intéressant. Regarde. Tu veux ____________________ *(dorthin gehen)* ? Si non, je peux continuer ____________________ *(zu suchen)*.

**Cécile** : Non, non. Arrête ____________________ *(zu suchen)*. Cet hôtel est parfait.

# Lösungen

**Aufgabe 1**

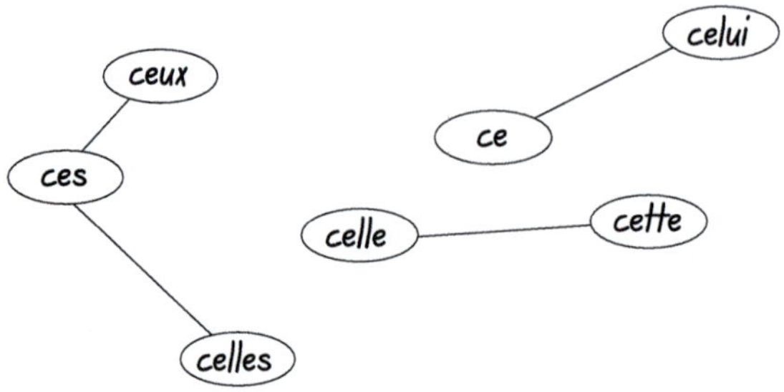


Et quelle est la forme correspondante de *cet* ? **celui**

**Aufgabe 2**

| cette auberge | *celle-ci* | *celle-là* | ces maisons | *celles-ci* | *celles-là* |
|---|---|---|---|---|---|
| cet appartement | *celui-ci* | *celui-là* | ces restaurants | *ceux-ci* | *ceux-là* |
| ce bar | *celui-ci* | *celui-là* | cet hôtel | *celui-ci* | *celui-là* |

**Aufgabe 3** a)

b)

Est-ce que vous pourriez promener ma chienne ?
Votre chienne !?! Celle-ci ou celle-là ?

c)

Tu as réussi à[1] pêcher[2] quelques poissons ?
Oui, ceux-là sont à moi[3]. Papa a pêché celui-ci.

d)

Tu vois la fille aux cheveux noirs[4] ? Je suis amoureux d'elle[5].
De qui est-ce que tu parles ? De celle-ci ou de celle-là ?

e)

On pourrait aller manger quelque chose dans un bar. Qu'est-ce que tu en[6] penses ?
C'est une bonne idée. Est-ce qu'on va dans celui-ci ou dans celui-là ?
Bar

### Hinweise:

1 *réussir à faire qc*
(Zum Anschluss von Infinitiven an Verben siehe S. 173–176.)
2 *la pêche* : die Fischerei; *le pêcheur* : der Fischer
→ *pêcher un poisson* : einen Fisch fangen
3 *être à qn* : jdm. gehören
4 Wird ein Körperteil als Attribut hinzugefügt, musst du *à* + bestimmten Artikel setzen (z. B. auch: *un garçon aux yeux bleus*).
5 *être amoureux, -se de qn*
6 Das Adverbialpronomen *en* ersetzt Ergänzungen mit *de* (siehe S. 36).

Aufgabe 4 **Clara** : Je voudrais compléter ma collection de BD, mais je ne trouve pas la[1] BD qui me manque.

**Maya** : Laquelle ?[2] **Celle que** tu as perdu dans le bus ?

**Clara** : Oui, **celle qui** a paru en 2021[3]. C'est mon album préféré. Tu le connais ?

**Maya** : Oui, mais je préfère **celui qui** se trouve là-bas. C'est l'album actuel de Mona Grisier.

**Clara** : Ah, l'auteure qui chante aussi ! Tu te souviens de[4] son concert ?

**Maya** : Bien sûr je me souviens du concert, c'est **celui dont** je me souviens le mieux[5]. Et cela à cause de ces deux garçons !

**Clara** : Tu parles de **ceux qui** nous ont invitées à[6] boire des cocktails ?

**Maya** : Non, non, je parle de **ceux qui** m'ont parlée quand j'ai voulu nous acheter deux coca[7]. En plus, j'ai raté l'interprétation de deux nouvelles chansons.

**Clara** : Ah oui, je m'en[8] souviens. Ce sont **celles qui** n'avaient pas encore été publiées[9].

**Maya** : Exactement. Tiens, voilà une vendeuse ! Demande-lui[10] où[11] se trouve l'album que tu recherches.

### Hinweise:

1 Hier steht ausnahmsweise kein *de* nach der Verneinung, da das folgende Substantiv genau bestimmt ist (hier durch einen Relativsatz).
2 Zu Fragepronomen *lequel* siehe S. 135.
3 Bei der Angabe von Jahreszahlen steht immer *en* oder *en l'an*
(z. B. en 2022/en l'an 2022).
4 *se souvenir de qc* ; aber: *se rappeler qc*
5 *le mieux* ist der Superlativ zum Adverb *bien (bien, mieux, le mieux)*; siehe S. 70.

6 *inviter qn à faire qc*
(Zum Anschluss von Infinitiven an Verben siehe S. 173–176.)
7 Das Substantiv *coca-cola* und seine Abkürzung *coca* sind unveränderlich.
8 Das Adverbialpronomen *en* ersetzt Ergänzungen mit *de* (siehe S. 36).
9 *public, que* : öffentlich → *publier* : veröffentlichen
10 Im bejahten Imperativsatz werden die Pronomen nachgestellt.
11 Zur indirekten Frage siehe S. 164–172.

Aufgabe 5*

| | |
|---|---|
| **Pierre de Coubertin** | C'est **celui qui** a créé les Jeux Olympiques modernes. |
| **Charles de Gaulle** | C'est **celui avec qui** le chancelier allemand Adenauer a fondé[1] l'amitié franco-allemande. |
| **Jean-Baptiste Poquelin** | C'est **celui que** tout le monde connaît sous le nom de Molière. |
| **Jeanne d'Arc** | C'est **celle qui** a sauvé[2] les Français des Anglais. |
| **François Champollion** | C'est **celui qui** a déchiffré[3] les hiéroglyphes égyptiens. |
| **les frères Lumière** | Ce sont **ceux à qui** nous devons le cinéma. |
| **Marie Curie** | C'est **celle à qui** on a donné au début du XX$^{ème}$ siècle[4] deux fois un prix Nobel (physique et chimie). |
| **Gustave Eiffel** | C'est **celui dont** le monument est le plus célèbre de Paris. |
| **Albert Uderzo et René Goscinny** | Ce sont **ceux qui** ont créé les personnages d'Astérix et d'Obélix. |
| **Louis Braille** | C'est **celui qui** a inventé l'écriture[5] pour les aveugles. |

**Hinweise:**

1 *fondateur, trice* : Gründer, in → *fonder* : (be)gründen
2 *sauver qn de qn*
3 *le chiffre* : Zahl, Ziffer → *déchiffrer* : entziffern
4 Die Jahrhunderte werden meist mit römischen Zahlen geschrieben.
5 *écrire* : schreiben; *l'écrivain (m.)* : der Schriftsteller, die Schriftstellerin
→ *l'écriture (f.)* : die Schrift

**Aufgabe 6***

a) « C'est **celui en/à la** tête du classement général. »
b) « Non. Autrefois, c'était **celui avec** la lanterne rouge. Mais aujourd'hui, elle n'existe plus. »
c) « C'est **celui avec** le maillot vert. »
d) « Ce sont **ceux de** son équipe. »
e) « Ce sont **celles de** montagne. »
f) « Dans **celle derrière** le peloton. »

**Aufgabe 7**

1 [C] Je parle de ceux qu'aiment les singes.
2 [D] J'aime bien celui qu'Adam et Ève ont mangé.
3 [F] Comment s'appellent ceux qui se trouvent dans les chocolats *mon chéri* ?
4 [B] Je déteste celui dont la traduction allemande est *Pflaume*.
5 [E] Celui à la forme ovale et de couleur verte te plaît ?
6 [A] Dans notre jardin, nous avons aussi ceux avec des points jaunes.

**Aufgabe 8***

Individuelle Lösung

la matière la plus détestée
C'est **celle que**… enseigne.
C'est **celle dans laquelle** je m'endors presque toujours.
C'est **celle à** cinq lettres : maths.

tes chaussures les plus vieilles
Ce sont **celles de** foot, de basket, de danse…
Ce sont **celles aux** lacets *(Schnürsenkel)* rouges.
Ce sont **celles qui** se trouvent dans mon armoire à gauche.

la fille la plus sympathique de ta classe
C'est **celle aux** cheveux roux/noirs/blonds/bruns/…
C'est **celle qui** est assise près de la porte/à côté de Marie…
C'est **celle avec** beaucoup d'humour.

ton sport préféré
C'est **celui où** on joue en équipe.
C'est **celui après lequel** on est fatigué.

le prof idéal
C'est **celui qui** est toujours gentil/a beaucoup de patience/…
C'est **celui qui** sourit toujours.
C'est **celui qui** donne de bonnes notes.

les meilleures places dans la salle de classe
Ce sont **celles au** fond de la salle.
Ce sont **celles près de** la porte.
Ce sont **celles qui** sont toujours occupées tout de suite.

Aufgabe 9

a) **C'est** vous qui avez des vacances.
b) **C'est** nous qui devons aller à l'école.
c) **C'est** au Québec que vous allez.
d) **Ce sont** des cartes postales que vous écrivez.
e) **C'est** le paysage qui vous plaît le plus.
f) **Ce sont** des caribous[1] que vous voyez.
g) **C'est** un beau séjour que vous passez.
h) **Ce sont** de[2] bons souvenirs que vous avez.

**Hinweise:**

1 Substantive auf *-ou* bilden den Plural in der Regel auf *-ous* (Ausnahme: *des bijoux*)
2 Der unbestimmte Artikel *des* wird in der Regel auf *de* verkürzt, wenn dem Substantiv ein Adjektiv vorausgeht.

Aufgabe 10

Mme Cheverry : « J'en ai vraiment[1] marre. **C'est moi qui fais tout.** Je vais donc faire une liste sur laquelle[2] vous allez trouver tous les travaux que vous avez à faire. » Elle écrit : « **C'est toi qui promènes[3] le chien. C'est Paul qui met la table. C'est Sylvie qui fait la vaisselle.** En plus, **ce sont eux qui donnent à manger au chien. C'est nous deux qui faisons les courses**... » Paul et Sylvie entrent dans la cuisine, des rollers et un skate à la main. « Maman, quand nous sommes rentrés de l'école, nous avons renversé le coca dans le frigo. Est-ce que tu l'as nettoyé ? » « Moi ? **C'est toi qui le nettoies.** Et à partir de maintenant, **c'est vous qui vous occupez de tous les appareils de cuisine.** Et en plus, **c'est vous qui faites la cuisine.** Et **c'est moi qui me repose** et **qui fais du skateboard.** »

**Hinweise:**

1 Zur Bildung von Adverbien von Adjektiven, die auf einen hörbaren Vokal enden, siehe S. 62.
2 Zur Verwendung von *lequel* in Relativsätzen siehe S. 27–32.
3 *se promener :* spazieren gehen
→ *promener un chien :* einen Hund Gassi führen

**Aufgabe 11** Individuelle Lösung

**Hinweis:** Achte darauf, dass das Verb im Relativsatz in Genus und Numerus mit dem Subjekt übereinstimmt. Beachte außerdem, dass es *c'est nous* und *c'est vous*, aber *ce sont eux* heißt.

| | |
|---|---|
| faire la vaisselle | *C'est mon frère qui fait la vaisselle.* |
| mettre la table | *C'est moi qui mets la table.* |
| faire les courses | *Ce sont mes parents qui font les courses.* |
| faire la cuisine | *C'est ma mère qui fait la cuisine.* |
| préparer le petit déjeuner | *C'est moi et mon frère qui préparons le petit déjeuner.* |
| passer l'aspirateur | *C'est ma mère qui passe l'aspirateur.* |
| faire la lessive | *C'est mon père qui fait la lessive.* |
| sortir les ordures | *C'est mon petit frère qui sort les ordures.* |
| laver la voiture | *Ce sont mon père et mon frère qui lavent la voiture.* |
| donner à manger au chien | *Ce sont mes sœurs qui donnent à manger au chien.* |
| réparer les bicyclettes | *C'est ma mère qui répare les bicyclettes.* |

**Aufgabe 12⁺** **C'est Pierre qui** lit une BD.
**C'est Nicolas qui** mange et boit.
**C'est Magali qui** écrit (une lettre).
**Ce sont Henri et Michel qui** jouent au foot[1]./**C'est Henri qui** joue au foot[1] avec Michel./…
**C'est Nicole qui** écoute de la musique[2].
**Ce sont Roland et Sylvie qui** jouent aux cartes[1]./**C'est Roland qui** joue aux cartes[1] avec Sylvie./…

**Hinweise:**

1 *jouer à qc* (bei Sport oder Spielen)
*jouer de qc* (bei einem Instrument) (z. B.: *jouer de la guitare*)

2 *écouter de la musique*; aber: *écouter la radio*

Aufgabe 13* **L'agent** : Est-ce que je peux vous aider ?

**Toi** : **Wie kann er Ihnen helfen?**

**La femme** : Ich will einen Diebstahl zur Anzeige bringen.

**Toi** : **C'est un vol dont elle veut faire la déclaration.**

**L'agent** : Qu'est-ce qu'on vous a volé ?

**Toi** : **Was hat man Ihnen gestohlen?**

**La femme** : Man hat mir die Handtasche geklaut.

**Toi** : **C'est son sac à main qu'on lui a volé.**

**L'agent** : Est-ce que le sac à main a une particularité ?

**Toi** : **Hat die Handtasche eine Besonderheit?**

**La femme** : Wenn man sie ansieht, springt eine Blume ins Auge.

**Toi** : **Quand on le voit, c'est une fleur qui saute aux yeux.**

**L'agent** : Vous aviez eu de l'argent dedans ?

**Toi** : **Hatten Sie Geld drin?**

**La femme** : Nein, aber meine Ausweise und mein Handy befanden sich in der Tasche.

**Toi** : **Non, mais ce sont ses papiers et son portable qui se trouvaient dans le sac.**

**L'agent** : Où est-ce que le vol s'est passé ?

**Toi** : **Wo hat sich der Diebstahl ereignet?**

**La femme** : In einer Bar am Strand.

**Toi** : **Dans un bar à la plage.**

**L'agent** : Est-ce que c'est le bar qui s'appelle *Chez l'ogre* ?

**Toi** : **Ist das die Bar, die ‚Chez l'ogre' (‚Zum Menschenfresser') heißt?**

**La femme** : Nein, es war die Bar, die sich rechts von dieser befindet.

**Toi** : **Non, c'est[1] le bar qui se trouve à droite de celui-ci.**

**L'agent** : D'accord. Je le connais. Le vol s'est passé aujourd'hui ?

**Toi** : **Er kennt sie. Hat sich der Diebstahl heute ereignet?**

**La femme** : Nein, er hat sich bereits gestern Abend ereignet.

**Toi** : **Non, il s'est passé hier soir déjà.**

**L'agent** : À quelle heure ?

**Toi** : **Um wie viel Uhr?**

**La femme** : Um halb neun habe ich bemerkt, dass meine Tasche nicht mehr da war.

**Toi** : **C'est à huit heures et demie[2] qu'elle a remarqué que son sac à main n'était plus là.**

**L'agent** : Pourquoi n'avez-vous pas déclaré le vol tout de suite ?

**Toi** : **Warum haben Sie den Diebstahl nicht sofort angezeigt?**

**La femme** : Habe ich doch gemacht. An der Telefonzelle habe ich einen Ihrer Kollegen getroffen. An ihn habe ich mich gewandt. Aber leider verstand er kein Deutsch.

**Toi** : **Mais elle l'a fait. C'est à la cabine téléphonique qu'elle a rencontré un de vos collègues. C'est à lui qu'elle s'est adressée. Mais malheureusement, il ne comprenait pas l'allemand.**

**L'agent** : Vous avez remarqué une personne qui pourrait être le voleur ?

**Toi** : **Haben Sie eine Person bemerkt, die der Dieb sein könnte?**

**La femme** : Ja, ich habe zwei Jugendliche gesehen. Sie haben mich nach der Uhrzeit gefragt. Ohne auf eine Antwort zu warten haben sie sich plötzlich umgedreht und sind weggelaufen.

**Toi** : **Oui, ce sont deux adolescents qu'elle a vus[3]. Ils lui ont demandé l'heure. C'est sans attendre[4] la réponse qu'ils se sont tout à coup retournés et qu'ils ont filé.**

**L'agent** : Qu'est-ce qu'ils portaient comme vêtements ?

**Toi** : **Was für Kleidung trugen sie?**

**La femme** : Sie hatten blaue Jeans und schwarze Jacken an. Bei diesem Wetter!

**Toi** : **Ce sont des jeans bleus et des vestes noirs qu'ils portaient. Par ce temps !**

**L'agent** : J'ai pris des notes et je vais m'en occuper. Pour être sincère, je ne crois pas que nous trouvions[5] ces deux jeunes. Mais peut-être[6] qu'ils ont jeté le sac à main et qu'ils ont laissé au moins les papiers dedans. Si ceux-ci réapparaissent, nous vous informerons.

### Hinweise:

1 Die *mise en relief* wird in der Regel nur mit dem Präsens gebildet.

2 Steht *demi* nach, so wird es angeglichen; steht es allerdings voraus und wird mit einem Bindestrich mit dem Substantiv verbunden, dann bleibt es unverändert (z. B.: *Ils vont se rencontrer dans une demi-heure.*).

3 Bei der *mise en relief* ist *que* nur dann ein Relativpronomen, wenn es ein direktes Objekt hervorhebt (ansonsten ist *que* Konjunktion, z. B.: *C'est hier soir que j'ai vu Denis.*). Zur Angleichung des *participe passé* siehe S. 77.

4 Auch Infinitivkonstruktionen (siehe dazu S. 177–187) können hervorgehoben werden. Zu *sans* + Infinitiv siehe S. 182.

5 Nach *ne pas croire que* steht der *subjonctif*.

6 Steht *peut-être* voran, wird es in der gesprochenen Sprache mit dem Rest des Satzes durch *que* verbunden.

Aufgabe 14

| | |
|---|---|
| F | C'est **ce qui** sert à[1] effacer des fautes écrites avec un crayon. |
| G | C'est **ce que** la prof prend pour[2] écrire au tableau. |
| D | C'est **ce qui** est nécessaire pour[2] tracer des lignes. |
| H | C'est **ce que** tu prends pour[2] faire tes devoirs. |
| C | C'est **ce qui** sert à[1] nettoyer le tableau. |
| B | C'est **ce qu'**on utilise pour[2] dessiner. |
| A | C'est **ce que** tu peux employer pour[2] réviser le vocabulaire. |
| E | C'est **ce qu'**on utilise pour[2] écrire une lettre. |

**Hinweise:**

1 *servir à faire qc*

2 Zu *pour* + Infinitiv (als Ersatz für einen Nebensatz) siehe S. 180.

Aufgabe 15*

**Chantal** : C'est terrible, **ce qui** s'est passé ce matin[1]. J'étais au lit et dormais quand j'ai entendu sonner mon réveil **qui** se trouve à côté de mon lit. Tu sais, c'est un vieux truc **qui** fait beaucoup de bruit et **que**, jusqu'à maintenant, j'ai toujours très bien entendu. J'étais encore couchée quand la porte **qui** donne sur[2] la terrasse s'est ouverte[3] lentement. **Ce que** j'ai vu m'a fait peur : un grand chien noir aux yeux bleus[4] venait d'entrer[5] dans ma chambre. Je voulais crier mais je ne pouvais pas. Après, j'ai voulu bouger, **ce qui** m'était impossible. Mais le chien, **qui** m'avait tourné le dos, ne s'intéressait plus à moi[6]. Il avait trouvé **ce qu'** il cherchait : quelque chose à manger. Près de la fenêtre se trouve en effet la cage de mon hamster **que** mes parents m'ont acheté le mois dernier[7]. Le chien s'est approché lentement de[8] mon chéri **qui** voulait se cacher. Là, le chien s'est apprêté à sauter…

**Marie** : Et après ?

**Chantal** : Rien. Quand le chien s'est apprêté à sauter, moi, **qui** étais[9] toujours au lit, je suis arrivée finalement à crier. Et alors que je criais… je me suis réveillée[3]. **Ce que** je t'ai raconté, je l'ai rêvé ! Le réveil **que** j'ai entendu dans mon rêve a vraiment sonné mais j'ai continué à dormir… La porte **qui** s'était ouverte[3] dans mon rêve était bien fermée. Le hamster, lui, courait tranquillement sur la roue dans sa cage, **ce qui** m'a beaucoup rassuré. Je déteste faire[10] des rêves si réalistes !

**Hinweise:**

1 *ce matin :* heute morgen; aber: *ce matin-là :* an jenem Morgen

2 *donner sur qc :* auf/zu etw. gehen

3 Reflexive Verben werden im *passé composé* und im *plus-que-parfait* mit *être* + *accord* gebildet (siehe dazu auch S. 81/82).

4 Wird ein Körperteil als Attribut hinzugefügt, steht *à* + bestimmter Artikel.

5 *venir de faire qc* : gerade etw. getan haben
*être en train de faire qc* : gerade (dabei sein) etw. tun

6 Die direkten Objektpronomen *me, te, se, nous, vous* können nicht mit den gleichlautenden indirekten Objektpronomen verbunden werden. Daher wird das indirekte Objekt mit *à* + betontes Personalpronomen nachgestellt (siehe dazu S. 45).

7 *le mois dernier* : im letzten Monat

8 *s'approcher de qc/qn*

9 Hängt das Relativpronomen *qui* von einem betonten Personalpronomen ab, dann richtet sich das Verb des Relativsatzes nach der Person des Personalpronomens (vgl. dazu auch die Anmerkungen zur *mise en relief* S. 9).

10 *détester faire qc* (Zu weiteren Verben, die einen Infinitiv ohne Präposition anschließen, siehe S. 173.)

Aufgabe 16

Aufgabe 17

a) *Mon premier match de volley* **dont** je me souviens volontiers a fini par[1] une victoire de mon équipe.
b) En 1783, les frères Montgolfier ont fait *une découverte* **dont** on parle encore beaucoup.
c) Mon père aime parler de *nos vacances d'il y a huit ans*[2] *sur la Côte d'Azur* **dont** je me souviens encore très bien.
d) *Le bruit* **dont** les voisins se plaignent vient de la fête de Thomas.
e) *Le bébé* **dont** Marius s'occupe crie de toutes ses forces.

**Hinweise:**

1 *finir par qc* : mit etw. enden;
aber: *finir qc* : etw. beenden (z. B.: *Il a fini ses devoirs.*)
2 vor (zeitlich – Zeitspanne): *il y a* (z. B.: *il y a deux ans*)
vor (zeitlich – Zeitpunkt): *avant* (z. B.: *avant le départ*)
vor (örtlich): *devant* (z. B.: *devant la maison*)

Aufgabe 18*

Kéwan est heureux. Ses parents lui ont fait un cadeau **dont** il se réjouit vraiment : un billet d'avion pour la Guadeloupe. Cette île **que** Kéwan et ses parents ont quittée[1] quand il avait cinq ans se trouve dans les Caraïbes. Kéwan, **qui** y est né, ne se la rappelle[3] plus bien. Ce **dont** il se souvient[2] le mieux[3], ce sont les longues plages de sable et les vieux pêcheurs **qui** savaient raconter beaucoup d'histoires intéressantes. Mais Kéwan sait aussi que la vie n'y avait pas été facile. Ses parents, **qui** travaillaient dur[4], n'arrivaient presque pas à gagner leur vie. C'est pourquoi ils ont quitté la Guadeloupe pour la France.
Après des années difficiles, son père a trouvé un bon travail **qu'**un ami lui a donné. Sa mère, elle aussi, est contente parce que les enfants **dont** elle s'occupe pour gagner aussi un peu d'argent l'aiment beaucoup. Il y a tout de même des choses **dont** ses parents se plaignent, surtout le racisme **qu'**on peut parfois rencontrer dans les banlieues de Paris, mais aussi en province.
Mais Kéwan, **dont** les professeurs disent qu'il est un garçon gentil et drôle[5], est content de vivre en France métropolitaine, **qui** est devenue sa patrie. Mais la Guadeloupe **dont** ses parents parlent souvent est aussi une partie de sa vie. C'est pourquoi il est si content de pouvoir revoir cette île **qu'**il n'a plus vu depuis presque dix ans.

**Hinweise:**

1 Das *participe passé* muss an das vorausgehende direkte Objekt (hier: *que*) angeglichen werden. Siehe dazu S. 77.
2 *se rappeler qc/qn* ; aber: *se souvenir de qc/qn*

3 *Le mieux* ist der Superlativ zu dem Adverb *bien (bien, mieux, le mieux)*. Siehe auch S. 70.
4 *travailler dur* (Zu weiteren Ausdrücken, bei denen das Adjektiv wie ein Adverb verwendet wird siehe S. 75.)
5 Zum indirekten Aussagesatz siehe S. 152–163.

**Aufgabe 19***

a) Robespierre apprend la nouvelle **dont il est très content**.
b) Il veut imposer tous ses principes **dont il est convaincu**.
c) Il vote même la mort de son ancien ami Danton **dont il est mécontent**.
d) Les Jacobins, le groupe dont il fait partie, envoient des milliers de victimes à la guillotine **dont ils sont fiers**.
e) Peu à peu les Français détestent les méthodes du gouvernement **dont ils sont déçus**.
f) C'est pourquoi un groupe de révolutionnaires modérés renverse Robespierre **dont ils ne sont plus contents**.
g) Après sa mort en 1794, les Parisiens fêtent la fin de la terreur **dont ils sont très soulagés**.

**Aufgabe 20**

| 1 Notre voisin a deux filles | A dont le logiciel est tout neuf. |
|---|---|
| 2 Voilà la pauvre fille | B dont le chien est mort. |
| 3 Pour[1] pouvoir préparer le « kouglof », un gâteau alsacien, ma grand-mère cherche la recette | C dont j'ai oublié les noms. |
| 4 À la discothèque, je vois sortir cette jolie fille | D dont le chef a licencié sa femme. |
| 5 Mon père m'a acheté un nouveau portable | E dont elle ne se souvient plus. |
| 6 J'ai écrit un long mail à ma corres | F dont j'ai fait la connaissance il y a un an. |
| 7 Voilà l'homme | G dont je n'ai même pas pris le numéro de téléphone. |

**Hinweis:**

1 Zu *pour* + Infinitiv als Ersatz für einen Nebensatz siehe S. 180.

Aufgabe 21*

a) Amélie Nothomb est un écrivain français[1] **dont** j'aime beaucoup **le** roman *Robert des noms propres.*
b) Le personnage principal de ce roman est une jeune fille **dont la** vie est assez bizarre.
c) Elle porte un prénom extraordinaire (Plectrude) **dont** peu de gens comprennent **la** signification.
d) Après la mort de ses parents, Plectrude est adoptée par sa tante Clémence **dont les** enfants pensent qu'elle est leur sœur.
e) Elle prend des leçons dans une école de danse **dont les** professeurs sont des professionnels.
f) En classe, elle dit toujours des bêtises **dont les** camarades pensent que ce sont des réponses géniales.
g) À l'école, elle tombe amoureuse d'un garçon, Mathieu Saladin, **dont le** visage est assez laid.
h) À quatorze ans, elle devient « petit rat » à l'Opéra de Paris **dont** le prestige est extraordinaire.
i) Plectrude ne mange plus de produits laitiers **dont** elle craint **les** calories.
j) Lisez ce roman **dont la** fin va vous surprendre.

**Hinweis:**

1 Die Berufsbezeichnung *écrivain* ist immer maskulin, auch wenn sie sich wie hier auf eine Frau bezieht.

Aufgabe 22

a) Elle ne trouve pas **le collier dont elle a besoin pour sa mère.**
b) Dans la librairie, la vendeuse lui dit que[1] **le livre**[2] **dont elle a besoin pour sa sœur** est épuisé.
c) **Les rollers dont elle a besoin pour son frère** sont beaucoup trop chers.
d) Dans l'animalerie, quand elle veut payer **la souris/le jouet dont elle a besoin pour son chat**, elle n'a pas d'argent sur elle[3].
e) **La bouteille de vin dont elle a besoin pour son père** s'est cassée[4].
f) Dans sa chambre, elle cherche partout **la balle de tennis dont elle a besoin pour son chien** mais elle ne la trouve pas.

**Hinweise:**

1 Zum indirekten Aussagesatz siehe S. 152–163.
2 *La BD* kann aufgrund der Form *épuisé* nicht die Lösung sein.
3 *elle n'a pas d'argent sur elle ; il a de l'argent sur lui*
4 Reflexive Verben werden im *passé composé* und im *plus-que-parfait* mit *être + accord* gebildet (siehe dazu auch S. 81/82).

Aufgabe 23

J'ai trouvé

- cinq jeux vidéo *dont trois sont à mon copain.* (trois, mon copain)
- des BD[1] *dont plusieurs[2] sont à mon frère aîné.* (plusieurs, à mon frère aîné)
- du chocolat *dont deux tablettes sont à ma sœur.* (deux tablettes, à ma sœur)
- des timbres *dont quelques-uns sont à mon père.* (quelques-uns, à mon père)
- dix cahiers *dont huit sont à ma copine.* (huit, à ma copine)
- des livres *dont plusieurs sont à mon voisin.* (plusieurs, à mon voisin)
- trois ours en peluche *dont un est à mon petit frère.* (un, à mon petit frère)

**Hinweise:**

1 Abkürzungen wie *BD* und *DVD* bekommen im Plural kein Plural-*s*.

2 *Plusieurs* ist unveränderlich, auch wenn es sich auf ein weibliches Substantiv bezieht.

Aufgabe 24*

| | | vrai | faux |
|---|---|---|---|
| a) | La légende autour du roi Arthur est une légende romaine[1]. | ☐ | ☒ |
| b) | Le roi Arthur n'a jamais vécu[2]. | ☐ | ☒ |
| c) | Une épée donnait son pouvoir au roi Arthur. | ☒ | ☐ |
| d) | Lancelot était un des Chevaliers de la Table Ronde. | ☒ | ☐ |
| e) | Le Graal est un objet tiré de l'Ancien Testament[3]. | ☐ | ☒ |
| f) | On ne sait pas comment le roi Arthur est mort. | ☒ | ☐ |

**Hinweise:**

1 Geoffroy de Monmouth hat sein Buch zwar auf lateinisch geschrieben, aber er war kein Römer.

2 Man weiß nicht, ob er gelebt hat.

3 Der Gral wird bisweilen mit dem Abendmahlskelch gleichgesetzt, von dem im Neuen Testament gesprochen wird. Aber auch wenn du *la Cène* nicht als das letzte Abendmahl erkennst, kannst du dir die Lösung aufgrund der Nennung von Jesus erschließen, von dem nur im Neuen Testament die Rede ist.

Aufgabe 25*

Message

À: Jacquesm93@wanadoo.fr Cc Bcc

Objet: Notre immeuble

Cher Jacques,

Merci[1] beaucoup pour ton e-mail. Comment vas-tu ?/Ça va ? Est-ce que tu as réussi au test **dont** tu **as parlé** la dernière fois ?

J'ai enfin un nouvel ordinateur **dont** je suis très **fier**. Ainsi, nous pouvons nous écrire plus souvent.

Dans cet e-mail, je vais te parler un peu de notre immeuble **dont** je t'ai déjà envoyé **une photo**. Il a un petit jardin **dont** je suis **content**. Le propriétaire **dont** j'ai oublié **le nom** est très gentil. À droite de chez nous habite un nouveau locataire **dont** je t'ai déjà **parlé** et **dont se plaignent** beaucoup de gens[2]. Les enfants **dont les parents** ont l'appartement au-dessus de chez nous sont mes amis. Josef du premier étage **dont le frère** est aussi mon copain parle couramment (le) français. Je vais te le présenter. Au quatrième étage, il y a une vieille dame **dont** ma mère **s'occupe** régulièrement. Son mari **dont** je ne **me souviens** plus est mort il y a[3] huit ans. Sous les toits habite une fille **dont** je suis tombé **amoureux**. Il y a peu de temps / Récemment, elle m'a même écrit un message / un SMS **dont** je **me suis** beaucoup[4] **réjoui**.

À bientôt
Max

Envoyer

## Hinweise:

1 Im Französischen wird in Briefen/E-Mails nach der Anrede mit einem Großbuchstaben begonnen.

2 Bezieht sich *beaucoup* auf Personen oder Gegenstände, kann es nicht allein stehen, sondern braucht eine Ergänzung, z. B.:
viele (Menschen): *beaucoup de gens/beaucoup de personnes*
ich habe viele (von einer Sache): *j'en ai beaucoup*
ich lerne viele (Gedichte): *j'en apprends beaucoup*
aber: viel lernen: *apprendre beaucoup*

3 vor (zeitlich – Zeitspanne): *il y a* (z. B.: *il y a deux ans*)
vor (zeitlich – Zeitpunkt): *avant* (z. B.: *avant le départ*)
vor (örtlich): *devant* (z. B.: *devant la maison*)

4 sehr: beim Verb: *beaucoup* (z. B.: *s'ennuyer beaucoup*)
bei Adjektiven und Adverbien: *très* (z. B.: *être très heureux*)

Aufgabe 26

| à l'ordinateur | *auquel* | le forum de discussion | *lequel* |
|---|---|---|---|
| le logiciel | *lequel* | aux touches | *auxquelles* |
| de la souris | *de laquelle* | du clavier | *duquel* |
| des écrans | *desquels* | à l'informatique | *à laquelle* |
| au message | *auquel* | des e-mails | *desquels* |
| aux sites | *auxquels* | les programmes | *lesquels* |

Aufgabe 27

a) Je cherche mes clés de voiture **sans lesquelles** je ne peux pas partir.
b) La finale du championnat du monde **à laquelle** nous avons assisté était magnifique.
c) L'avion **avec lequel** tu voles est vieux.
d) Nicolas adore Internet[1] **grâce auquel** il a découvert le monde.
e) Luc attend son amie au parc central **au milieu duquel** il y a un banc pour les amoureux.
f) Sylvie regarde le rocher **sur lequel** quelqu'un a construit sa maison.
g) Monique cherche son hamster dans le lit **sous lequel** il se cache.
h) Pour[2] devenir vétérinaire, il faut passer un concours très difficile **auquel** beaucoup de candidats échouent.

**Hinweise:**

1 Das Substantiv *Internet* wird im Französischen immer ohne Artikel verwendet (z. B.: *chercher sur Internet*).
2 Zu *pour* + Infinitiv (als Ersatz für einen Nebensatz) siehe S. 180.

Aufgabe 28

a) Au milieu de la photo se trouve une église **dont** tu connais sûrement le nom : Notre-Dame de Paris.
b) L'église autour **de laquelle** coule la Seine a été construite sur une des deux îles de Paris **dont** l'île de la Cité est la plus grande[1].
c) Le fleuve[2] au milieu **duquel** on peut reconnaître un bateau traverse toute la capitale.
d) Ce bateau près **duquel** tu vois une partie d'un pont transporte quelques-uns des milliers de touristes **dont** la ville de Paris est très fière.
e) Mais la richesse[3] culturelle de la ville **dont** les maires[4] s'occupent particulièrement n'attirent pas seulement des étrangers.

f) Cependant, le tourisme n'est pas la seule chose **dont** il faut parler.
g) La capitale de la France a beaucoup de problèmes comme le chômage, les prix des logements et la violence dans les banlieues en face **de laquelle** plusieurs hommes politiques ont déjà capitulé.

**Hinweise:**

1 Beim Komparativ steht *que*, beim Superlativ *de*.
(z. B.: *Il est plus grand que Marcel. Il est le plus grand de toute sa classe.*)
2 Als *fleuves* werden die Flüsse bezeichnet, die ins Meer münden *(les cinq fleuves de France: la Seine, la Loire, la Garonne, le Rhin, le Rhône)*, als *rivières* die übrigen.
3 *riche*: reich → *la richesse*: der Reichtum
4 *la mairie*: das Rathaus → *le maire*: der Bürgermeister

Aufgabe 29* Individuelle Lösung

Jacques, **devant qui/lequel** se trouve un porte-monnaie, écoute de la musique.
Quelques enfants, **parmi lesquels** se trouve aussi Sylvie, jouent au foot.
Robert, **au-dessus de qui/duquel** est assis un oiseau, lit une BD.
Robert, **derrière qui/duquel** se trouve un arbre, lit une BD.
Louis et Rachel, **entre lesquels** se tient un professeur, se disputent.
Chantal, **derrière qui/laquelle** se cache Marie, chante.
Chantal, **en face de qui/de laquelle** Robert lit une BD, chante.
Marie, **à côte de qui/de laquelle** se trouve une poubelle, pleure.
Marie, **devant qui/laquelle** se trouve une bouteille cassée, pleure.

Aufgabe 30* a) Le film *Les Choristes* **dont** le titre allemand est *Die Kinder des Monsieur Mathieu* a été un grand succès en Allemagne[1] et en France[1].
b) Au centre du film se trouvent les garçons de l'internat « Fond de l'Étang » **à qui** M. Mathieu enseigne le chant.
c) Avec sa musique, M. Mathieu a trouvé **ce qui** intéresse ses élèves.
d) M. Rachin, **qui** est le directeur de l'école, n'aime pas que[2] M. Mathieu enseigne le chant aux garçons.
e) Rachin et Mathieu sont des profs **entre lesquels** il y a beaucoup de problèmes.
f) La discipline autoritaire est tout **ce que** le directeur aime.
g) Clément Mathieu est un pédagogue **en qui/lequel** les garçons de l'internat ont confiance[3].

h) Morhange, **dont** M. Mathieu est très fier, est le meilleur[4] chanteur.
i) Pépinot est le petit garçon **avec qui/lequel** M. Mathieu quitte l'internat.

**Hinweise:**

1 Bei weiblichen Ländernamen steht die Präposition *en*. Bei männlichen Ländernamen, die mit Konsonant beginnen, *au* (z. B.: *au Portugal, au Canada*).
2 Nach *ne pas aimer que* steht der *subjonctif*.
3 *avoir confiance en qn* ; aber: *faire confiance à qn*
4 *Le meilleur* ist der Superlativ zum Adjektiv *bon (bon, meilleur, le meilleur)*.

Aufgabe 31*

a) Jean-Baptiste Colbert **dont le père** était un simple marchand est devenu un des hommes politiques français les plus importants[1] de son époque.
b) Colbert a développé ses activités commerciales **qui** ont prouvé son talent pour l'organisation et les finances.
c) Colbert était l'homme de confiance du cardinal Mazarin **qui** estimait beaucoup son travail.
d) Colbert est entré au service du roi Louis XIV **auquel** le cardinal Mazarin l'avait recommandé.
e) À la cour du roi, il y avait beaucoup d'intrigues entre les ministres **parmi lesquels** se trouvaient Fouquet, Le Tellier et Louvois.
f) Réduire les importations, soutenir les manufactures, augmenter les exportations, voilà sa méthode commerciale **qu'**on appelle « le mercantilisme ».
g) Colbert savait qu'il y avait des dépenses[2] élevées à la cour royale ainsi que pour financer les guerres que Louis XIV menait **ce qui** provoquait un déficit budgétaire dangereux pour la stabilité de la France.
h) Colbert a travaillé pour renforcer[3] l'autorité du roi **dont les buts** étaient le pouvoir absolu et la centralisation de la France.

**Hinweise:**

1 Denke daran, bei den Adjektiven im Superlativ den bestimmten Artikel zu wiederholen bzw. zu setzen.
2 *dépenser qc* : etw. ausgeben → *les dépenses* : die Ausgaben
3 *la force* : die Kraft → *renforcer* : verstärken

Aufgabe 32

a) *à*[1]
b) *à*[1]
c) *sur le*
d) *au*
e) *dans les*
f) *en*[2]
g) *dans la*
h) *sur les*

| | | | | | | | | | | | | | |
|---|---|---|---|---|---|---|---|---|---|---|---|---|---|
| | | | | | | | P | A | R | I | S | | |
| | | | | | | O | R | L | E | A | N | S | |
| | | | | | | P | O | N | T | | | | |
| | | | | L | O | U | V | R | E | | | | |
| | | | | A | L | P | E | S | | | | | |
| | | N | O | R | M | A | N | D | I | E | | | |
| | | | | M | A | N | C | H | E | | | | |
| C | H | A | M | P | S | – | E | L | Y | S | E | E | S |

**Hinweise:**

1 Bei Städten wird die Präposition *à* verwendet.

2 Bei weiblichen Länder- und Provinznamen steht die Präposition *en*. Bei männlichen Ländernamen, die mit Konsonant beginnen, steht *au* (z. B.: *au Portugal, au Canada*), bei männlichen Provinznamen hingegen *dans le* (z. B.: *dans le Périgord*).

Aufgabe 33*

a) Est-ce que tu pourrais me dire pourquoi tu t'y[1] es identifié[2] ?
**Könntest du mir sagen, warum du dich damit identifiziert hast?**

b) Il a assisté à plusieurs cours, mais il ne s'y[1] est jamais intéressé[2] vraiment.
**Er hat an mehreren Stunden teilgenommen, aber er hat sich nie wirklich dafür interessiert.**

c) Il y a[3] deux semaines, il a commencé à[4] y réfléchir.
**Vor zwei Wochen hat er begonnen, darüber nachzudenken.**

d) Si vous étiez à ma place, est-ce que vous y réagiriez[5] ?
**Wenn ihr an meiner Stelle wäret, würdet ihr darauf reagieren?**

e) Penses-y[6].
**Denke daran.**

f) Est-ce que ce sont eux qui y ont joué ?
**Sind sie es, die damit/dort gespielt haben?**

g) Avant[4] son accident, elle s'y[1] était beaucoup[7] intéressée[2].
**Vor ihrem Unfall hatte sie sich sehr dafür interessiert.**

h) On lui a donné l'adresse de l'agence de tourisme et il y a écrit.
**Man hat ihm die Adresse des Tourismusbüros gegeben und er hat dorthin geschrieben.**

i) Quand nous avons fait nos devoirs, nous n'y avons pas fait attention.
**Als wir unsere Aufgaben gemacht haben, haben wir nicht darauf aufgepasst.**

j) Il n'y avait pas réagi.
   **Er hatte nicht darauf reagiert.**
k) On lui a offert des drogues mais il y a renoncé.
   **Man hat ihm Drogen angeboten, aber er hat sie abgelehnt.**

**Hinweise:**

1 Treffen ein Objektpronomen und ein Adverbialpronomen (*y* oder *en*) aufeinander, dann steht das Adverbialpronomen grundsätzlich an zweiter Stelle (siehe S. 45).
2 Reflexive Verben werden im *passé composé* und im *plus-que-parfait* mit *être* + *accord* gebildet (siehe dazu auch S. 81/82).
3 vor (zeitlich – Zeitspanne): *il y a* (z. B.: *il y a deux ans*)
  vor (zeitlich – Zeitpunkt): *avant* (z. B.: *avant le départ*)
  vor (örtlich): *devant* (z. B.: *devant la maison*)
4 *commencer à faire qc* : beginnen, etw. zu tun
  *commencer par faire qc* : mit etw. beginnen (in einer Abfolge von Handlungen)
5 Zum Gebrauch der Zeiten und Modi im irrealen Konditionalsatz siehe S. 141/143.
6 Endet die Imperativform auf Vokal (Verben auf *-er* und *aller*), dann musst du vor *y* und *en* ein *s* anhängen (z. B.: *Manges-en. Vas-y.*).
7 sehr: beim Verb: *beaucoup* (z. B.: *s'ennuyer beaucoup*)
  bei Adjektiven und Adverbien: *très* (z. B.: = *être très heureux*)

Aufgabe 34

**M. Romard** : Nous sommes déjà à la gare de Paris ?
**Mme Romard** : Oui, **nous y sommes déjà**.
**M. Romard** : Nous allons tout de suite à la sortie ?
**Mme Romard** : Oui, **nous y allons tout de suite**.
**M. Romard** : Tu cherches la ligne 5 sur le plan de métro ?
**Mme Romard** : Non, **j'y cherche** la ligne 4.
**M. Romard** : Nous avons réservé une chambre à l'hôtel près de la Bastille ?
**Mme Romard** : Non, **je n'y ai pas réservé de chambre**[1]. Nous passerons les nuits dans une auberge du V$^{e}$ arrondissement.
**M. Romard** : Tu as pensé à prendre nos papiers ?
**Mme Romard** : Oui, **j'y ai pensé**.
**M. Romard** : Mardi, nous allons faire une excursion à Versailles ?
**Mme Romard** : Oui, **nous allons y faire une excursion**.
**M. Romard** : Tu veux que nous allions[2] voir la collection « Arts de l'Islam » au musée du Louvre ?

**Mme Romard** : Oui, **je veux que nous allions[2] y voir la collection « Arts de l'Islam »**.

**M. Romard** : Tu as trouvé les horaires des musées dans « Paris Spectacle » ?

**Mme Romard** : Oui, **j'y ai trouvé les horaires des musées**.

**M. Romard** : Un de ces jours, tu aimerais certainement te promener sur les Champs-Élysées ?

**Mme Romard** : Oui, **j'aimerais m'y[3] promener**, si tu m'y[3] achètes des bijoux.

**Hinweise:**

1 Vergiss nicht, aufgrund der Verneinung den unbestimmten Artikel von *une chambre* durch *de* zu ersetzen.

2 Nach Verben, die einen Wunsch ausdrücken, steht der *subjonctif* (siehe S. 116).

3 Treffen ein Objektpronomen und ein Adverbialpronomen (*y* oder *en*) aufeinander, dann steht das Adverbialpronomen grundsätzlich an zweiter Stelle (siehe S. 45).

Aufgabe 35* Individuelle Lösung

Ces dernières années[1], j'ai passé la plupart de mes vacances à la maison. Seulement l'année dernière[1], mes parents m'ont emmené faire un voyage au bord de la mer. Nous y avons loué une petite maison de vacances. Je ne me rappelle[2] plus le nom exact du lieu, mais c'était un petit village sur la Côte d'Azur.
J'y ai fait beaucoup de choses. Le matin[3], mon frère et moi, nous nous sommes baignés dans la mer. L'après-midi[3], j'ai participé à un cours de voile. C'était vraiment génial ! Malheureusement, je n'ai pas la possibilité de pratiquer ce sport chez moi. Le soir[3], nous sommes allés plusieurs fois au cinéma (même si, pour être sincère, je n'ai pas beaucoup compris) ou à des fêtes que la ville organisait. Les vacances ont été super cool. J'aime bien le soleil et la mer. Et si je peux faire du sport, c'est encore mieux.
Je vais demander à mes parents si, la prochaine fois, je pourrai y aller seul avec mes copains.

**Hinweise:**

1 *ces dernières années* : in den letzten Jahren/*l'année dernière* : im letzten Jahr

2 sich an etw. erinnern: *rappeler qc ; se souvenir de qc*

3 morgens/nachmittags/abends: *le matin/l'après-midi/le soir*

Aufgabe 36

a) Je m'en souviens volontiers. – **des dernières vacances**
b) Nous en revenons vers une heure. – **de l'école**
c) Le professeur d'histoire en parle. – **du Moyen Âge**
d) Nos profs nous obligent à[1] en sortir pendant les récréations. – **de la salle de classe**
e) Comme[2] je ne sais pas nager, j'en ai peur. – **de la piscine**
f) Beaucoup d'élèves en sont fascinés à cause des expériences. – **de la chimie**
g) Si tu as fait attention aux cours, tu ne dois pas en avoir peur. – **des contrôles**
h) J'en ai besoin pour faire un dessin. – **d'un crayon**
i) Notre prof de musique aimerait que tous en jouent[3]. – **d'un instrument**
j) La plupart des élèves en rêvent[4]. – **d'une vie sans école**
k) À la maison, je m'en occupe seulement le soir. – **des devoirs**

**Hinweise:**

1 *obligatoire* : verpflichtend → *obliger qn à faire qc* : jdn. zu etw. verpflichten
2 Steht der Kausalsatz vor dem Hauptsatz, musst du *comme* verwenden, steht er danach, ist *parce que* üblich.
3 Nach Verben, die einen Wunsch ausdrücken, steht der *subjonctif* (siehe S. 116).
4 Nach *la plupart de* steht das Verb im Plural.

Aufgabe 37

a) Je ne veux plus en parler.
- [ ] Ich werde nicht mehr darüber reden.
- [x] Ich will nicht mehr darüber sprechen.
- [ ] Ich wollte dort nicht sprechen.

b) Nous en avons besoin.
- [ ] Wir haben Freude daran.
- [ ] Wir besorgten uns etwas davon.
- [x] Wir brauchen es.

c) Elle ne sait pas en jouer.
- [x] Sie kann es nicht spielen.
- [ ] Sie spielt es nicht.
- [ ] Sie wird es nicht spielen können.

d) Je n'en ai pas peur.

- [x] Davor habe ich keine Angst.
- [ ] Dort bekomme ich keine Angst.
- [ ] Dort habe ich keine Angst.

Aufgabe 38

a) Oui, **nous en avons plusieurs**.
b) Oui, **nous en avons deux bouteilles**.
c) Oui, **nous en avons six**.
d) Oui, **nous en avons un kilo**.
e) Oui, **nous en avons deux cents grammes**.

Aufgabe 39

**M. Romard** : Non, **nous n'en avons pas encore[1] discuté**.
**M. Romard** : Oui, **nous en avons besoin**.
**M. Romard** : Moi aussi, **j'en rêverais**.
**M. Romard** : Oui, **j'en ai le courage**.
**M. Romard** : Non, **je n'en ai pas envie**. Le prix des billets est trop élevé.

**Hinweis:**

1 *déjà → ne pas encore*

Aufgabe 40

**M. Romard** : Est-ce que nous avons encore le temps de prendre des photos de l'Arc de Triomphe ?
**Mme Romard** : Oui, **nous en avons encore le temps[1]**.
**M. Romard** : Est-ce que nous allons aussi à Notre-Dame ?
**Mme Romard** : Oui, **nous y allons aussi**.
**M. Romard** : Est-ce que je peux descendre du bus pour acheter des cartes postales ?
**Mme Romard** : Oui, **tu peux en descendre pour en acheter**.
**M. Romard** : Est-ce que les statues de Niki de Saint Phalle se trouvent sur la place de la Concorde ? »
**Mme Romard** : Non, les statues de Niki de Saint Phalle **ne s'y trouvent pas**.
**M. Romard** : Est-ce qu'on va dans cette direction pour aller au Père-Lachaise ? »
**Mme Romard** : Oui, **on y va** pour aller au Père-Lachaise.
**M. Romard** : Est-ce que nous allons revenir au Louvre ? »
**Mme Romard** : Non, **nous n'allons pas y revenir**.

**M. Romard** : Est-ce que tu pourrais aller au kiosque pour acheter cette revue ?
**Mme Romard** : Oui, **je peux y aller/j'y vais**.

**Hinweis:**

1 *avoir le temps/ne pas avoir le temps*

**ufgabe 41***

Cher Yves,

ma femme et moi, nous avons passé quelques jours à Paris. Depuis des années, j'avais l'intention d'y aller. Nous y avons visité beaucoup d'églises et de musées intéressants. Les Parisiennes et Parisiens, eux aussi, étaient très gentils. J'y penserai quand un automobiliste dont la voiture a le numéro 78 m'énervera. Comme tu le vois, nous en rentrons avec beaucoup de bons souvenirs. Nous en parlerons sûrement longtemps.

Cordialement, François

Yves Lavoine
9, rue du 14 juillet
12000 Rodez

**Aufgabe 42**

a) Le propriétaire la leur a louée.
- ☐ Le propriétaire a loué son bateau à Jean.
- ☒ Le propriétaire a loué sa maison à Jean et Marie.
- ☐ Le propriétaire a loué sa maison à Jean.

b) Ils la lui ont payée.
- ☒ Ils ont payé une caution au propriétaire.
- ☐ Ils ont payé une caution aux propriétaires.
- ☒ Ils ont payé une caution à la propriétaire.

c) Il ne la leur a pas rendue.
- ☒ Il n'a pas rendu la caution à Jean et Marie.
- ☐ Il n'a pas rendu la caution à Jean.
- ☐ Il n'a pas rendu la caution à Marie.

d) L'avocat la lui a écrite.
- ☐ L'avocat a écrit un message au propriétaire.
- ☐ L'avocat a écrit une lettre à Jean et Marie.
- ☒ L'avocat a écrit une lettre au propriétaire.

e) Le propriétaire la leur a envoyée.
- ☒ Le propriétaire a envoyé une photo avec les dégâts à Jean et Marie.
- ☐ Le propriétaire a envoyé des photos avec les dégâts à Jean et Marie.
- ☐ Le propriétaire a envoyé la caution à l'avocat.

**Aufgabe 43**

a) Ahmed et Suzanne **le lui** demandent.
b) Il **le leur** permet.
c) Il **les leur** donne.
d) Ils **le leur** promettent.
e) Un vendeur **les lui** offre.
f) Il **la lui** paie[1].
g) À la maison, les deux ne **le leur** disent pas.
h) Ceux-ci ne **le leur** demandent pas.

**Hinweis:**

1 Bei *payer* kann das *y* auch erhalten bleiben: *je paie/paye, tu paies/payes, il paie/paye, ils paient/payent ; je paierai/payerai ; je paierais/payerais*

**Aufgabe 44**

a) Elle **se les** achète.
b) Tu **me les** offres.
c) Je **vous les** vends.
d) Il va **te l'**envoyer.
e) Je **me les** pose.
f) Nous **nous les** lavons.
g) Ils **nous l'**ont montré.

**Aufgabe 45**

| | correcte | fausse |
|---|---|---|
| a) Il me le demande depuis des semaines. | ☒ | ☐ |
| b) Nous vous avons le vendu à un bon prix.<br>*Nous vous l'avons vendu à un bon prix.* | ☐ | ☒ |
| c) Je le te vais rendre la semaine prochaine.<br>*Je vais te le rendre la semaine prochaine.* | ☐ | ☒ |
| d) Elles nous les apportent volontiers. | ☒ | ☐ |
| e) Il les raconte à nous.<br>*Il nous les raconte.* | ☐ | ☒ |

Aufgabe 46

Tu sais nous traduire la phrase « Videant consules ne quid res publica detrimenti capiat. » en français ?
Désolé, je ne peux pas vous la traduire. Je ne la comprends pas.
Tu peux me prêter ta calculette pour le contrôle ?
Désolé, je ne peux pas te la prêter. J'en ai besoin moi-même.
Sophie vous a donné le résultat du problème de maths ?
Non, elle ne nous l'a pas donné.
Vous vous êtes déjà demandé ce que vous allez faire ce soir ?
Non, nous ne nous le sommes pas encore demandé.
Tu peux m'expliquer ce problème ?
Oui, je peux te l'expliquer.

Aufgabe 47

a) « Est-ce qu'il y a encore du coq au vin dans le four ? »
« Non, Pauline, il **n'y en a plus**[1]. Ton frère a tout mangé. »

b) « Chéri, tu apportes encore du vin pour Cécile et moi ? »
« Oui, je **vous en apporte** volontiers. »

c) « Pauline, est-ce que tu te sers encore de la salade ? »
« Oui, je **m'en sers** encore une fois. »

d) « Paul, tu vas chercher encore de l'eau minérale dans le frigo ? »
« Oui, maman, je **vais y en chercher**. »

e) « Maman, est-ce que je peux inviter ma copine au dîner ? »
« Non, tu **ne peux pas l'y inviter**. On ne sera pas là. »

f) « Grand-mère a offert des sucreries à Pauline et à Paul ? »
« Oui, elle **leur en a offert**. »

g) « Tu as retrouvé ton couteau et ta fourchette sous ta chaise ? »
« Non, je **ne les y ai pas retrouvés**[2]. »

h) « Paul, tu passes ton dessert à ta sœur ? »
« Non, je **ne le lui passe pas**. Elle ne me remercie jamais. »

**Hinweise:**

1 *encore* → *ne plus*

2 Das *participe passé* muss an das vorausgehende direkte Objekt (hier: *les*) angeglichen werden. Siehe dazu S. 77.

Aufgabe 48

a) « Est-ce que je vous ai déjà parlé de ma première sortie en mer ? »
« Non, tu ne **nous en** as pas encore parlé. »

b) « Est-ce que les pêcheurs ont déjà vendu leurs poissons au marché ? »
« Oui, ils **les y** ont déjà vendus. »

c) « Allons-nous regarder l'arrivée du ferry au port ? »
« Bof, je n'ai pas envie de **l'y** regarder. »

d) « Allez-vous acheter des pulls marins à la boutique ? »
« Oui, nous allons **y en** acheter. »

e) « Est-ce que tu peux nous donner de l'argent pour aller visiter l'aquarium ? »
« Bien sûr, je veux bien **vous en** donner. »

f) « Quand est-ce que nous avons donné r.-v. aux amis devant le phare ? »
« C'est exactement à 20 heures que nous **leur y** avons donné rendez-vous. »

g) « Avez-vous acheté des souvenirs au musée maritime ? »
« Non, nous n'**y en** avons pas encore acheté. »

h) « As-tu envoyé des cartes postales aux grands-parents ? »
« Mais oui, je **leur en** ai envoyé hier. »

Aufgabe 49*

a) Isabelle écrit une lettre à sa meilleure[1] amie.
Isabelle **la lui** écrit.

b) Le professeur demande[2] à un élève d'expliquer la faute à ses camarades[3] de classe.
Le professeur **le lui** demande.

c) Luc présente sa copine/son amie à ses parents.
Luc **la leur** présente.

d) Je vous ai envoyé les livres.
Je **vous les** ai envoyés[4].

e) Yvonne va se laver les mains./Yvonne se lavera les mains.
Yvonne va **se les** laver./Yvonne **se les** lavera.

f) Mon chat s'intéresse beaucoup[5] à ma petite sœur.
Mon chat **s'intéresse** beaucoup[5] **à elle**[6].

g) M. Schneider a acheté cette voiture à sa fille.
M. Schneider **la lui** a achetée[4].

h) Hier, le vendeur m'a vendu ces fleurs.
Hier, le vendeur **me les** a vendues[4].

i) Quand est-ce que tu me présente à tes parents ?
Quand est-ce que tu **me présente à eux**[6] ?

j) Ma femme voudrait poser les fleurs sur la table.
Ma femme voudrait **les y** poser.

k) Le guide montre aux touristes le palais où/dans lequel la reine a passé quelques nuits.
Le guide **le leur** montre.

l) Marc a toujours[7] rencontré ses amis dans le bar « Les trois mousquetaires ».
Marc **les y** a toujours[7] rencontrés[4].

**Hinweise:**

1 *Meilleur, e* ist der Komparativ zum Adjektiv *bon (bon, meilleur, le meilleur)*.

2 *demander à qn de faire qc*

3 *le camarade*

4 Das *participe passé* muss an das vorausgehende direkte Objekt angeglichen werden. Siehe dazu S. 77.

5 sehr: beim Verb: *beaucoup* (z. B.: *s'ennuyer beaucoup*)
bei Adjektiven und Adverbien: *très* (z. B.: *être très heureux*)

6 *Se* + *lui* und *me* + *leur* ist nicht möglich, daher muss das indirekte Objekt mit *à* + Personalpronomen wiedergegeben werden (siehe S. 45).

7 Zur Stellung der Adverbien in zusammengesetzten Zeiten siehe S. 66.

Aufgabe 50 Brigitte regarde des bagues dans une bijouterie.

**La vendeuse** : Bonjour Mademoiselle, je peux vous aider ?

**Brigitte** : Je voudrais essayer cette bague-là.

**La vendeuse** : Laquelle ? **Celle-ci** ou **celle-là** ?

**Brigitte** : **Celle qui** a une pierre.

**La vendeuse** : Ah, c'est **celle avec** le diamant ?

**Brigitte** : Non, **celle-ci** est trop chère, je parle de **celle en** cristal de roche.

La vendeuse lui donne **celle que** Brigitte a montrée.

**Brigitte** : Dommage, **celle-ci** est trop petite. Je peux essayer **celle qui** se trouve dans le coffret ?

**La vendeuse** : Dans quel coffret ? Dans **celui-là** ?

**Brigitte** : Non, dans **celui que** j'ai vu dans la vitrine.

**La vendeuse** : Nous avons beaucoup de coffrets dans la vitrine.

**Brigitte** : Je parle de **ceux que** vous avez exposés juste à côté de l'entrée.

**La vendeuse** : À droite ou à gauche ?

**Brigitte** : **Ceux qui** se trouvent à gauche.

La vendeuse apporte tous les coffrets qui se trouvent du côté gauche de l'entrée, et Brigitte les regarde.

**Brigitte** : Toutes ces bagues sont laides.

**La vendeuse** : Mais ce sont toutes **celles que** vous m'avez demandé de vous montrer.

**Brigitte** : Oui, je sais. Mais **celle que** vous portez au doigt me plaît beaucoup.

**La vendeuse** : Je suis désolée, mais **celle-ci** n'est pas à vendre.

**Brigitte** : C'est dommage. Alors, je reviendrai une autre fois.

**La vendeuse** : J'espère que non.

Aufgabe 51

a)
- Tu as fait ton premier grand voyage en train ou en voiture ?
- C'est en voiture que j'ai fait mon premier grand voyage.

b)
- Elle pense plus souvent à Rayan ou à Thomas ?
- **C'est à Rayan qu'elle pense plus souvent.**

c)
- Qui fait ce bruit là-bas ? Ce sont des jeunes ou des chats ?
- **Ce sont des chats qui font ce bruit là-bas.**

d)
- Qu'est-ce que tu préfères le pull ou l'anorak ?
- **C'est l'anorak que je préfère.**

e)
- Qui a oublié ses clés ? Toi ou Emma ?
- **C'est moi qui ai oublié mes clés.**

f) • Qui va gagner, le Paris Saint-Germain ou l'Olympique Marseille ?
• **C'est l'Olympique Marseille qui va gagner.**
Deux heures plus tard, après la victoire du Paris Saint-Germain :
• Qui a dit que l'Olympique Marseille allait gagner ? Toi ou moi ?
• Ouais, **c'est moi qui ai dit que l'Olympique Marseille allait gagner**.

g) • Vous allez au théâtre ou à l'opéra ?
• **C'est à l'opéra que nous allons.**

h) • Qui a commandé la pizza, toi ou moi ?
• **C'est toi qui as commandé la pizza.**

i) • Qu'est-ce que tu aimes le plus chez elle, son rire ou sa beauté ?
• **C'est son rire que j'aime le plus chez elle.**

Aufgabe 52 Individuelle Lösungen

a) Ce que je veux, c'est moins de devoirs.
b) Ce qui me rend heureux, ce sont des bonnes notes.
c) Ce qui m'énerve, c'est la voix de mon prof d'anglais.
d) Ce que j'adore, c'est le sport.
e) Ce que j'aime, c'est faire du shopping.
f) Ce qui m'intéresse, c'est la musique rap.
g) Ce que je déteste, c'est la chimie.
h) Ce qui me plaît, ce sont les sorties avec mes copains.

Aufgabe 53 a) C'est un objet **qui** est souvent en métal et en bois.
C'est un objet **dont** on se sert pour ouvrir des bouteilles de vin.
**Solution :** C'est **un tire-bouchon**.

b) C'est un appareil **qu'**on porte dans sa poche.
C'est un appareil **qui** est important pour la vie de tous les jours.
C'est un appareil **dont** on a besoin pour communiquer.
**Solution :** C'est **un portable**.

c) Ce sont des personnes **qui** sont importantes pour tout le monde.
Ce sont des personnes **qu'**on aime.
Ce sont des personnes **dont** on se souviendra toujours.
Ce sont des personnes **qui** protègent leurs enfants.
**Solution :** Ce sont **les parents**.

d) C'est un appareil **dont** on se sert dans les bureaux et à la maison.
C'est un appareil **qui** fonctionne avec de l'électricité.
C'est un appareil **que** seul un spécialiste peut installer correctement.
C'est un appareil **qu'**il faut protéger contre des virus.
**Solution :** C'est **un ordinateur**.

e) C'est un homme **que** tout le monde connaît.
C'est un homme **dont** la ville d'origine se trouve en Corse.
C'est un homme **qui** menait des guerres contre plusieurs pays européens.
C'est un homme **qu'**on a exilé sur l'île de Sainte-Hélène où il est mort.
**Solution :** C'est **Napoléon Bonaparte**.

Aufgabe 54 **Kevin :** Pour moi, la femme idéale, c'est une femme…
a) **avec qui** je peux rire.
b) **sans qui** je ne veux pas vivre.
c) **en qui** j'ai confiance.
d) **à côté de qui** je me sens bien.

**Morgane :** Pour moi, l'homme idéal, c'est un homme…
c) **sur qui** je peux toujours compter.
b) **avec qui** je veux devenir vieille.
a) **sans qui** je me sens seule.
d) **grâce à qui** je suis toujours heureuse.

Aufgabe 55 Chère Marie-Jeanne,
Enfin, je me suis décidé à faire le cours de français **dont** Marcel m'avait parlé. Dans ce cours, il y a des gens **qui** sont plus âgés que moi, mais **avec qui** je m'entends très bien. Mon professeur est un Belge **dont** l'accent est intéressant, mais **auquel** je me suis habituée assez vite. Le premier jour déjà, j'ai compris qu'il y avait beaucoup de choses **dont** je ne me souvenais plus. Le vocabulaire et la grammaire **que** j'avais appris au collège, tout était oublié. Hier, le prof nous a montré un film en français **qui** m'a posé beaucoup de problèmes. Ensuite, il nous a donné quelques documents **que** nous avons dû lire et **dont** nous avons discuté en groupes. C'était une discussion **à laquelle** je ne pouvais pas beaucoup contribuer parce que les textes étaient très difficiles. Heureusement, il y avait des annotations **qui** accompagnaient les textes, **sans lesquelles** je n'aurais rien compris. Finalement, je sais maintenant qu'il va falloir beaucoup travailler si je veux passer l'examen **dont** la date n'est pas encore fixée.
Je t'embrasse. Joëlle

Aufgabe 56 **Ella** : Tu as pensé à réparer la voiture ?

**Luc** : Oui, j'**y** ai pensé.

**Luc** : Tu t'occupes des valises ?

**Ella** : Oui, je m'**en** occuperai. Elles sont au grenier ?

**Luc** : Non, elles n'**y** sont pas, elles sont en bas, dans le garage. D'ailleurs, qu'est-ce qu'on fait avec le chien ?

**Ella** : Ben, on le laisse chez grand-mère, comme la dernière fois.

**Luc** : Parle-lui **en** d'abord.

**Ella** : Je lui **en** ai déjà parlé. Elle est d'accord.

**Luc** : Bon, alors on va l'**y** amener tout à l'heure. On pourrait faire les courses en même temps. Il nous manque du pain, par exemple.

**Ella** : Non, il nous **en** reste encore, mais il nous faut du fromage. Tu veux du comté ?

**Luc** : Oui, prends-**en** deux cents grammes.

**Ella** : Tu me donnes un peu d'argent ?

**Luc** : Je n'**en** ai plus. J'ai tout dépensé pour la réparation de la voiture.

**Ella** : Donc, il faut aller à la banque. Heureusement, j'**y** ai pensé.

Aufgabe 57 **Julie** : Maman, Charles **m'**a dit que sa chienne avait fait des petits chiots. Je peux **en** adopter un ?

**Sa mère** : Écoute Julie, on **en** a parlé plusieurs fois. Je sais qu'un petit chien **te** ferait plaisir, mais pour papa et **moi**, il n'**en** est pas question. Un chien n'est pas un jouet : il faut **lui** donner à manger, il faut **le** promener, il faut **l'**apporter au docteur quand il est malade. Qui va s'occuper de **lui** ? Qui va **le** garder quand tu es à l'école ? Tout ce travail, nous ne pouvons pas **le** faire. Ton père et **moi**, nous travaillons aussi.

**Julie** : Mais maman, je **te** promets que tout s'arrangera. Je m'**en** occuperai, tu verras.

**Sa mère** : Vois avec papa. Essaie de **le** convaincre, mais mon avis, tu **le** connais maintenant. Tu sais ce que j'**en** pense.

Aufgabe 58

| 1 | 2 | 3 | 4 | 5 | 6 |
|---|---|---|---|---|---|
| d | e | b | c | a | f |

**Aufgabe 59**

**Théo :** Tu sais que Martin veut partir en Afrique après le bac ? Il te l'a dit ?
**Toi :** **Il me l'a dit hier.**
**Théo :** Il l'a déjà dit à ses parents et à son frère ?
**Toi :** **Non. Il va le leur dire à Noël.**
**Théo :** Son projet est beaucoup trop cher, tu ne trouves pas ?
**Toi :** **Je le lui ai dit aussi, mais je lui en reparlerai/je vais lui en reparler.**
**Théo :** Je suis certain que son projet ne marchera pas.
**Toi :** **Explique-le-lui aussi. Tu es son ami/copain, et tu trouveras bien un moyen de lui en parler.**
**Théo :** Bon, je vais faire de mon mieux.

**Aufgabe 60**

| | verbe | adjectif | adverbe | phrase |
|---|---|---|---|---|
| a) Les élèves dorment tranquillement. | ☒ | ☐ | ☐ | ☐ |
| b) La grammaire m'intéresse vraiment peu. | ☐ | ☐ | ☒ | ☐ |
| c) Nous lisons un roman très intéressant. | ☐ | ☒ | ☐ | ☐ |
| d) Mon examen de chimie s'est assez mal passé. | ☐ | ☐ | ☒ | ☐ |
| e) Elle a facilement trouvé les Vosges sur la carte. | ☒ | ☐ | ☐ | ☐ |
| f) Mes profs sont plutôt sévères. | ☐ | ☒ | ☐ | ☐ |
| g) Le conducteur de bus conduit rapidement. | ☒ | ☐ | ☐ | ☐ |
| h) Heureusement, le contrôle a été facile. | ☐ | ☐ | ☐ | ☒ |

**Aufgabe 61**

| | | | | | | | |
|---|---|---|---|---|---|---|---|
| R | D | T | P | A | M | H | U |
| B | E | A | U | C | O | U | P |
| C | M | R | A | B | I | E | N |
| E | A | D | T | O | N | M | A |
| N | I | E | S | M | S | L | O |
| E | N | C | O | R | E | D | R |

1 beaucoup – peu
2 bien – mal
3 encore – ne … plus
4 demain – hier
5 tard – tôt
6 moins – plus

ufgabe 62*

Chère Marianne,

J'espère[1] que tu vas **bien**. Tu m'as raconté que tu avais été[2] en vacances. **Comment** est-ce qu'elles se sont passées[3] ? Moi, je dois aller à l'école. **Demain**, je vais avoir un contrôle de maths et jusqu'à **maintenant**, je n'ai encore rien fait. Tu sais, samedi, c'était l'anniversaire de ma meilleure[4] copine. Nos parents nous ont permis d'aller[5] en boîte. Comme nous sommes rentrées **très tard**, j'ai dormi jusqu'à dix heures. Mais après, j'étais **trop** fatiguée pour travailler pour l'école. J'espère que tout ira **bien** pour le contrôle.

Je t'embrasse. À **bientôt**, Lilli

### Hinweise:

1 Im Französischen wird in Briefen/E-Mails nach der Anrede mit einem Großbuchstaben begonnen.

2 Zum Gebrauch der Zeiten in einem indirekten Aussagesatz, der durch ein Verb in der Vergangenheit eingeleitet wird, siehe S. 154.

3 Reflexive Verben werden im *passé composé* und im *plus-que-parfait* mit *être* + *accord* gebildet (siehe dazu auch S. 81/82).

4 *Meilleur, e* ist der Komparativ zum Adjektiv *bon (bon, meilleur, le meilleur)*.

5 *permettre <u>de</u> faire qc*

Aufgabe 63

| deutsches Adjektiv | Adjektiv, männlich | Adjektiv, weiblich | Adverb |
|---|---|---|---|
| neugierig | curieux | curieuse | curieusement |
| vollständig | complet | complète | complètement |
| schüchtern | timide | timide | timidement |
| stark | fort | forte | fortement |
| leise | silencieux | silencieuse | silencieusement |
| unglücklich | malheureux | malheureuse | malheureusement |
| herkömmlich | traditionnel | traditionnelle | traditionnellement |
| sorgfältig | soigneux | soigneuse | soigneusement |

| deutsches Adjektiv | Adjektiv, männlich | Adjektiv, weiblich | Adverb |
|---|---|---|---|
| schwierig | difficile | difficile | difficilement |
| ruhig | calme | calme | calmement |
| gefährlich | dangereux | dangereuse | dangereusement |
| kalt | froid | froide | froidement |
| leicht | facile | facile | facilement |
| ernst | sérieux | sérieuse | sérieusement |

Aufgabe 64 Si l'on[1] parle d'ours, on pense **normalement** aux ours blancs ou à ceux[2] qui vivent dans les forêts de l'Amérique du Nord. Mais est-ce que tu savais qu'il y a encore quelques ours dans les Pyrénées ? Au milieu du XX^e siècle[3], ils y avaient presque **complètement** disparu. Mais dans les années 90 du dernier siècle, on a commencé[4] à les réintroduire. **Malheureusement**, beaucoup de gens sont mécontents[5]. Ils disent que les ours sont dangereux pour l'homme. Certes, il y a eu des cas où des ours ont attaqué des moutons ou ont même blessé des hommes **sérieusement**. Mais **normalement**, on les rencontre **difficilement**. Presque **timidement**, l'ours se cache dans les forêts. Si on le rencontre tout de même, il faut prendre quelques précautions. Ne le regardez surtout pas **curieusement** mais retirez-vous **calmement**. C'est important parce que l'ours s'énerverait **facilement** si vous couriez. Mais à la fin, est-ce que tu ne trouves pas que c'est beau que ces animaux vivent en Europe[6] ?

**Hinweise:**

1 Das *l'* ist hier weder Artikel noch Objektpronomen, sondern dient nur zur leichteren Aussprache.

2 Zu den Demonstrativpronomen siehe S. 1–8.

3 Im Französischen werden die Jahrhunderte in der Regel mit römischen Zahlen geschrieben. Da es sich dabei um Ordnungszahlen handelt (z. B. *le vingtième siècle*), die abgekürzt werden, wird noch ein *e* oder *ème* angehängt (*XX^e siècle* oder *XX^ème siècle*).

4 *commencer <u>à</u> faire qc* : beginnen, etw. zu tun
*commencer <u>par</u> faire qc* : mit etw. beginnen (in einer Abfolge von Handlungen)

5 *être content, e <u>de</u> qc*

6 Wie bei den weiblichen Ländernamen musst du auch bei den Bezeichnungen der Kontinente die Präposition *en* setzen *(en Europe, en Amérique, en Asie, en Afrique, en Australie)*.

Aufgabe 65

| froid, e (kalt) |
|---|
| froideur: Kälte |
| froidement |

| dangereux, se (gefährlich) |
|---|
| danger: Gefahr |
| dangereusement |

| difficile (schwierig) |
|---|
| difficulté: Schwierigkeit |
| difficilement |

| jaloux, se (eifersüchtig) |
|---|
| jalousie: Eifersucht |
| jalousement |

| long, longue (lang) |
|---|
| longueur: Länge |
| longuement |

| sourd, e (taub) |
|---|
| surdité: Taubheit |
| sourdement |

Aufgabe 66

| deutsches Adjektiv | Adjektiv, männlich | Adjektiv, weiblich | Adverb |
|---|---|---|---|
| genau | précis | | précisément |
| höflich | poli | | poliment |
| absolut | absolu | | absolument |
| riesig | énorme | | énormément |
| bösartig | méchant | | méchamment |
| intelligent | intelligent | | intelligemment |
| hübsch | joli | | joliment |
| vorsichtig | prudent | | prudemment |
| freundlich | gentil | | gentiment |
| offensichtlich | évident | | évidemment |
| ausreichend | suffisant | | suffisamment |

Aufgabe 67 a) Ma voisine me salue toujours **gentiment**.

b) Marc n'aime pas rouler **prudemment**.

c) Sylvie rit **drôlement**.
d) Le chien m'a fait **énormément** peur.
e) **Évidemment**, c'est faux.
f) C'est **absolument** fou, ce qu'il a fait.
g) Cédric ne s'entraîne pas **suffisamment** pour devenir un bon athlète.
h) Tu crois **vraiment** ?

**Aufgabe 68**

| | | | | | | | | | | |
|---|---|---|---|---|---|---|---|---|---|---|
| X | U | A | F | A | C | I | L | E | W | O |
| B | I | E | P | R | U | D | E | N | T | U |
| C | N | A | R | F | G | E | N | T | I | L |
| A | E | V | I | D | E | N | T | T | A | O |
| R | E | R | E | G | E | L | O | E | G | S |
| S | I | A | V | U | A | M | I | N | O | B |
| O | D | I | F | F | E | R | E | N | T | A |

les adverbes :

| | |
|---|---|
| faussement | facilement |
| absolument | évidemment |
| prudemment | lentement |
| franchement | gentiment |
| nettement | vraiment |
| mal | bien |
| différemment | légèrement |

**Aufgabe 69** Un personnage inconnu marche **machinalement** dans la rue[1]. Il se demande **tristement** où[2] il peut dormir parce qu'il est sans domicile fixe. Il rêvait de réussir dans la « ville de lumière » : s'habiller **élégamment**, sortir **longuement** avec des amis, faire **facilement** la connaissance d'une femme... Mais maintenant il est **extrêmement** triste. Partout, il cherche **désespérément** un travail pour[3] sortir de sa misère. **Malheureusement**, il ne trouve pas d'emploi[4]. Il n'a pas d'amis[4], c'est pourquoi il est **absolument** seul. **Normalement**, il devrait être en contact avec sa famille. Il dit **fièrement** non à la possibilité de mendier. **Finalement**, il reste dans la rue[1] sans perspective d'avenir.

**Hinweise:**

1 *dans la rue ; sur la route*
2 Zur indirekten Frage siehe S. 164–166.
3 Zu *pour* + Infinitiv (als Ersatz für einen Nebensatz) siehe S. 180.
4 Nach der Verneinung steht *de* + Substantiv.

**Aufgabe 70*** Individuelle Lösung

Je voudrais présenter le livre *Vendredi ou la vie sauvage*. Michel Tournier, un auteur français, y raconte l'histoire du célèbre Robinson Crusoé.

Après une tempête, il se retrouve seul sur une île. Il doit apprendre à y survivre. Après un certain temps, Vendredi arrive sur l'île. Maintenant, Robinson a du moins un copain.
Le livre me plaît parce que j'aime les aventures et les pays exotiques. J'ai trouvé intéressent de voir comment Robinson et Vendredi, qui viennent de deux cultures très différentes, se débrouillent.
Même si je n'ai pas tout compris, j'ai pu suivre l'histoire. C'est pourquoi je peux recommander ce livre à tous.

Aufgabe 71

a) Pour être un bon conducteur, il faut être **prudent** et conduire **prudemment**.
b) *Savoir* est un verbe **irrégulier**. Il faut le conjuguer **irrégulièrement**.
c) Alice est une **bonne** élève. Elle travaille **bien**.
d) Le TGV roule très **rapidement**. C'est un train **rapide**.
e) La solution du problème est **évidente**. C'est **évidemment** facile à comprendre.
f) Notre voisine est **curieuse**. Elle écoute **curieusement** derrière la porte.

Aufgabe 72

a) **Hier**, M. Bertrand a eu un accident.
b) **Apparemment**, l'autre n'a pas fait attention.
c) **Heureusement**, les deux ne sont pas blessés.
d) **Malheureusement**, la voiture de M. Bertrand ne roule plus.
e) **Bien sûr**, l'autre doit payer.
f) **Demain**, M. Bertrand va avoir une autre voiture.

Aufgabe 73

a) Je suis **assez** content du[1] résultat.
b) À mon avis, il est **complètement** fou.
c) Elle n'est pas **très** gentille avec[2] son fils.
d) Quelquefois, il est **trop** courageux.
e) C'est un cas **extrêmement** rare.
f) En maths, mon copain sait **vraiment** peu de choses.
g) Ma mère comprend **assez** bien l'italien.

**Hinweise:**

1 *être content <u>de</u> qc*
2 *être gentil, le <u>avec</u> qn*

Aufgabe 74

a) Les élèves dorment tranquillement.
b) Le professeur s'énerve difficilement.
c) Il explique calmement les problèmes aux élèves./
Il explique les problèmes calmement aux élèves.
d) Il parle très bien l'anglais.
e) Il s'occupe sérieusement des problèmes de ses élèves.

Aufgabe 75

a) Le boxer s'est défendu **courageusement**.
b) Le bébé a dormi **tranquillement**.
c) Notre prof a **bien** expliqué la grammaire.
d) Pierre et Philippe ont travaillé **ensemble**.
e) J'ai cherché mon chien **désespérément**.
f) Ma mère a **mal** pris son licenciement.
g) Mes copains m'ont invité **gentiment**.
h) Pendant sa maladie, Sophie a **beaucoup** dormi.
i) Nous avons **trop** bu.

Aufgabe 76*

a) Ma grand-mère n'est pas souvent partie en vacances.
b) Elle se sentait bien à la maison.
c) Pour[1] pouvoir s'occuper de[2] ses enfants, elle a renoncé complètement à[3] un autre travail.
d) Grâce à son extraordinaire intelligence, elle a appris facilement plusieurs[4] langues.
e) Ma mère dit qu'elle dansait élégamment.

**Hinweise:**

1 Zu *pour* + Infinitiv (als Ersatz für einen Nebensatz) siehe S. 180.
2 *s'occuper de qc/qn*
3 *renoncer à qc* (Zum Anschluss von Infinitiven an Verben siehe S. 173–176.)
4 *Plusieurs* ist immer unveränderlich, auch wenn es sich auf ein weibliches Substantiv bezieht.

Aufgabe 77

a) J'aime sortir tous les soirs **élégamment**.
b) J'adore **vraiment** le rap français.
c) Je sais me faire des amis **facilement**.
d) Je voudrais faire **rapidement** ta connaissance.

e) Je viens de tomber **passionnément** amoureuse d'un garçon de ma classe.
f) Je sais prendre les problèmes **légèrement**.
g) Je déteste faire le ménage **soigneusement**.
h) Je n'ai pas envie d'expliquer **longuement** ce que je veux.
i) À cause d'un accident de ski, je dois faire de la gymnastique **régulièrement**./
À cause d'un accident de ski, je dois faire **régulièrement** de la gymnastique.

Aufgabe 78* Individuelle Lösung

Je suis complètement fou de football.
J'accepte mal de perdre un match.
J'apprends difficilement les langues.
J'aime bien m'habiller élégamment.
Je sais bien jouer de la guitare.
Malheureusement, je n'ai pas de frères et sœurs.

Aufgabe 79

| | | | Steigerung | |
|---|---|---|---|---|
| **Adjektiv (dt.)** | **Adjektiv (frz.)** | **Adverb** | **Komparativ** | **Superlativ** |
| einfach | simple | simplement | plus simplement | le plus simplement |
| ruhig | calme | calmement | plus calmement | le plus calmement |
| schnell | rapide | rapidement | plus rapidement | le plus rapidement |
| trocken | sec, sèche | sèchement | plus sèchement | le plus sèchement |
| lustig | drôle | drôlement | plus drôlement | le plus drôlement |
| langsam | lent, e | lentement | plus lentement | le plus lentement |
| kalt | froid, e | froidement | plus froidement | le plus froidement |
| schwierig | difficile | difficilement | plus difficilement | le plus difficilement |

| | | | Steigerung | |
|---|---|---|---|---|
| **Adjektiv (dt.)** | **Adjektiv (frz.)** | **Adverb** | **Komparativ** | **Superlativ** |
| *gefährlich* | dangereux, se | *dangereusement* | *plus dangereusement* | *le plus dangereusement* |
| *vorsichtig* | *prudent, e* | prudemment | *plus prudemment* | *le plus prudemment* |
| nett | *gentil, le* | *gentiment* | *plus gentiment* | *le plus gentiment* |
| wirklich | *vrai, e* | *vraiment* | – | – |
| *offensichtlich* | *évident, e* | évidemment | – | – |

Aufgabe 80

1. – Elle regarde **moins souvent** la télé.
2. – Elle fait **moins vite** ses devoirs.
3. + Elle rentre **plus tard** le soir.
4. + Elle se lève **plus tôt** le matin.
5. – Elle prépare **moins régulièrement** les repas.
6. – Elle comprend **moins facilement** la grammaire.
7. – Elle a **moins envie** de danser.
8. + Elle mange **plus**.
9. + Elle travaille **mieux** à l'école.
10. – Elle dort **moins profondément**.

Aufgabe 81

Parle **plus fort**.
Salue **plus gentiment/poliment**.
Écris **plus soigneusement**.
Travaille **plus**.
Marche **plus lentement**.

Rentre **plus tôt** à la maison.
Fais tes devoirs **plus régulièrement**.
Réfléchis **plus souvent**.
Ris **plus souvent**.
Mange **plus sainement**.

Aufgabe 82*

Individuelle Lösung

a) Je vais jouer (je jouerai) le plus longuement possible à mon jeu d'ordinateur préféré.
b) Je vais apprendre (j'apprendrai) le plus vite possible mon vocabulaire.

c) Je vais courir (je courrai) le plus souvent possible autour du lac.
d) Je vais nettoyer (jr nettoierai) le plus soigneusement possible ma bicyclette.
e) Je vais m'habiller (je m'habillerai) le plus bizarrement possible.
f) Je vais faire (je ferai) du skate le plus élégamment possible.

**Aufgabe 83**

a) Simon salue **moins gentiment que** Louis.
b) Simon parle **moins lentement que** Louis.
c) Simon court **aussi vite que** Louis.
d) Simon joue **mieux** de la guitare **que** Louis.
e) Simon va **aussi souvent** en boîte **que** Louis.
f) Simon réfléchit **moins longuement que** Louis.
g) Simon accepte **aussi mal** une mauvaise note **que** Louis.
h) Simon joue **plus élégamment** au tennis **que** Louis.
i) Simon écoute **aussi attentivement que** Louis.
j) Simon rit **plus drôlement que** Louis.

**Aufgabe 84**

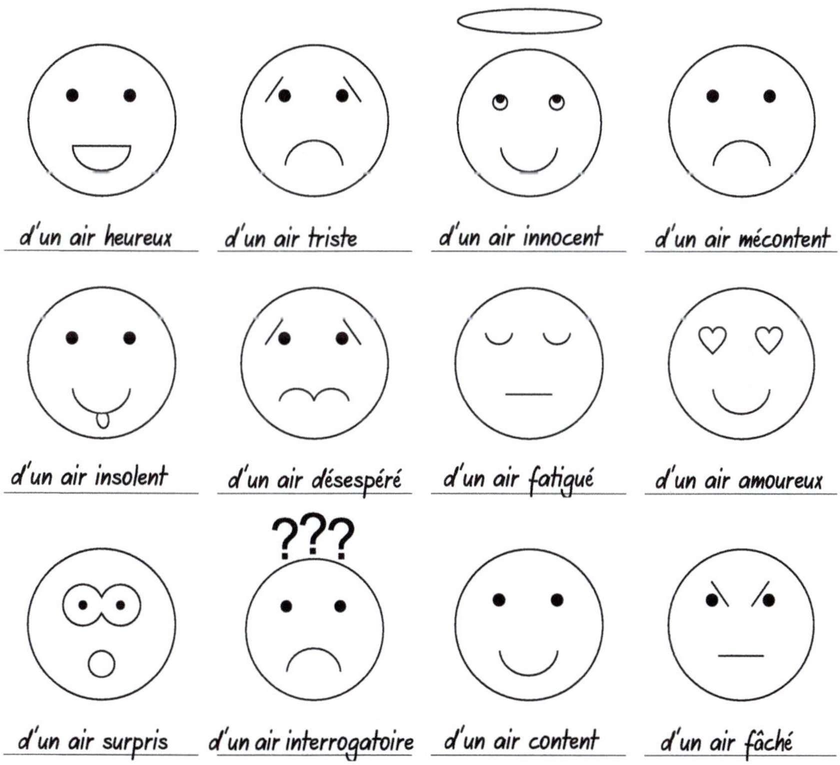

Aufgabe 85

a) Les pompiers répondent **d'un ton énervé** aux questions des journalistes.
b) Françoise et Michelle présentent leur exposé **d'une façon/d'une manière intéressante**.
c) Le chanteur donne des autographes **d'un air ennuyé**.
d) Le champion attaque son adversaire **d'une façon/d'une manière agressive**.

Aufgabe 86*

Individuelle Lösung

a) d'un ton gentil : …, est-ce que je pourrais te parler, s'il te plaît ? Ces derniers temps, tu as fait tes devoirs peu soigneusement. Je sais que parfois, les devoirs ne sont pas très intéressants. Mais tu es un garçon intelligent et ce serait vraiment dommage si tu devais redoubler la classe.
b) d'un ton énervé : Écoute, je t'ai dit déjà mille fois que tu devais faire tes devoirs plus soigneusement ! Quand est-ce que tu vas le comprendre ?
c) d'un ton désespéré : …, je ne sais plus quoi faire. Pourquoi est-ce que tu ne fais pas tes devoirs plus soigneusement ?

Aufgabe 87*

Individuelle Lösung

Ma mère a été au marché. Elle a voulu acheter un gâteau. Au stand pâtisserie, il y avait des gâteaux qui **sentaient** vraiment très **bon**. Ma mère en[1] a choisi un au chocolat et elle a demandé le prix[2]. La vendeuse **a parlé** très **bas**. C'est pourquoi ma mère a compris que le gâteau coûtait 13 €. Quand elle a payé, elle a remarqué que la vendeuse voulait avoir 30 € ! Elle le **vendait** très **cher**. Au stand suivant, ma mère voulait acheter des poissons. Mais ils **sentaient mauvais**. C'est pourquoi, elle ne les a pas achetés[3]. Au troisième stand, une femme âgée **a parlé** si **fort** que ma mère a presque eu mal aux oreilles. De plus, elle a constaté que le vendeur **avait vendu** à cette dame les fraises trop **cher**. Quand un garçon a commencé à[4] **chanter faux**, elle a préféré[5] rentrer. Mangeons donc seulement du gâteau, il a coûté tellement cher…

**Hinweise:**

1 Zu *en* bei Zahlenangaben siehe S. 37.
2 *demander qc à qn*
3 Das *participe passé* muss an das vorausgehende direkte Objekt (hier: *les*) angeglichen werden. Siehe dazu S. 77.
4 *commencer à faire qc* : beginnen, etw. zu tun

*commencer par faire qc* : mit etw. beginnen (in einer Abfolge von Handlungen)

5 *préférer faire qc* (Zum Anschluss von Infinitiven an Verben siehe S. 173–176.)

Aufgabe 88

a) Les chansons qu'ils ont **chantées** sont de Cœur de pirate.
b) La lettre que tu as **écrite** arrivera dans deux jours.
c) Nicole, qui a **acheté** une nouvelle voiture, a eu un accident.
d) Le repas que tu as **préparé** est délicieux.
e) Les photos qu'il m'a **montrées** ne me plaisent pas.
f) Le seul tableau que ce peintre a **créé** se trouve au Louvre.
g) La musique que tu as **écoutée** date des années soixante.
h) L'artiste qui a **annoncé** une tournée en France est tombé malade.

Aufgabe 89*

a) L'**industrie** qui s'est développée au XIX$^{e}$ siècle est une des causes de la **destruction** de la nature.
b) Le changement du **climat** et les **marées noires** qu'on a vues aussi sur les côtes françaises nous incitent à faire quelque chose pour la **protection** de l'**environnement**.
c) Mais quoi faire contre la **pollution** que notre civilisation a provoquée et que nous provoquons toujours ?

Aufgabe 90

a) René **l'**a **réservée**.
b) René **l'**a **confirmée**.
c) Je **l'**ai **payée**.
d) Mes parents **l'**ont **acheté**.
e) Je **les** ai **achetés**.
f) Je **les** ai **réservées**.
g) René **les** a **contrôlés**.
h) René et moi, nous **les** avons **rendus**.
i) Je **l'**ai **donné** à la voisine.
j) René **les** a **arrosées**.
k) René **les** a **louées**.
l) René et moi, nous **les** avons **retirés**.

Aufgabe 91* Il y a peu de temps, j'ai **reçu** une invitation au parc d'attractions que je souhaitais visiter depuis très longtemps. Ma copine Sara me l'a **donnée** pour mon anniversaire. Malheureusement, ma mère m'a **obligée** à[1] emmener ma petite sœur Mia. Le samedi après mon anniversaire[2], nous sommes **arrivées** très tôt devant les portes du parc qu'on a **ouvert/ouvertes** ce jour-là déjà à sept heures du matin[3]. Jusque là, ma petite sœur nous a **accompagnées** sans rien dire. Mais ensuite, elle **a commencé** à nous dire ce qu'elle voulait voir : « Cherchons la princesse que nous avons **vue** sur l'affiche. » Comme par hasard, cette princesse se trouvait près de nous, je l'ai **montrée** à Mia. Ensuite, elle voulait voir le château, jouer au pirate, etc. Sara, par contre, voulait nous montrer un endroit particulier du parc. Elle l'a **découvert** la dernière fois qu'elle y a **été**. Tout à coup, nous avons **été** devant une grande pierre qui représentait une tête de mort. Au moment où[4] je l'ai **vue**, j'ai **su** qu'il ferait peur à Mia et j'ai **demandé** qu'on continue à visiter le parc.

**Hinweise:**

1 *obligatoire :* verpflichtend → *obliger qn à faire qc :* jdn. zu etw. verpflichten
2 Wochentage stehen mit dem Artikel, wenn eine Wiederholung gemeint ist (z. B.: *Le samedi, je vais toujours voir ma grand-mère.*) oder wenn der Wochentag näher bestimmt ist (z. B.: *Nous retournerons le lundi de Pâques*). Andernfalls steht kein Artikel (z. B.: *Vendredi, nous avons écrit un contrôle d'anglais.*).
3 *à sept heures du matin*
4 *le moment où*

Aufgabe 92* Individuelle Lösung

Je lui ai montré la personne en costume d'ours qui était proche de nous et je l'ai animé à approcher cet ours pour lui parler. Mia l'a fait et était très enthousiaste de ce déguisement. J'ai pris une photo de Mia avec l'ours et je l'ai envoyée à ma mère, qui était heureuse et qui m'a remercié beaucoup d'avoir emmené ma sœur.

Aufgabe 93*

| | | | |
|---|---|---|---|
| ☒ laver | ☐ courir | ☐ arriver | ☒ demander |
| ☐ venir | ☒ réveiller | ☒ regarder | ☒ bouger |
| ☒ mettre | ☒ lever | ☐ naître | ☒ contrôler |
| ☒ adresser | ☐ mourir | ☒ acheter | ☒ présenter |

Individuelle Lösung

a) Pendant nos vacances sur le terrain de camping, nous **nous lavons** toujours à l'eau froide. **(objet direct)**
b) Nous **nous demandons** s'il a oublié notre rendez-vous. **(objet indirect)**
c) Mes parents **se réveillent** à cause du bruit que nous faisons. **(objet direct)**
d) Les deux qui sont assis à la table à côté de nous **se regardent** déjà depuis le début de la soirée sans se parler **(objet direct)**.
e) Je **me mets** à la place de ma meilleure copine. **(objet direct)**
f) Quand je rentre de l'école, mon chien **se lève** du sofa et court vers moi. **(objet direct)**
g) Il faut apprendre à **se contrôler**. **(objet direct)**
h) Comme nous ne savons plus où nous sommes, mon père **s'adresse** à un homme qui passe. **(objet direct)**
i) Avec mon prochain argent de poche, je veux **m'acheter** le nouveau jeu vidéo. **(objet indirect)**
j) Dans cette lettre, je **me présente** à ma nouvelle corres française. **(objet direct)**

ufgabe 94*

| | |
|---|---|
| a) Georges a joué avec sa sœur, après, il lui a préparé un repas et enfin, il lui a raconté une histoire. | *Georges s'est occupé de sa sœur.* |
| b) Elle a ri de leur comportement et elle a mal parlé d'eux. | *Il s'est moqué d'eux.* |
| c) Il a cherché un agent de police et il lui a posé une question. | *Il s'est adressé à un agent de police.* |
| d) Julie dormait. Tout à coup, elle a ouvert les yeux. | *Jacques s'est réveillé.* |

| | |
|---|---|
| e) Après le déjeuner, mon frère a repoussé sa chaise et a quitté sa place. | Mon frère s'est levé. |
| f) Marie a couru derrière un arbre. Elle ne voulait pas que quelqu'un la trouve. | Il s'est caché. |
| g) M. Est est allé chez un vendeur de voitures. Deux heures plus tard, il avait une nouvelle voiture. | M. Est s'est acheté une nouvelle voiture. |
| h) Le professeur a perdu son calme et a commencé à crier. | Le professeur s'est énervé. |

Aufgabe 95

s'éloigner — se disputer — ✗ se laver
✗ se demander — se sentir — se balader
se tromper — s'habituer — s'agir
✗ s'écrire — ✗ se compliquer
s'entraîner — s'endormir — ✗ se passer
✗ s'acheter — se cacher
se voir — se montrer — s'amuser — ✗ se dire

Aufgabe 96

a) Claire **s'est réveillée**.
b) Elle **s'est levée**.
c) Elle **s'est lavée**.
d) Elle **s'est brossé** les dents.
e) Elle **s'est habillée**.
f) Elle **s'est mise/assise** à table.
g) Elle **a regardé** sur le calendrier.
h) Elle **s'est couchée**.

Aufgabe 97* À 6h20, la radio **s'est allumée** et je **me suis réveillé**. Mais peu après, je **me suis endormi** de nouveau.

À 6 h 50, ma mère **m'a réveillé**. Je **me suis levé**, je **me suis brossé** les dents, je **me suis lavé** et je **me suis habillé**.
À 7 h 05, j'**ai pris** le petit déjeuner. Malheureusement, j'**ai renversé** le bol de chocolat et ma mère **s'est énervée**. Nous **nous sommes disputés**.
À 7 h 15, je **suis parti**. Comme[1] j'avais froid[2], je **suis retourné** à la maison et j'**ai mis** un manteau plus chaud.
À 7 h 45, je **suis reparti**. Comme[1] j'étais en retard, j'**ai couru**[3] et je **n'ai pas fait** attention à une fille en vélo. Elle **est tombée** et elle **s'est blessée**. Elle **s'est plainte** de douleurs dans la jambe. Je **me suis inquiété**. Nous **sommes allés** chez un médecin. Heureusement, elle **n'a pas eu** de blessures graves. Elle **s'en est réjouie**. Je **me suis excusé** pour l'accident. Après ce choc, nous **nous sommes achetés** des petits pains au chocolat.
À 8 h 40, je **suis arrivé** à l'école. Comme[1] le cours avait déjà commencé, le proviseur **s'est adressé** à moi[4]. Je **me suis défendu**. Il **m'a donné** tout de même une heure de colle.

**Hinweise:**

1 Steht der Kausalsatz vor dem Hauptsatz, musst du *comme* verwenden.
2 *avoir froid/chaud*
3 *avoir couru, avoir marché, avoir nagé, avoir bougé*
4 *Se* + *me* ist nicht möglich, daher muss das indirekte Objekt mit *à* + Personalpronomen wiedergegeben werden (siehe S. 45).

**Aufgabe 98*** Individuelle Lösung

### Fragebogen

a) Wie oft hast du dir heute die Hände gewaschen?
*Aujourd'hui, je me suis lavé les mains trois fois.*

b) Wo habt ihr, deine Freund*innen und du, das letzte Mal Spaß gehabt?
*Nous nous sommes amusés en boîte.*

c) Wann ist deine Schwester am Wochenende ins Bett gegangen?
*Ma sœur s'est couchée à neuf heures.*

d) Hast du schon einmal im Meer gebadet?
*Oui, je m'y[1] suis baigné(e) souvent.*

e) Wie viele Nachrichten habt ihr euch gestern geschrieben?
*Nous nous sommes écrit cinq messages.*

f) Hast du dich als Kind für Autos interessiert?
*Non, je ne m'y[1] suis pas intéressé(e). Je préférais les ours en peluche.*

g) Hast du dich in den letzten Tagen um deine Hausaufgaben gekümmert?
*Oui, ces derniers jours, je m'en[1] suis occupé(e).*

h) Hat sich deine Klasse auf der letzten Schulfahrt wohlgefühlt?
*Oui, elle s'y[1] est sentie très bien.*

i) Wie oft hat dein Sportverein im vergangenen Monat trainiert?
*Mon association sportive s'est entraînée cinq fois.*

j) Hast du dich schnell an das Französische gewöhnt?
*Non, je ne m'y[1] suis pas habitué(e) très vite.*

k) Wie oft hat sich deine Familie in der letzten Woche gestritten?
*Elle s'est disputée trois ou quatre fois.*

l) Hat sich gestern jemand über dich lustig gemacht?
*Oui, mon frère s'est moqué de moi parce que je suis tombé(e) dans l'escalier[3].*

m) Hat sich im letzten Jahr jemand aus der Klasse das Leben selbst schwer gemacht?
*Marie et Céline se sont compliquées la vie : elles ont toujours provoqué la prof.*

n) Was hast du dich in der letzten Zeit am häufigsten gefragt?
*Je me suis demandé(e) si je réussirais au contrôle de français.[4]*

o) Wo hat sich im vergangenen Schuljahr dein Sitzplatz befunden?
*Ma place s'est trouvée près de la porte.*

**Hinweise:**

1 Treffen ein Reflexivpronomen und ein Adverbialpronomen (*y* oder *en*) aufeinander, so steht das Adverbialpronomen stets hinter dem Reflexivpronomen.

2 Markennamen von Autos sind im Französischen immer weiblich.

3 auf der Treppe: *dans l'escalier*

4 Zur indirekten Frage siehe S. 164–166.

**Aufgabe 99***

1 neu einsetzende Handlung, die abgeschlossen ist
2 neu einsetzende Handlung (1970, nach der Niederlassung von Airbus)
3 neu einsetzende Handlung (nach der Niederlassung von Airbus)
4 neu einsetzende Handlung (nach dem Bau des Airbus), die abgeschlossen ist

5 Beschreibung (er konnte vor und nach der Namensgebung so viele Passagiere transportieren)
6 neu einsetzende Handlung (nach dem Bau des ersten Airbus)
7 Beschreibung (Die Rechtfertigung liegt immer noch vor.)
8 Beschreibung (Der Platz war schon vorhanden und ist es immer noch.)
9 Beschreibung (Das System war einfach und ist es immer noch.)
10 neu einsetzende Handlung, die abgeschlossen ist
11 neu einsetzende Handlung, die abgeschlossen ist
12 Beschreibung (Die Flugzeuge heißen immer noch so.)
13 Beschreibung (Man wollte schon, bevor man gehandelt hat.)
14 Beschreibung (Man plante schon, bevor man es umsetzte.)
15 neu einsetzende Handlung, die abgeschlossen ist
16 Beschreibung (Der Name ließ schon zuvor daran denken und tut es immer noch.)
17 neu einsetzende Handlung, die abgeschlossen ist
18 neu einsetzende Handlung (nach der Ablehnung), die abgeschlossen ist
19 Beschreibung (Der Name ließ schon zuvor daran denken und tut es immer noch.)
20 Beschreibung (Die 8 visualisierte die Fenster schon vorher und tut es immer noch.)
21 Beschreibung (In China und Japan war man schon vorher dieser Ansicht und ist es immer noch.)
22 Beschreibung
23 Beschreibung (Sie hofften schon vorher.)
24 neu einsetzende Handlung, die abgeschlossen ist
25 neu einsetzende Handlung (Probleme traten erst in der Folge auf.)
26 neu einsetzende Handlung (nach dem Auftreten der Probleme)
27 Beschreibung (Die Probleme gab es schon vor der Veröffentlichung.)
28 neu einsetzende Handlung (beim Verkünden der Lieferverzögerungen)
29 Beschreibung (Nicht erst ab der Veröffentlichung musste mit Verlusten gerechnet werden.)
30 neu einsetzende Handlung (nach der Veröffentlichung.)
31 neu einsetzende Handlung, die abgeschlossen ist (nach der Veröffentl.)
32 neu einsetzende Handlung, die abgeschlossen ist (nach der Veröffentl.)

**fgabe 100*** Individuelle Lösung

Toulouse est le centre européen de l'Aéronautique et de l'Espace. La compagnie Airbus y a aussi des usines.

Les noms des premiers avions d'airbus ont suivi un système simple. On prenait le chiffre du dernier avion et on ajoutait dix.

L'A 380 est pour le moment le plus grand avion d'Airbus. En 2006, on a rencontré des problèmes pour lesquels on a cherché des solutions.

Le chiffre 8 qui se trouve dans le nom A 380 veut nous dire quelque chose. Le 8 rappelle les deux rangées de hublots de l'avion. De plus, le 8 est un porte-bonheur pour les passagers qui viennent de la Chine ou du Japon.

Aufgabe 101* « Tu sais, pour mon anniversaire, mon père m'**a offert** un billet pour[1] aller voir un match de rugby. Et aujourd'hui, c'**était** le grand jour : je **suis allé** au stade. Tu peux t'imaginer que j'**étais** très nerveux avant le match. Mon équipe, celle de Toulouse, **rencontrait** celle de Narbonne. Les Toulousains **avaient** l'avantage d'avoir gagné les trois derniers matchs. Les Narbonnais, par contre, **ont subi** une grande défaite à domicile le week-end dernier. C'est pourquoi ils **manquaient** un peu de confiance en[2] eux, mais ils **avaient** la volonté de gagner ce match.

Comme d'habitude, les joueurs toulousains **portaient** des tricots rouges et noirs. Tu te rappelles[3] le jour où[4] nous **nous sommes vus** la première fois ? Ce jour-là, je t'**ai montré** une photo de mon chien. Il **était en train** de déchirer mon tricot de supporter.

Mais je **voulais** te parler du match. À la 6ᵉ minute, un joueur des Narbonnais **a marqué** le premier essai. J'**ai été** très triste. Dans le rugby, un essai est une sorte de but que tu connais du foot. C'est comme cela qu'une équipe peut marquer des points. Pendant les minutes qui **ont suivi**, les Toulousains **étaient** paralysés. Les Narbonnais, par contre, **avaient** de nombreuses occasions. À la 26ᵉ minute, un joueur narbonnais **a dû** quitter le terrain en raison d'une blessure. L'entraîneur l'**a remplacé** par un jeune joueur que je **ne connaissais pas**. Après le match, j'**ai appris** que c'était la première fois qu'il **jouait** en première division. Trois minutes après le remplacement, l'équipe de Narbonne **s'est laissée** surprendre. À partir de ce moment-là, le match **a tourné** à l'avantage des Toulousains. Ils **ont résisté** un peu mieux en mêlée. Juste avant la mi-temps, notre star **a encaissé** une pénalité et **a remis** les deux formations à égalité. En seconde mi-temps, les Toulousains **étaient** l'équipe prédominante. Ils **profitaient** de la moindre erreur de leurs adversaires. À la 73ᵉ minute, un joueur narbonnais **a donné** l'occasion aux Toulousains d'assurer leur victoire. Plaqué par son adversaire, il **a perdu** le ballon. À la dernière minute de la rencontre, un joueur narbonnais **a tenté** une ultime pénalité, mais il l'**a manquée**.

Après le match, les Narbonnais **étaient** très déçus. Mais nous, les supporters de l'équipe toulousaine, on **a fêté**. »

**Hinweise:**

1 Zu *pour* + Infinitiv (als Ersatz für einen Nebensatz) siehe S. 180.
2 *avoir/manquer confiance en qn*
3 *se rappeler qc ;* aber: *se souvenir de qc*
4 *le jour où*

**Aufgabe 102***

a) Lucien a regardé
- ☐ un match de foot au stade.
- ☒ un match de rugby au stade.
- ☐ un match de rugby à la télévision.

b) Le résultat du dernier match :
- ☐ Toulouse et Narbonne ont gagné.
- ☐ Toulouse et Narbonne ont perdu.
- ☒ Toulouse a gagné et Narbonne a perdu.

c) Pourquoi est-ce que Lucien parle de son chien ?
- ☐ Parce que le porte-bonheur de l'équipe de Toulouse est aussi un chien.
- ☒ Pour rappeler à son copain qu'il connaît le tricot des Toulousains.
- ☐ Parce que son chien l'a mordu le jour même.

d) Un « essai » est
- ☐ une attaque contre un joueur de l'équipe adversaire.
- ☐ une partie des tricots.
- ☒ une possibilité de faire des points.

e) Au début du match,
- ☐ l'équipe de Toulouse a mieux[1] joué que les Narbonnais.
- ☒ l'équipe de Narbonne a mieux[1] joué que les Toulousains.
- ☐ le niveau des deux équipes était le même.

f) En première mi-temps
- ☒ un joueur narbonnais n'a plus été capable de continuer le match.
- ☐ un joueur toulousain a été blessé.
- ☐ un jeune joueur s'est disputé avec l'entraîneur.

g) Qui a gagné le match ?
- [X] L'équipe de Toulouse.
- [ ] L'équipe de Narbonne.
- [ ] Aucune des deux équipes. Ils ont eu le même nombre de points.

**Hinweis:**

1 *Mieux* ist der Komparativ zum Adverb *bien (bien, mieux, le mieux)*. (Zu den unregelmäßigen Adverbien siehe S. 70.)

Aufgabe 103

| | | | |
|---|---|---|---|
| a) | **ich habe genommen** | j'ai pris | **j'avais pris** |
| b) | **er trank** | il buvait | **il avait bu** |
| c) | **du lebst** | tu vis | **tu avais vécu** |
| d) | **wir essen** | nous mangeons | **nous avions mangé** |
| e) | **ihr saht** | vous voyiez | **vous aviez vu** |
| f) | **du hebst hoch** | tu lèves | **tu avais levé** |
| g) | **sie sterben** | ils meurent | **ils étaient morts** |
| h) | **sie wird öffnen** | elle va ouvrir | **elle avait ouvert/ elle était allée ouvrir** |
| i) | **wir liefen** | nous courions | **nous avions couru** |
| j) | **es regnete** | il pleuvait | **il avait plu** |
| k) | **ihr verbietet** | vous interdisez | **vous aviez interdit** |
| l) | **wir schlafen** | nous dormons | **nous avions dormi** |
| m) | **sie sind** | ils sont | **ils avaient été** |

Aufgabe 104

**Molière**

Molière **avait invité** beaucoup d'amis. Comme il était très fatigué, il **était allé** au lit très tôt. Quelques heures plus tard, un domestique **était venu** dans sa chambre et l'**avait réveillé**. Les invités **avaient beaucoup bu** et ils **avaient commencé** à discuter. Ils **avaient parlé** du sens de la vie. Et comme ils **avaient trop bu**, ils **avaient dit** que la vie n'avait plus de sens. Ils **étaient allés** à la rivière. Molière **s'était levé** et y **avait couru**. Heureusement, il **avait pu** convaincre ses invités qu'il ne fallait pas se suicider.

**Alexandre Dumas**

Alexandre Dumas le Grand **avait trouvé** la matière pour son roman *Le Comte de Monte Cristo* dans les archives de la police. On **avait accusé** un homme d'être un agent anglais et l'on **avait mis** en prison. Il y **avait vécu** pendant sept années. Après, il en **était sorti** et **avait pris** possession d'un trésor dont le propriétaire **avait été** un prêtre décédé. L'homme **avait tué** alors trois personnes pour se venger des années qu'il **avait passé** en prison. Finalement, on l'**avait aussi tué**.

ufgabe 105 a) Le matin, le réveil que Marc **avait acheté** la veille **n'avait pas sonné**.
b) Au petit déjeuner, les œufs qu'il **avait mangés** n'étaient pas assez durs pour lui.
c) La tasse à café qu'il **avait prise s'était cassée**.
d) Quand il **avait voulu** partir avec sa voiture, elle **n'avait pas bougé**[1].
e) Le taxi qu'il **avait appelé** n'**était venu** que[2] trois heures plus tard.
f) Au travail, les projets que lui et ses collègues **avaient fait** avaient disparus.
g) Il **avait dû** se défendre auprès de son chef, mais celui-ci **n'avait pas écouté**.
h) Avant de[3] rentrer chez lui, il **avait trouvé** une lettre sur son bureau : son chef l'**avait licencié**.
i) Le soir, il **avait reçu** un message de sa femme avec qui[4] il **s'était marié** l'été dernier.

**Hinweise:**

1 *avoir bougé*
2 *Ne … que* ist keine Verneinung, sondern bedeutet ‚nur'.
3 Zu *avant de* + Infinitiv (als Ersatz für einen Nebensatz) siehe S. 177.
4 Zu Relativsätzen, die mit Präpositionen oder präpositionalen Ergänzungen eingeleitet werden, siehe S. 27–30.

fgabe 106* (A+G) Le garçon est arrivé au sommet. Avant, il avait grimpé la montagne/ la colline à vélo.
(B+J) La jeune fille a cherché son portemonnaie. Avant, un homme lui avait volé le portemonnaie.
(C+K) Des journalistes ont découvert des déchets dans la forêt. Avant, quelqu'un y avait jeté les déchets.
(D+I) La famille est partie en vacances. Avant, ils avaient fait les valises.
(E+F) La jeune fille a fait un grand voyage. Avant, elle avait passé le bac.
(H+L) Il y a eu un embouteillage. Avant, il y avait eu un accident.

Aufgabe 107*

| | copine | copain | famille | parents | seul | 3 jours | 5 jours | 1 semaine | 2 semaines | 3 semaines | Paris | Chamonix | Corse | Nice | Bruxelles |
|---|---|---|---|---|---|---|---|---|---|---|---|---|---|---|---|
| Jean | – | + | – | – | – | – | – | – | + | – | – | – | – | + | – |
| Cécile | – | – | – | + | – | – | + | – | – | – | – | – | + | – | – |
| Nicolas | – | – | + | – | – | + | – | – | – | – | + | – | – | – | – |
| Yvonne | – | – | – | – | + | – | – | – | – | + | – | – | – | – | + |
| Louis | + | – | – | – | – | – | – | + | – | – | – | + | – | – | – |
| Paris | – | – | + | – | – | + | – | – | – | – | | | | | |
| Chamonix | + | – | – | – | – | – | – | + | – | – | | | | | |
| Corse | – | – | – | + | – | – | + | – | – | – | | | | | |
| Nice | – | + | – | – | – | – | – | – | + | – | | | | | |
| Bruxelles | – | – | – | – | + | – | – | – | – | + | | | | | |
| 3 jours | – | – | + | – | – | | | | | | | | | | |
| 5 jours | – | – | – | + | – | | | | | | | | | | |
| 1 semaine | + | – | – | – | – | | | | | | | | | | |
| 2 semaines | – | + | – | – | – | | | | | | | | | | |
| 3 semaines | – | – | – | – | + | | | | | | | | | | |

Vacances

Aufgabe 108

demanderont
tombera
dormais
finissons
travail
penserez
travailleras
partir
invitera
portons
tournerai
choisiront
rencontrerons
quitterai
changeait
aidaient
bougeons
ouvrions
monterez
fêterons

ufgabe 109 **Claire** : Allô ?

**Nicole** : Allô Claire, c'est Nicole. Dans deux jours, mes parents **iront** à l'opéra et **rentreront** tard dans la nuit. Ils **verront** une représentation d'*Aïda*, ça **durera** longtemps.

**Claire** : Ah bon ? Comment en **profiteras**-tu ?

**Nicole** : Ma sœur et moi, nous **inviterons** tous nos copains et copines.

**Claire** : Génial ! Quand est-ce que votre fête **commencera** ?

**Nicole** : La plupart de nos copains et copines **arriveront/arrivera** vers 20 heures. Je vous **donnerai** à manger et à boire. Tu **prépareras** une salade ?

**Claire** : Pas de problème. Et j'**apporterai** aussi une mousse au chocolat. Vous **offrirez** aussi des boissons alcoolisées ?

**Nicole** : Mais non, mes parents n'y **consentiront** pas. Mais Christian **jouera** de la guitare électrique. Après, nous nous **sentirons** mal et nous **souffrirons** d'un mal de tête affreux.

**Claire** : Tu es méchante.

**Nicole** : Mais non, en fait, je l'aime bien. Tu **dormiras** chez moi ?

**Claire** : Volontiers. Merci beaucoup. À vendredi donc.

ufgabe 110

a) Il **se lèvera** à neuf heures.
b) Il **prendra** une tasse de café dans un bar.
c) Il **appellera** son copain.
d) Il **achètera** de nouveaux rollers.
e) Il **fera** la cuisine.
f) Il **écrira** un message à sa copine.
g) Il **boira** un thé avec elle.
h) Il **enverra** un e-mail à son prof.
i) Il **ira** au cinéma.
j) Il **lira** un roman.

ufgabe 111* Sätze: individuelle Lösung

a) nous allons être **nous serons**
En août, nous serons en Espagne.
b) elle va avoir **elle aura**
Elle aura sûrement plus de chance que moi.
c) tu vas faire **tu feras**
Est-ce que tu feras du ski pendant les vacances d'hiver ?

d) elle va savoir **elle saura**
Après avoir téléphoné à sa mère, elle en saura plus.

e) ils vont aller **ils iront**
Demain, ils iront dans un restaurant très chic.

f) vous allez venir **vous viendrez**
Vous viendrez nous chercher à la gare ?

g) vous allez pouvoir **vous pourrez**
Sur la Côte d'Azur, vous pourrez faire beaucoup de sports nautiques.

h) tu vas envoyer **tu enverras**
Est-ce que tu m'enverras une carte postale ?

i) elles vont tenir **elles tiendront**
Elles tiendront leurs sacs à main dans la main gauche, comme d'habitude.

j) je vais mourir **je mourrai**
Je mourrai de faim s'ils ne nous servent pas tout de suite.

k) nous allons recevoir **nous recevrons**
Nous recevrons nos bulletins la semaine prochaine.

l) tu vas voir **tu verras**
Il est plus beau que jamais. Mais bon, tu verras.

m) nous allons devoir **nous devrons**
Nous devrons trouver une excuse pour ne pas avoir fait nos devoirs.

n) elles vont vouloir **elles voudront**
Elles voudront sûrement aller au ciné.

Aufgabe 112* Individuelle Lösung

Bonsoir mesdames et messieurs. À Berlin, en Allemagne, il y aura des éclaircies. À Londres, en Angleterre (en Grande-Bretagne), il pleuvra. À Paris, en France, il y aura un orage. À Lisbonne, au Portugal, le soleil brillera. À Rome, en Italie, les températures monteront jusqu'à trente degrés. À Vienne, en Autriche, il fera du vent. À Varsovie, en Pologne, il grêlera. À Moscou, en Russie, il neigera. À Stockholm, en Suède, les températures tomberont à moins dix degrés.

Aufgabe 113*

« Ne t'inquiète pas[1], maman. L'année prochaine, je **passerai** mon examen. J'**aurai** une bonne note. Un patron m'**offrira** un emploi bien payé et je **gagnerai** beaucoup d'argent. Je **mettrai** des vêtements élégants et j'**achèterai** un grand appartement. Je **conduirai** une belle voiture et je **ferai** la fête avec beaucoup de copains et copines. »

« Mon fils réussit à l'université. En juin prochain, il finira déjà ses études. Il obtiendra les meilleures[2] notes. C'est pourquoi il trouvera facilement un emploi bien payé et il gagnera tout de suite beaucoup d'argent. Il s'habillera (se vêtira) élégamment et habitera dans une grande villa. Il s'achètera une grande voiture et on l'invitera à beaucoup de fêtes. Je serai très fière de lui. »

**Hinweise:**

1 Beim verneinten Imperativ ist die Stellung der Pronomen wie im Aussagesatz.

2 *Le meilleur* ist der Superlativ zum Adjektiv *bon (bon, meilleur, le meilleur)*.

Aufgabe 114*

**Bélier (21 mars – 20 avril) :** Vous **rencontrerez** une personne mystérieuse qui **mettra** fin à votre vie de célibataire.

**Taureau (21 avril – 20 mai) :** Votre patron vous **offrira** une augmentation de salaire dont[1] vos collègues **seront** jaloux.

**Gémeaux (21 mai – 21 juin) :** Vous **reprendrez** le travail après une longue maladie. On vous **aimera** plus qu'avant.

**Cancer (22 juin – 22 juillet) :** Après un mois de dur travail, vous **vous reposerez** et vous **vous occuperez** plus de[2] votre famille.

**Lion (23 juillet – 23 août) :** Vous **ferez** un voyage autour du monde et vous **trouverez** beaucoup de nouveaux amis.

**Vierge (24 août – 23 septembre) :** Vous **éclaircirez** un malentendu avec votre partenaire. Cela vous **aidera** à[3] moins vous disputer.

Individuelle Lösung

**Balance (24 septembre – 23 octobre) :** Vous **ferez** des rencontres importantes qui vous **aideront** à[3] faire carrière.

**Scorpion (24 octobre – 22 novembre) :** Vous **rencontrerez** un nouvel amour. Mais la relation **sera** brève.

**Sagittaire (23 novembre – 21 décembre) :** Au loto, vous **gagnerez** beaucoup d'argent. Malheureusement, beaucoup d'amis vous **envieront**.

**Capricorne (22 décembre – 20 janvier) :** Vous **vivrez** un moment difficile parce qu'une personne proche **mourra**.

**Verseau (21 janvier – 19 février) :** Vous **vous engagerez** pour un projet qui **aura** beaucoup de succès. Vous **penserez** même abandonner[4] votre poste de travail.

**Poissons (20 février – 20 mars) :** Vous **risquerez** de[5] perdre votre bonne humeur. Mais vous **saurez** faire le bon choix.

**Hinweise:**

1 Zu dem Relativpronomen *dont* siehe S. 18–26.
2 *s'occuper de qc/qn*
3 *aider à faire qc*
(Zum Anschluss von Infinitiven an Verben siehe S. 173–176.)
4 *penser faire qc :* etw. beabsichtigen
*penser à faire qc :* daran denken, etw. zu tun (nicht vergessen)
5 *risquer de faire qc*
(Zum Anschluss von Infinitiven an Verben siehe S. 173–176.)

Aufgabe 115* Individuelle Lösung

Mon copain passera deux semaines à la montagne. La première semaine, il y fera un cours d'escalade. La deuxième semaine, il participera avec des amis à[1] un tour de rafting. Ils passeront les nuits sous la tente[2].

Mon copain prendra l'avion pour aller aux Antilles. Il y restera trois semaines. Après, il saura sûrement faire de la voile. Il bronzera à la plage et il se baignera. À l'hôtel, il fera probablement la connaissance de beaucoup de gens.

Mon copain passera quelques jours à Rome. Il visitera les sites les plus importants de l'époque romaine. Il assistera aussi à[3] une audience du Pape au Vatican. De plus, il apprendra à[4] parler un peu italien.

Mon copain restera chez lui. Il jouera au foot[5] et il ira souvent à la piscine. Les soirs, il invitera des amis à[6] regarder des films ou à[6] jouer aux cartes[5]. Fin d'août, il rendra visite à ses grands-parents.

Pendant les vacances d'été, la famille de mon copain ira en Israël. Ils loueront une voiture et passeront quelques jours dans le désert. Pendant la nuit, ils auront sûrement froid[7], mais pendant la journée, ils devront boire beaucoup. Mon copain fera sûrement des expériences intéressantes.

**Hinweise:**

1 *participer à qc*
2 *sous la tente :* im Zelt

3 *assister à qc*
4 *apprendre à faire qc*
(Zum Anschluss von Infinitiven an Verben siehe S. 173–176.)
5 *jouer à qc* (bei Sport oder Spielen)
*jouer de qc* (bei einem Instrument) (z. B. *jouer de la guitare*)
6 *inviter qn à faire qc*
(Zum Anschluss von Infinitiven an Verben siehe S. 173–176.)
7 *avoir froid, avoir chaud*

Aufgabe 116

| **infinitif** | | **conditionnel I** | |
|---|---|---|---|
| verstehen | comprendre | ils | comprendraient |
| korrigieren | corriger | tu | corrigerais |
| lesen | lire | elle | lirait |
| buchstabieren | épeler | vous | épelleriez |
| schreiben | écrire | nous | écririons |
| sprechen | parler | je | parlerais |
| kritisieren | critiquer | il | critiquerait |

Aufgabe 117

futur simple

tu verras
vous pourrez
elles sauront
nous nous lèverons
il aura
j'enverrai
il mourra

conditionnel I

ils tiendraient
elle jetterait
il recevrait
tu voudrais
je courrais
il faudrait
vous iriez
nous serions
vous achèteriez

**Aufgabe 118** Individuelle Lösung

a) **J'aimerais** regarder un film français.
b) **Je préférerais**[1] parler uniquement français.
c) **Je pourrais** faire une excursion.
d) **Je voudrais** participer à[2] tous les cours à l'école.
e) **J'aimerais mieux** manger dans un restaurant.

**Hinweise:**

1 *préférer faire qc*
(Zum Anschluss von Infinitiven an Verben siehe S. 173–176.)

2 *participer à qc*

**Aufgabe 119***

| **Carole** | **le père** | **la mère** |
|---|---|---|
| Tournoi de Roland Garros, Canal +, 20.00 h | Grand Prix du Japon, France 3, 20.50 h | Œuvres de Mozart, France 3, 22.30 h |
| **Thierry** | **la grand-mère** | **Vincent** |
| Le commissaire Rimon, Arte, 20.15 h | Les mystères de la Bible, France 2, 20.50 h | Roswell, les aliens…, Canal +, 22.30 h |

Je voudrais absolument regarder le tournoi de tennis à 20.00 h sur Canal +. J'adore le tennis !

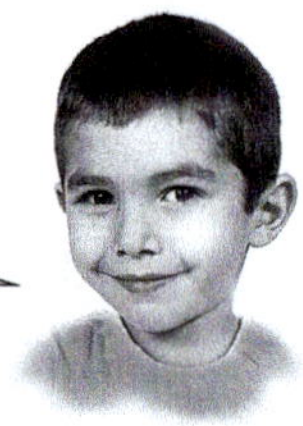

Mais moi, j'aimerais voir le dessin animé à 20.15 h sur Arte.

Moi, je m'intéresserais plutôt au concert de Mozart à 22.30 h sur France 3.

Vincent, on regarderait bien le reportage sur le Grand Prix du Japon à 20.50 h sur France 3 ?

Ah non ! Je me déciderais pour le film de science fiction à 22.30 h sur Canal +.

Et moi, je choisirais le film *Les mystères de la Bible* à 20.50 h sur France 2.

ufgabe 120

| conditionnel I | conditionnel II |
|---|---|
| tu serais | tu aurais été |
| il aurait | il aurait eu |
| je ferais | j'aurais fait |
| nous irions | nous serions allé(e)s |
| elle achèterait | elle aurait acheté |
| tu partirais | tu serais parti(e) |
| ils prendraient | ils auraient pris |
| vous viendriez | vous seriez venu(e)s |
| il choisirait | il aurait choisi |

ufgabe 121

a) Nous **n'aurions pas fait** de bêtises.
b) Je **ne serais jamais rentrée** trop tard.
c) Je **n'aurais pas menti** à ma mère.
d) Tu **n'aurais pas dû** faire cela.
e) Je **n'aurais pas bu** d'alcool.
f) Mes parents m'**auraient interdit** cela.
g) J'**aurais respecté** mes parents.
h) Je **ne serais pas sortie** avec un mec pareil.
i) On **aurait pu** prévoir ce malheur.

Aufgabe 122 **Sylvie**: Yannick, à ta place, je **n'aurais pas oublié** notre anniversaire de mariage ! J'**aurais invité** ma femme au[1] restaurant. Le matin[2], je **lui aurais offert** des fleurs. J'**aurais chanté** une chanson d'amour. Je **lui aurais aussi écrit** un beau poème. Je **lui aurais acheté** du parfum. L'après-midi[2], nous **aurions fait** une excursion. Le soir[2], nous **serions allés** au théâtre ou au cinéma.

**Yannick** : Mais chérie ! Le mariage, c'était le 30 août, n'est-ce pas ? Attends encore un peu !

**Hinweise:**

1 *inviter qn à (faire) qc*

2 morgens/nachmittags/abends: *le matin/l'après-midi/le soir*

Aufgabe 123* Individuelle Lösung

a) Moi, je serais rentré(e) à la maison et j'aurais demandé à ma mère de[1] me conduire avec sa voiture à l'école.

b) J'aurais demandé à cette fille si[2] mon copain était toujours son petit ami. Si[2] elle m'avait répondu « non », je serais allé avec elle au cinéma, si[2] elle m'avait répondu « oui », j'aurais refusé.

c) Je passerais les vacances avec mes copains parce que ce serait plus amusant que de faire un cours de langue.

**Hinweise:**

1 *demander à qn de faire qc ; demander à qn si*

2 Zu den Konditionalsätzen siehe S. 139–141.

Aufgabe 124*

| | |
|---|---|
| 1 | arriver à la gare |
| 8 | escalader des rochers gigantesques |
| 7 | manger des poissons et des langoustes dans un port de pêche |
| 9 | repartir en Allemagne en train |
| 2 | faire du bateau |
| 3 | regarder les alignements de mégalithes |
| 6 | se baigner et bronzer sur la plage |
| 4 | se trouver à un point extrême de la France, à la « fin de la terre » |
| 5 | visiter un enclos paroissial célèbre |

1 D'abord, nous **serions arrivés** à la gare de Nantes.
2 Nous **aurions fait du bateau** sur le golfe du Morbihan.
3 On **aurait regardé les alignements de mégalithes** à Carnac.
4 À la Pointe du Raz, on **se serait trouvé à un point extrême de la France, à la « fin de la terre »**.
5 À Pleyben, on **aurait visité un enclos paroissial célèbre**.
6 Nous **nous serions baignés et aurions bronzés sur la plage**.
7 On **aurait mangé des poissons et des langoustes dans un port de pêche**.
8 Sur la Côte de granit rose, nous **aurions escaladé des rochers gigantesques**.
9 À la fin, après trois semaines en vélo, on **serait repartis en Allemagne avec le train**.

**ufgabe 125*** Individuelle Lösung

a) Pour regarder la finale de la coupe du monde, ma copine anglaise est allée dans une pizzeria. Bien sûr, il y avait surtout des Italiens qui voulaient que leur équipe gagne.
b) Le copain de Samuel voulait absolument montrer sa nouvelle bicyclette à ses amis. Mais le ciel était noir et un orage s'annonçait.
c) Vous avez oublié que nous voulions faire une grande fête? L'autre jour, vous avez déjà oublié l'invitation au restaurant. Vous ne pensez qu'à travailler et le reste ne vous intéresse pas.
d) Pendant les dernières vacances sur le terrain de camping, le petit Guy avait vu son père faire du feu. Maintenant, il voulait faire du feu sur la terrasse. Il y est arrivé mais malheureusement, il y avait beaucoup de vent. Un arbre juste à côté de la maison a pris feu. Heureusement, Larisse, sa sœur aînée, est venue et a pu éteindre le feu.

**ufgabe 126**

| deutscher Infinitiv | Infinitiv | 3. Pers. Pl. Indikativ | subjonctif |
|---|---|---|---|
| **suchen** | chercher | ils/elles **cherchent** | que je **cherche** |
| **legen, setzen, stellen** | mettre | ils/elles **mettent** | que nous **mettions** |
| **gelingen, schaffen** | réussir | ils/elles **réussissent** | que vous **réussissiez** |
| **lieben** | aimer | ils/elles **aiment** | que tu **aimes** |

| deutscher Infinitiv | Infinitiv | 3. Pers. Pl. Indikativ | subjonctif |
|---|---|---|---|
| **fürchten** | craindre | ils/elles **craignent** | qu'ils **craignent** |
| **fühlen, riechen** | sentir | ils/elles **sentent** | qu'elle **sente** |
| **essen** | manger | ils/elles **mangent** | que je **mange** |
| **warten** | attendre | ils/elles **attendent** | que nous **attendions** |
| **schlafen** | dormir | ils/elles **dorment** | qu'il **dorme** |
| **schreien** | crier | ils/elles **crient** | que vous **criiez** |
| **verkaufen** | vendre | ils/elles **vendent** | qu'elles **vendent** |
| **laufen** | courir | ils/elles **courent** | que nous **courions** |
| **verbieten** | interdire | ils/elles **interdisent** | qu'ils **interdisent** |
| **leben** | vivre | ils/elles **vivent** | qu'il **vive** |

Aufgabe 127

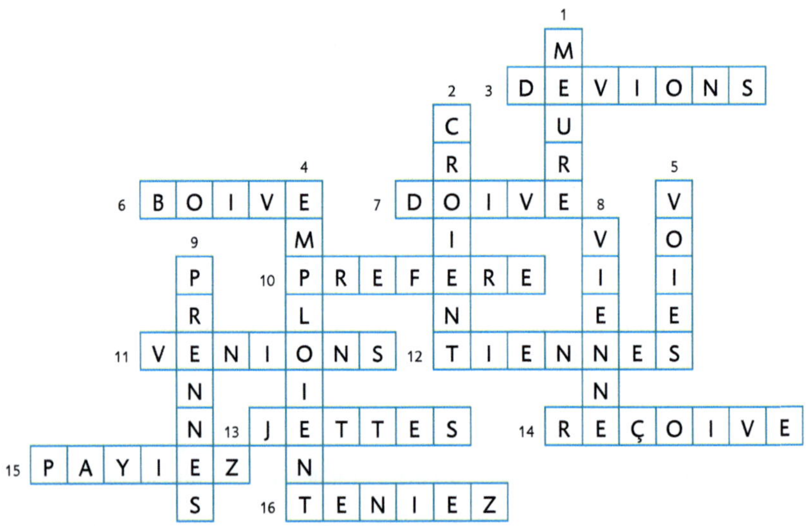


| | | | | | |
|---|---|---|---|---|---|
| 1 | er stirbt | **il meurt** | 9 | du nimmst | **tu prends** |
| 2 | sie glauben | **ils croient** | 10 | er bevorzugt | **il préfère** |
| 3 | wir müssen | **nous devons** | 11 | wir kommen | **nous venons** |
| 4 | sie verwenden | **ils emploient** | 12 | du hältst | **tu tiens** |

| | | |
|---|---|---|
| 5 | du siehst | **tu vois** |
| 6 | ich trinke | **je bois** |
| 7 | er muss | **il doit** |
| 8 | er kommt | **il vient** |
| 13 | du wirfst | **tu jettes** |
| 14 | er bekommt | **il reçoit** |
| 15 | ihr bezahlt | **vous payez** |
| 16 | ihr haltet | **vous tenez** |

Aufgabe 128

| | |
|---|---|
| qu'elle puisse | aller |
| qu'ils sachent | avoir |
| qu'il ait | être |
| que tu veuilles | faire |
| que tu sois | pouvoir |
| qu'ils aillent | savoir |
| que nous fassions | vouloir |

Aufgabe 129

Je veux

… que mes parents **aient** plus de patience.

… que mon chien **vive** encore longtemps.

… que ma petite sœur m'**énerve** moins.

… que mes profs me **donnent** de meilleures notes.

… que les contrôles **soient** moins difficiles.

… que mon équipe **gagne** le prochain match.

… que je **puisse** faire un cours de snowboard en hiver.

Aufgabe 130

a) Je veux que vous **disiez** la vérité.
b) Ma mère demande que je **fasse** du baby-sitting toute la semaine.
c) J'avais proposé que vous **achetiez** trois tickets à la fois.
d) Désirez-vous que nous **partions** ?
e) J'aimerais mieux que tu **n'ailles pas** au concert de techno.

f) Les pompiers craignaient que les curieux **gênent** les travaux.
g) Mes parents préfèrent que je **ne rentre pas** trop tard.
h) Il est nécessaire que nous **protégions** mieux notre environnement.
i) Le médecin aimerait que nous **arrêtions** de fumer.

Aufgabe 131*

1. Il faut que vous **payiez d'avance**.
2. Il est nécessaire que vous **jetiez les ordures dans les poubelles réservées à cet effet**.
3. Le gérant veut que tous **évitent de faire du bruit**.
4. Il faut aussi que, à l'intérieur du terrain de camping, les véhicules **roulent à une vitesse limite de 10 km/h**.
5. Le gérant ne veut pas que vous **fassiez du feu**.
6. Il ne veut pas non plus que vous **entriez/sortiez avec le camping-car pendant la nuit**.
7. Il faut que vous **teniez les chiens en laisse**.
8. Il est important que vous **baissiez la musique après 22.00 heures**.
9. Il est important que tout le monde **se présente au bureau avant de partir**.

Aufgabe 132*

1. De quoi est-ce que Marcel est content ? – **Marcel est content que** ses parents et lui **habitent** à[1] Paris.
2. Qu'est-ce qu'il trouve bon ? – **Il trouve bon que** chaque week-end il **puisse** aller dans un autre cinéma.
3. Qu'est-ce qui ne lui plaît pas ? – **Cela ne lui plaît pas que** leur appartement **soit** très petit.
4. De quoi est-ce qu'il est triste ? – **Il est triste que** beaucoup de personnes **vivent** dans la rue[2].
5. De quoi est-ce qu'il se plaint ? – **Il se plaint que** les hommes politiques **n'aident pas** les personnes[3] qui vivent dans la rue[2].
6. De quoi est-ce qu'il est heureux ? – **Il est heureux que** ses parents **aient** des emplois bien payés.
7. Qu'est-ce qu'il regrette ? – **Il regrette qu'il n'y ait pas** de nature autour de lui./**Il regrette qu**'il **doive** aller dans un stade ou sur un terrain de sport pour faire du sport.

**Hinweise:**

1 Bei Städten wird die Präposition *à* verwendet.
2 *dans la rue ; sur la route*
3 *aider qn (à faire qc)*

ufgabe 133

a) Notre professeur était furieux parce que nous **n'avons pas fait** nos devoirs.
b) Pour que nous **travaillions** mieux, il a fait plus de contrôles.
c) Bien que nous **fassions** peu de fautes, il était toujours mécontent de[1] nous.
d) Sans qu'il le **veuille**, il nous a déprimé.
e) L'autre jour, pendant qu'il **essayait** de[2] faire son cours, nous avons préféré[3] dormir ou écrire des lettres.
f) Nous avons continué ainsi jusqu'à ce qu'il **donne** une heure de colle à une fille.
g) Ensuite, c'est nous qui étions[4] furieux parce que ce **n'était pas** juste.
h) Depuis que mon camarade de classe lui **a parlé**, notre professeur est plus gentil avec nous.
i) C'est mieux de parler avec les professeurs avant que la situation **devienne** intolérable.

**Hinweise:**

1 *être (mé)content de qn/qc*
2 *essayer de faire qc* (Zum Anschluss von Infinitiven an Verben siehe S. 173–176.)
3 *préférer faire qc* (Zum Anschluss von Infinitiven an Verben siehe S. 173–176.)
4 Bei der *mise en relief* mit *qui* richtet sich das Verb des Relativsatzes nach dem Subjekt, also dem hervorgehobenen Satzglied (siehe S. 9).

ufgabe 134*

| | | | |
|---|---|---|---|
| 1 | Rachel et Monique ont fini leurs devoirs. | A | Pendant ce temps, son grand frère regarde la télé. |
| 2 | Marie aime le soleil. | B | Ils espèrent qu'il va avoir de meilleures notes en français. |
| 3 | Julien a passé la nuit chez son copain. | C | Après, leurs copines leur rendent visite. |
| 4 | Les parents de Michel lui paient un cours de langue à Lyon. | D | Ses parents ne le savaient pas. |
| 5 | François n'a pas beaucoup d'argent. | E | Avant, ses parents lui avaient acheté une nouvelle bicyclette. |
| 6 | Louis a fait un grand tour de vélo en Italie. | F | Voilà pourquoi elle passe souvent ses vacances en Espagne. |
| 7 | Denis fait la vaisselle. | G | Il a quand même acheté une grande voiture. |

1C **Après que** Rachel et Monique **ont fini** leurs devoirs, leurs copines leur rendent visite.

2F **Comme** Marie **aime** le soleil, elle passe souvent ses vacances en Espagne.

3D Julien a passé la nuit chez[1] son copain **sans que** ses parents le **sachent**.

4B Les parents de Michel lui paient un cours de langue à Lyon
**pour qu'**il **ait** de meilleures notes en français./
**parce qu'**ils **espèrent** qu'il va avoir de meilleures notes en français.

5G **Bien que** François **n'ait pas** beaucoup d'argent, il a acheté une grande voiture.

6E **Avant que** Louis **fasse** un grand tour de vélo en[2] Italie, ses parents lui avaient acheté une nouvelle bicyclette.

7A **Pendant que** Denis **fait** la vaisselle, son grand frère regarde la télé.

**Hinweise:**

1 Wenn jd. zu jdm. geht (in sein Haus, seine Praxis, sein Geschäft usw.) oder wenn jd. bei jdm. ist, dann musst du im Französischen immer die Präposition *chez* verwenden (z. B.: *Il va chez le médecin. Elle rentre chez elle.*).

2 Bei weiblichen Ländernamen steht die Präposition *en*. Bei männlichen Ländernamen, die mit einem Konsonanten beginnen, *au* (z. B.: *au Portugal, au Canada*).

Aufgabe 135

a) Nous proposons **d'aller voir** un film avec Omar Sy.

b) Le ministre veut **que les citoyens consomment** plus.

c) **Pour que** leur fils **puisse** participer à[1] l'échange scolaire, les parents renoncent à[1] leurs vacances d'été.

d) Plusieurs clients quittent le restaurant **sans payer**.

e) Après plusieurs années, Mathilde est heureuse **de retrouver** sa copine.

f) Nicolas préfère **que son frère promène** le chien.

g) Mathieu joue souvent au loto[2] **pour faire fortune**.

h) Je suis content **de recevoir** un baiser de Martina, la plus belle fille de ma classe.

i) Ma correspondante est rentrée **avant d'avoir appris** notre langue.

j) M. et Mme Blanc ont peur **que leur fille fasse** des bêtises.

**Hinweise:**

1 *participer à qc ; renoncer à qc*

2 *jouer à qc* (bei Sport oder Spielen)
*jouer de qc* (bei einem Instrument) (z. B.: *jouer de la guitare*)

Aufgabe 136 a) C'est un bon travailleur.
→ **Il travaille bien.**

b) Il fait ses devoirs avec soin.
→ **Il fait soigneusement ses devoirs./ Il fait ses devoirs soigneusement.**

c) Il trouve les solutions avec facilité.
→ **Il trouve facilement les solutions./ Il trouve les solutions facilement.**

d) Il a une écriture élégante.
→ **Il écrit élégamment.**

e) Il suit les cours avec attention.
→ **Il suit attentivement les cours./ Il suit les cours attentivement.**

f) Ses calculs sont précis.
→ **Il calcule précisément.**

g) Il a une compréhension rapide.
→ **Il comprend rapidement/vite.**

h) Il s'exprime avec clarté.
→ **Il s'exprime clairement.**

i) Il s'adresse aux profs avec politesse.
→ **Il s'adresse poliment aux profs./ Il s'adresse aux profs poliment.**

j) Son comportement est parfait.
→ **Il se comporte parfaitement.**

Aufgabe 137 a) Murielle étudie pour l'examen qu'elle va passer.
**Murielle étudie soigneusement pour l'examen qu'elle va bientôt passer.**

b) Elle a révisé les trois quarts de son programme lourd.
**Elle a presque révisé les trois quarts de son programme lourd./ Elle a révisé presque les trois quarts de son programme lourd.**

c) Elle sera préparée à la fin du mois.
**Elle sera bien préparée à la fin du mois prochain.**

d) Elle est sûre qu'elle va réussir.
**Elle est tout à fait sûre qu'elle va réussir facilement.**

e) Elle sort peu mais se repose dans la journée.
**À présent, elle sort très peu mais se repose souvent dans la journée.**

f) « Quand on travaille, on n'est pas stressé », dit-elle.
**« Quand on travaille régulièrement, on n'est pas trop stressé », dit-elle.**

g) « Et le soir, on s'endort parce qu'on sait qu'on a travaillé. »
**« Et le soir, on s'endort tranquillement parce qu'on sait qu'on a vraiment bien travaillé. »**

h) « Les sorties sont rares en ce moment, mais je trouve que c'est normal. »
**« Évidemment, les sorties sont rares en ce moment, mais je trouve que c'est absolument normal. »**

Aufgabe 138

Isabelle : Où est-ce que tu **as passé** tes vacances de Noël ?
Martine : Nous les **avons passées** à Courchevel en Savoie dans les Alpes.
Isabelle : Et tu **t'es** bien **amusée** ?
Martine : C'était formidable ! Je **suis partie** le samedi matin avec Julie. Nous **avons fait** un long voyage en voiture, c'est moi qui conduisais et nous **sommes arrivées** à 6 heures de l'après-midi. Nous **ne nous sommes pas arrêtées** une seule fois.
Isabelle : Et vous **avez eu** beau temps ?
Martine : Il **a plu** tout le temps pendant le voyage, mais quand nous **sommes arrivées** à Courchevel, le temps **s'est amélioré**. Le lendemain, nous **sommes allées** faire du ski.
Isabelle : Vous aviez emmené, vos skis ?
Martine : Non, nous les **avons loués**. Nous **avons loué** tout le matériel.
Isabelle : Vous les **avez payés** cher, vos skis ?
Martine : Oui, mais je **me suis dit** qu'on était en vacances.
Isabelle : Vous **vous êtes reposées** un peu ?
Martine : Non, nous **n'avons pas voulu** passer notre temps à dormir. Mais chut ! Je vais te raconter la suite plus tard, le prof arrive !

Aufgabe 139

Molière **est né** en 1622. Il **a fait** des études de droit à Orléans où son père l'**avait envoyé**. Mais bientôt il **a découvert** sa vraie passion : le théâtre. Il **a créé** l'Illustre Théâtre avec Madeleine Béjart, il **a** même **été emprisonné** parce qu'il **avait accumulé** des dettes qu'il ne **pouvait** pas payer, et il **est parti** jouer en Province pendant treize ans avec la troupe.
En 1658, il **est revenu** à Paris pour jouer devant le roi. Il **est devenu** célèbre avec la pièce *Les Précieuses ridicules*, en 1659. Il **jouait** dans la salle du Palais

Royal et il **avait** beaucoup de succès, il **était** auteur, acteur et directeur de la troupe. Dans ses pièces, il **critiquait** surtout les nobles et les bourgeois, mais aussi l'hypocrisie. La troupe **a joué** *Tartuffe*, en 1664, à Versailles, mais la pièce **a fait** scandale. Le roi **a dû** l'interdire. Molière **a pu** cependant continuer à jouer devant le roi et la cour. *Les Fourberies de Scapin*, *Les Femmes savantes*, **ont été** aussi de grands succès. Mais il **était** très malade et il **travaillait** trop. Il **est mort** le 17 février 1673, pendant qu'il **jouait** *Le Malade imaginaire*. Il **avait** 51 ans.

Aufgabe 140

a) **Conditionnel :** devoir faire des économies
**Tu devrais faire des économies.**
**Futur :** comme ça/avoir encore de l'argent à la fin du mois
**Comme ça, tu auras encore de l'argent à la fin du mois.**

b) **Conditionnel :** si j'étais toi/arrêter de fumer
**Si j'étais toi, j'arrêterais de fumer.**
**Futur :** tu voir/ça te faire du bien
**Tu verras, ça te fera du bien.**

c) **Conditionnel :** moi à ta place/faire du yoga
**Moi à ta place, je ferais du yoga.**
**Futur :** comme ça/être moins nerveuse
**Comme ça, tu seras moins nerveuse.**

d) **Conditionnel :** pouvoir faire un régime
**Tu pourrais faire un régime.**
**Futur :** perdre du poids
**Tu perdras du poids.**

e) **Conditionnel :** devoir sourire plus souvent
**Tu devrais sourire plus souvent.**
**Futur :** les gens/te trouver plus jolie
**Les gens te trouveront plus jolie.**

f) **Conditionnel :** faire mieux/de moins les contredire
**Tu ferais mieux de moins les contredire.**
**Futur :** elles/être plus gentilles avec toi
**Elles seront plus gentilles avec toi.**

g) **Conditionnel :** il falloir/travailler plus soigneusement
**Il faudrait travailler plus soigneusement.**

**Futur :** tes notes/être meilleures
**Tes notes seront meilleures.**

h) **Conditionnel :** pouvoir partir en voyage organisé.
**Tu pourrais partir en voyage organisé.**
**Futur :** rencontrer beaucoup de gens
**Tu rencontreras beaucoup de gens.**

Aufgabe 141 **Marion** : Alors chéri, la fête s'est bien passée ?

**Simon** : Pas du tout. C'était une soirée tellement ennuyeuse. C'est très bien que tu **ne sois pas** venue.

**Marion** : Je regrette que ça se **soit** si mal passé.

**Simon** : C'est dommage que Michel **n'ait pas** été là parce qu'avec lui on rigole toujours. Je trouve curieux qu'il **n'ait pas** été invité. Mais tant pis. Qu'est-ce qu'on va faire aujourd'hui ?

**Marion** : Je n'ai pas beaucoup de temps. Ma mère veut venir me voir ce soir.

**Simon** : Comment ? Ce n'est pas vrai !

**Marion** : Tu ne veux pas qu'elle **vienne** ?

**Simon** : J'aimerais mieux que nous **fassions** quelque chose tous les deux.

**Marion** : Mais hier, tu es sorti sans moi aussi.

**Simon** : C'était différent. Tu as accepté que je **sorte** seul. J'ai proposé que tu **viennes** avec moi. Je ne veux pas que nous **ne nous voyions pas non plus** ce soir. Et en plus, je n'aime pas que tu **fasses** des projets sans m'en parler avant.

**Marion** : Moi aussi, j'aimerais mieux que nous **passions** la soirée ensemble. Veux-tu rester ici bien que ma mère **soit** là ?

**Simon** : Non merci. J'ai peur que ta mère et moi, nous **nous disputions**.

**Marion** : Mais pourquoi ?

**Simon** : J'ai l'impression qu'elle **met** son nez dans nos affaires, qu'elle **parle** sans arrêt et surtout qu'elle **veut** toujours avoir raison. Il faut toujours que je **fasse** attention à ce que je dis. Sinon, elle se sent tout de suite offensée.

**Marion** : Tu ne penses pas que tu **exagères** un peu ?

**Simon** : Pas du tout.

À ce moment, le téléphone sonne. Marion décroche l'écouteur. C'est sa mère. Deux minutes après, Marion dit :

**Marion** : C'était ma mère. Elle dit qu'elle **ne peut pas** venir. Elle préfère que je **vienne** chez elle.

Aufgabe 142 Marion est allée chez sa mère sans Simon. Il ne voulait absolument pas l'accompagner. Sa mère voit tout de suite que quelque chose ne va pas bien.

**La mère** : Mais qu'est-ce que tu as ? Tu **as pleuré** ?

**Marion** : Non, mais je **me suis disputée** avec Simon après avoir dit que j'**allais** passer la soirée avec toi. Il se plaint chaque fois si j'ai un rendez-vous avec quelqu'un d'autre que je **ne fasse rien** avec lui. Après notre dispute, il **est parti** sans mot dire. Je ne sais pas quoi faire. Qu'est-ce que tu **ferais** à ma place ?

**La mère** : Attends jusqu'à demain. Je suis sûre qu'il **se calmera** bientôt. Il est normal qu'il **soit** déçu. Mais c'est important aussi dans un couple qu'on **sache** faire des compromis et qu'on **laisse** de la liberté à l'autre. **Sors** plus souvent avec tes copines !

**Marion** : J'ai peur qu'on **ait** encore plus de problèmes après.

**La mère** : Non, il faut qu'il **s'y habitue**. Tu **verras**, tout **ira** bien.

**Marion** : Tu as peut-être raison. Mais ce **ne sera pas** facile.

**La mère** : Bien sûr. Une relation n'est jamais facile. Mais changeons de sujet maintenant. On **pourrait** regarder un film. Ça te **changera** les idées. J'espère qu'il va te plaire.

Aufgabe 143
a) **Qu'est-ce que** représente cette scène ? – **des personnes à la plage**
b) **Qui est-ce que** le chien mord ? – **Jean**
c) **Qu'est-ce que** fait Marie ? – **elle se baigne dans la mer/elle nage**
d) **Qui (est-ce qui)** est couché sur la serviette ? – **Sara**
e) **Qui est-ce que** le maître-nageur observe ? – **Marie**
f) **Qu'est-ce que** François tient dans la main ? – **une revue/une BD**
g) **Qu'est-ce qui** flotte sur l'eau ? – **un ballon**
h) **Qui (est-ce qui)** est assis près de Sara ? – **François**
i) **Qui est-ce que** tu vois dans l'eau ? – **Marie**
j) **Qu'est-ce qui** se trouve à côté de la chaise du maître-nageur ? – **un château de sable**

Aufgabe 144
a) **Prenons-nous** le bus ?
b) Pourquoi n'**as-tu** pas encore acheté de[1] cadeau ?
c) Alors, qu'**apporterons-nous** ?
d) **Aime-t-elle** les livres ou **préfère-t-elle** les films ?
e) **Va-t-elle** nous offrir des cocktails ?

f) **Vas-tu** aussi fêter tes 15 ans[2] ?
g) Quels garçons **a-t-elle** invités[3] ?
h) À quelle heure **vont-ils** arriver ?
i) Laura, **écoutes-tu** ?

**Hinweise:**

1 Nach einer Verneinung steht in der Regel *de* + Substantiv.

2 *fêter* ses ... ans

3 Auch das Fragewort *quel* kann ein direktes Objekt sein. Daher muss wie bei anderen vorausgehenden Objektpronomen (siehe S. 77) das *participe passé* daran angeglichen werden.

Aufgabe 145

| | | juste | faux |
|---|---|---|---|
| a) | Vous avez-vous déjà pris le déjeuner ?<br>*Avez-vous déjà pris le déjeuner ?* | ☐ | ☒ |
| b) | A-t-il pas fait la cuisine ?<br>*N'a-t-il pas fait la cuisine ?* | ☐ | ☒ |
| c) | Pourquoi n'est-il pas rentré à la maison ?<br>– | ☒ | ☐ |
| d) | Que nous allons faire ?<br>*Qu'allons-nous faire ?* | ☐ | ☒ |

Aufgabe 146*

**Où y a-t-il** une terrible tempête ?
**Pourquoi se trouve-t-il** en difficulté ?
**Quand reçoivent-ils** son SOS ?
**Qui arrivent-ils** à sauver ?
**Qu'a-t-il** provoqué ?
**Quand a-t-elle** reconnu sa responsabilité ?
**Combien ont-ils** payé ?

Aufgabe 147*

a) **Aimez-vous en manger** ?
b) **Y va-t-elle** souvent ?
c) **Vous avait-elle déjà rencontré** avant le tournage du film ?
d) **Ne l'avez-vous pas** ?
e) **Y sont-ils sortis** ensemble après les travaux ?

f) **Ne voulez-vous pas leur raconter** une anecdote du set ?
g) **En a-t-il** ?

ufgabe 148

| | | | |
|---|---|---|---|
| une voiture | **laquelle** | du train | **duquel** |
| sur une moto | **sur laquelle** | de l'essence | **de laquelle** |
| au feu rouge | **auquel** | aux bateaux | **auxquels** |
| de la bicyclette | **de laquelle** | des camions | **desquels** |
| les chauffeurs | **lesquels** | au péage | **auquel** |
| dans la rue | **dans laquelle** | à la station | **à laquelle** |

fgabe 149*

a) Sur les photos, il y a plusieurs animaux. **Lesquels ? – deux cochons d'Inde, deux tortues, un chien, un chat et un cheval**
b) Sur une des photos, il y a des tortues. **Sur laquelle ? – sur celle en haut au milieu**
c) Un des chats a un comportement inhabituel. **Lequel ? – celui qui se trouve sur la bicyclette**
d) Le cochon d'Inde sur la photo en haut s'intéresse à[1] une boisson. **À laquelle ? – à un jus de pommes/à une bière**
e) La photo avec le cochon d'Inde et le cheval fait allusion à un personnage typique. **Auquel ? – au cow-boy**
f) Le chien sur la photo porte deux choses sur la tête. **Lesquelles ? – des lunettes (de soleil) et un bonnet**
g) Si[2] tu avais la possibilité d'avoir un des animaux représentés, **duquel** est-ce que tu aimerais t'occuper[3] ? – (individuelle Lösung) **du chat/du chien/des tortues/du cochon d'Inde**

**Hinweise:**

1 *s'intéresser à qc*
2 Zu den Konditionalsätzen siehe S. 139–141.
3 *s'occuper de qc/qn*

fgabe 150*

1. **Qui (est-ce qui)** a inventé le cinéma ?

- [ ] Jean-François Champollion
- [ ] les frères Wright
- [x] les frères Lumière
- [ ] Edouard Cinéma

| 2. **Comment est-ce qu'**on appelle aussi le cinéma ? | |
|---|---|
| ☒ le septième art | ☐ le cici |
| ☐ la lumière mouvante | ☐ le CN |

| 3. **Qu'est-ce qui** se trouve au centre du film *Le Grand bleu* de Luc Besson ? | |
|---|---|
| ☐ la planète Terre | ☒ la mer |
| ☐ le ciel | ☐ un rêve d'une petite fille |

| 4. **Où est-ce que** se trouve le plus grand cinéma d'Europe ? | |
|---|---|
| ☐ à Strasbourg | ☒ à Paris |
| ☐ à Toulouse | ☐ à Lille |

| 5. **Lequel** des acteurs français suivants a joué dans le film *Intouchables* ? | |
|---|---|
| ☐ Niels Schneider | ☒ Omar Sy |
| ☐ Samy Seghir | ☐ Gérard Depardieu |

| 6. Au festival de Cannes, **qu'est-ce qui** est décerné au meilleur film ? | |
|---|---|
| ☒ une palme | ☐ un ours |
| ☐ un lion | ☐ un oscar |

| 7. **Qui est-ce qui** a joué le rôle d'Obélix dans le film d'Alain Chabat ? | |
|---|---|
| ☐ Jean Dujardin | ☐ Daniel Auteuil |
| ☒ Gérard Depardieu | ☐ Christian Clavier |

| 8. **Qu'est-ce que** le titre d'un film de Claude Chabrol (paru en 2000) contient ? | |
|---|---|
| ☐ un mot allemand | ☒ le mot « chocolat » |
| ☐ une erreur | ☐ seulement des images |

| 9. **Avec qui** l'actrice Catherine Deneuve a-t-elle eu une relation ? | |
|---|---|
| ☐ Gérard Depardieu | ☐ Steven Spielberg |
| ☐ François Mitterrand | ☒ Marcello Mastroianni |

| 10. *Le fabuleux destin d'Amélie Poulain* joue dans une grande ville. **Dans laquelle ?** | |
|---|---|
| [X] Paris | [ ] Lyon |
| [ ] Marseille | [ ] Bordeaux |

| 11. **Qui est-ce que** tu ne trouves pas sur le lieu du tournage ? | |
|---|---|
| [ ] le metteur en scène | [ ] l'acteur |
| [ ] la costumière | [X] l'animateur |

| 12. **Laquelle** des sociétés de production de cinéma suivantes est française ? | |
|---|---|
| [ ] Paramount Pictures | [ ] Warner Bros. Entertainment |
| [ ] Eon Productions | [X] Gaumont |

| 13. **Qui (est-ce qui)** est *Vercingétorix* dans le film de Jacques Dorfmann (2001) ? | |
|---|---|
| [ ] un chien gaulois légendaire | [X] un chef gaulois, adversaire de César |
| [ ] un ami d'Obélix | [ ] l'amant de Cléopâtre |

**Aufgabe 151**

a) **Si** le professeur a de la fièvre, il restera à la maison.
b) Les parents se fâcheront **si** Paul rentre avec un mauvais bulletin.
c) **Si** tu manges trop de frites à la cantine, tu deviendras malade !
d) **Si** les élèves veulent organiser une fête, le professeur les aidera[1].
e) **Si** quelqu'un t'offre des drogues, dis non.
f) Nous vous poserons des questions **si** nous ne comprenons pas ce qu'il dit.
g) **Si** tu sais bien parler le français, tu apprendras plus facilement l'espagnol et l'italien.
h) Son copain lui donnera les devoirs d'anglais **si** elle lui explique le problème de maths.

**Hinweis:**

1 *aider qn (à faire qc)*

**Aufgabe 152**

a) Si vous partez en vacances, vous ne serez pas à la maison.
b) Si vous vous mariez, vous ne serez pas seule.
c) Si vous trouvez un emploi, vous gagnerez de l'argent.

d) Si vous êtes malade, vous vous sentirez mal[1].
e) Si vous allez en Grande-Bretagne, vous entendrez parler anglais.

**Hinweis:**

1 *se sentir mal ;* aber: *sentir mauvais* (siehe S. 75)

Aufgabe 153* Individuelle Lösung

a) S'il pleut, je resterai à la maison et jouerai sur l'ordinateur.
b) S'il fait beau, j'irai à la piscine et après au cinéma.
c) S'il neige, je ferai du ski et passerai la soirée devant la télé.

Aufgabe 154
a) S'ils **avaient** de la chance, ils **gagneraient** un jour au loto.
b) S'ils **gagnaient** au loto, ils **seraient** millionnaires.
c) S'ils **étaient** millionnaires, ils **profiteraient** de la vie.
d) S'ils **profitaient** de la vie, ils **partiraient** pour faire un voyage autour du monde.
e) S'ils **partaient** pour faire un voyage autour du monde, ils **visiteraient** tous les pays.
f) S'ils **visitaient** tous les pays, ils **rencontreraient** beaucoup de gens sympa.
g) S'ils **rencontraient** beaucoup de gens sympa, ils **se feraient** partout des amis.
h) S'ils **se faisaient** partout des amis, ils **s'amuseraient** bien avec eux.
i) S'ils **s'amusaient** bien avec eux, ils **ne s'ennuieraient plus**.
j) S'ils **ne s'ennuyaient plus**, ils **iraient** très bien.
k) S'ils **allaient** très bien, ils **ne rentreraient plus jamais** chez eux.

Aufgabe 155* Individuelle Lösung

Si je faisais un voyage en[1] France, je monterais sur la Tour Eiffel.
Si j'allais au[1] Japon, je participerais à un culte religieux.
Si je passais mes vacances en[1] Suisse, je ferais de l'escalade.
Si je pouvais voyager aux[1] États-Unis, je visiterais quelques parcs nationaux.
Si j'allais en[1] Grande-Bretagne, je voudrais voir la reine.
Si j'allais en[1] Turquie, je mangerais des spécialités turques.
Si j'allais en[1] Grèce, je me baignerais dans la mer.
Si j'avais la possibilité de visiter le Canada, j'irais au[1] Québec.

**Hinweis:**

1 Bei weiblichen Länder- und Provinznamen steht die Präposition *en*. Bei männlichen Ländernamen, die mit einem Konsonanten beginnen, steht *au* (z. B.: *au Portugal, au Canada*). Außerdem: *aux États-Unis.*

ufgabe 156

a) Si je **n'avais pas été** malade, j'**aurais gagné** la course.
b) Si j'**avais vécu** au Moyen Âge, j'**aurais inventé** l'électricité.
c) Si j'**avais fait** la cuisine, le repas **aurait été** meilleur.
d) Si j'**avais participé** au safari, j'**aurais pris** une photo du lion.
e) Si je **n'avais pas oublié** mon porte-monnaie, j'**aurais acheté** la Ferrari.
f) Si j'**avais été** sur le terrain de foot, j'**aurais marqué** le but.

ufgabe 157

Chère Louise,

Comment[1] vas-tu ? La semaine dernière, ma correspondante Sandrine de Nantes est venue me voir. Si je n'avais pas eu de photo d'elle, je **me l'aurais pas reconnue**. Sandrine est une fille gentille, mais elle sait ce qu'elle veut. Je pense que si notre accueil ne lui avait pas plu, elle **serait rentrée** tout de suite. Malheureusement, ma mère ne savait pas que Sandrine était végétarienne. Si elle l'**avait su**, elle ne nous aurait pas préparé de[2] steaks. Ma correspondante ne parle pas très bien allemand. Si, en été, elle **voyage** seule à Berlin, elle ne comprendra rien. Si j'étais à sa place, je **me servirais**[3] d'un dictionnaire. Mais je crois que tout le monde a été content. Et je suis sûre que nous n'aurions pas autant rigolé si l'échange **n'avait pas été** si bien préparé.

Et toi, est-ce que tu aurais envie de me rendre visite ? Viens en août, si tu **veux**. Je m'en réjouirais

Je t'embrasse
Sophie

**Hinweise:**

1 Im Französischen wird in Briefen/E-Mails nach der Anrede mit einem Großbuchstaben begonnen.
2 Nach der Verneinung steht *de* + Substantiv.
3 *se servir de qc*

Aufgabe 158*

a) occuper *(besetzen)* : **l'occupation** *(die Besetzung)*
b) l'espoir *(die Hoffnung)* : **le désespoir** *(die Verzweiflung)*
c) le courage *(der Mut)* : **encourager** *(ermutigen)*
d) la reine *(die Königin)* : **le roi** *(der König)*
e) la chasse *(die Jagd)* : **chasser** *(verjagen)*
f) le siège *(die Belagerung)* : **assiéger** *(belagern)*
g) libre *(frei)* : **libérer** *(befreien)*
h) vaincre *(besiegen)* : **la victoire** *(der Sieg)*
i) l'ami *(der Freund)* : **l'ennemi** *(der Feind)*
j) le danger *(die Gefahr)* : **dangereux** *(gefährlich)*
k) Dieu *(Gott)* : **divin** *(göttlich)*
l) un symbole du pouvoir royal : **couronne** *(die Krone)*
m) qc qui est conforme au droit : **légitime** *(legitim)*
n) qn qui vit à la cour d'un roi : **courtisan** *(der Höfling)*
o) qn qui aime très fort son pays : **patriote** *(der Patriot)*
p) arrêter un ennemi : **capturer** *(gefangen nehmen)*
q) dire que qn est coupable : **accuser** *(anklagen)*
r) venir en aide à qn : **secourir** *(zu Hilfe kommen)*

Aufgabe 159*

| | | vrai | faux |
|---|---|---|---|
| a) | Jeanne est née à Paris.<br>Elle est née à Domrémy en Lorraine. | ☐ | ☒ |
| b) | Elle a vécu au XV$^{ème}$ siècle. | ☒ | ☐ |
| c) | À l'époque, les Français avaient occupé toute l'Angleterre.<br>Les Anglais avaient occupé une grande partie de la France. | ☐ | ☒ |
| d) | Charles VII était désespéré de la situation de la France. | ☒ | ☐ |
| e) | Sans qu'il le sache, Jeanne se trouvait à la tête de ses troupes.<br>C'est lui qui y a mis Jeanne d'Arc. | ☐ | ☒ |
| f) | Il a envoyé une armée pour sauver la fille.<br>Il ne l'a pas aidée. | ☐ | ☒ |
| g) | Jeanne d'Arc est morte d'une maladie grave.<br>On l'a brûlée. | ☐ | ☒ |

Aufgabe 160

**A 8** Si Jeanne **n'avait pas eu** de visions surnaturelles, on **n'aurait pas connu** cette jeune fille lorraine.

**B 6** Moi, si **j'avais été** à la place de Jeanne d'Arc, je **n'aurais pas fait** confiance à[1] Charles VII.

**C 1** Si Jeanne **n'avait pas été** à la tête des troupes françaises, les Anglais **n'auraient pas perdu** Orléans.
**D 2** Si le film avec Milla Jovovich dans le rôle de Jeanne d'Arc **passe** à la télé, nous le **regarderons** certainement.
**E 9** Si Jeanne **n'avait pas aidé**[2] sa patrie, la France **serait restée** sous dominance anglaise.
**F 5** Si Jeanne **avait été** plus prudente, les ennemis[3] **ne l'auraient pas arrêtée**[4].
**G 3** Si Jeanne **n'avait pas reconnu** Charles, il **ne lui aurait pas donné** son armée.
**H 4** Si nous **allons** à Paris, nous **irons voir** sa statue, rue de Rivoli.
**I 7** Si Jeanne **avait reçu** plus de soldats, les Anglais **auraient quitté** Paris.

**Hinweise:**

1 *faire confiance à qn*; aber: *avoir confiance en qn*
2 *aider qn (à faire qc)*
3 *l'ami*: der Freund → *l'ennemi*: der Feind
4 Das *participe passé* muss an das vorausgehende direkte Objekt (hier: *l'*) angeglichen werden. Siehe dazu S. 77.

**Aufgabe 161***

a) Si M. Lamy n'avait pas roulé trop vite[1], il n'y aurait pas eu d'accident.
b) Si demain je ne suis plus malade, j'irai te voir.
c) Tu aurais de meilleures[2] notes si tu travaillais mieux[3].
d) Si Sylvie gagnait plus d'argent, elle irait dans les Alpes pour faire du ski[4].
e) Si nous avions été plus prudents, nous n'aurions pas eu de[5] problèmes.
f) Même si tu m'offrais un million, je ne le dirais pas à mes parents.
g) Si Nathalie se sent mieux[6] aujourd'hui, elle viendra me voir.
h) Si nous étions allés à Arras l'an dernier[7], nous aurions visité sa tour.

**Hinweise:**

1 Achte darauf, ein Adverb zu setzen (siehe zum Adverb S. 58–76).
2 *Meilleur, e* ist der Komparativ zum Adjektiv *bon (bon, meilleur, le meilleur)*.
3 *Mieux* ist der Komparativ zum Adverb *bien (bien, mieux, le mieux)*. (Zu den unregelmäßigen Adverbien siehe S. 70.)
4 Um sportliche Aktivitäten zu beschreiben, kannst du in sehr vielen Fällen *faire* + *de* + bestimmter Artikel + Sportartikel/Sportart setzen (z. B.: *faire de l'escalade, faire de la voile, faire du roller*).
5 Nach der Verneinung steht *de* + Substantiv.
6 *se sentir bien/mieux*; aber: *sentir bon* (siehe S. 75)
7 *l'an dernier*

Aufgabe 162*

a) Si j'étais président de la République, je voyagerais dans le monde entier[1].
... je ferais de grands discours.
... je rencontrerais de grands hommes et femmes.
... j'aiderais[2] le peuple français.
... je donnerais du travail à tout le monde.

b) Si mes chansons plaisaient à la maison de disque, elle m'inviterait.
Si je pouvais être une star, je m'achèterais une grande maison.
... je ferais un duo avec Louane.
... je donnerais des concerts dans le monde entier[1].
Si je pouvais gagner beaucoup d'argent, j'en donnerais aux pauvres.
Si j'étais connue, je soutiendrais des associations pour la protection de l'environnement.

c) J'aurais été plus heureux dans ma vie si j'avais travaillé moins[3].
Si j'avais passé plus de temps avec ma famille, mes enfants penseraient peut-être maintenant à me rendre plus souvent visite.
Si j'avais moins[3] travaillé, j'aurais plus profité de[4] la vie.
Si j'avais eu plus de temps libre, je n'aurais voyagé que pour le plaisir.
Si je n'avais pas été si égoïste, je n'aurais peut-être pas divorcé trois fois et nous serions maintenant à deux.
Si je n'avais pas été si riche, je serais aujourd'hui un homme meilleur.

**Hinweise:**

1 *dans le monde entier*
2 *aider qn (à faire qc)*
3 *Moins* ist der Komparativ zum Adverb *peu (peu, moins, le moins)*. (Zu den unregelmäßigen Adverbien siehe S. 70.)
4 *profiter de qc*

Aufgabe 163*

| | | Type1 | Type2 | Type3 |
|---|---|---|---|---|
| a) | If my friend comes today, we will go to the beach.<br>*Si mon ami vient aujourd'hui, nous irons / on ira à la plage.* | ☒ | ☐ | ☐ |
| b) | If it rained tonight, I would stay at home.<br>*S'il pleuvait cette nuit[1], je resterais chez moi / à la maison.* | ☐ | ☒ | ☐ |
| c) | What will you do if she doesn't come?<br>*Qu'est-ce que tu feras si elle ne vient pas?* | ☒ | ☐ | ☐ |

| | | Type1 | Type2 | Type3 |
|---|---|---|---|---|
| d) | If we had known your birthday, we would have offered you a gift.<br>*Si nous avions connu la date de ton anniversaire, nous t'aurions donné un cadeau.* | ☐ | ☐ | ☒ |
| e) | If John worked hard, he would be more successful.<br>*Si John travaillait dur[2], il réussirait mieux.* | ☐ | ☒ | ☐ |

**Hinweise:**

1 heute Morgen/Nachmittag/Abend/Nacht: *ce matin, cet après-midi, ce soir, cette nuit*

2 *travailler dur* (Zu weiteren Ausdrücken, bei denen das Adjektiv wie ein Adverb verwendet wird, siehe S. 75.)

ufgabe 164

a) **Quand** le professeur explique un problème, Laure n'écoute pas.
b) **Si** elle faisait attention, elle aurait de meilleures notes.
c) **Si** le professeur était plus gentil, elle le respecterait plus.
d) **Quand** Laure rentre de l'école, elle regarde la télé.
e) **Si** elle avait eu des frères ou des sœurs, elle aurait joué avec eux.
f) **Quand** elle va au lit, elle n'a pas encore fait ses devoirs.

fgabe 165[A]

a) S'il pleut ce week-end, je rangerai ma chambre.
b) Si tu as envie, on pourra aller au stade.
c) Quand je vais en boîte, le lendemain, je suis toujours fatigué(e).
d) Est-ce que tu m'aides si je t'invite au cinéma ?

ufgabe 166

a) Les élèves **sont d'avis/trouvent** qu'ils ont trop de devoirs.
b) Le client **est d'avis/trouve** que les fruits sont trop chers.
c) La prof **annonce** que la classe va écrire un contrôle.
d) Depuis un an[1], le ministre **répète** que la situation va bientôt changer.
e) La propriétaire **promet** que le loyer n'augmentera pas.
f) Le vendeur **jure** que la voiture n'a pas encore eu d'accident.
g) La police **apprend** à[2] cette femme que son mari a volé l'argent.
h) La mère **déclare** que son bébé n'a pas envie de[3] boire du lait.

**Hinweise:**

1 *depuis un <u>an</u>*; aber: *dans quelques <u>années</u>*

2 *apprendre à faire qc*: lernen, etw zu tun; *apprendre qc*: etw. lernen, etw. erfahren → *apprendre qc à qn*: jdn. von etw. unterrichten

3 *avoir envie <u>de</u> faire qc*
(Zum Anschluss von Infinitiven an Verben siehe S. 173–176.)

Aufgabe 167

a) Le professeur **annonce** aux parents de ses élèves **que** la classe ira voir une pièce de Molière au théâtre.
b) Il **ajoute que** les pièces de Molière sont toujours très amusantes.
c) Il **souligne que** les élèves vont beaucoup aimer *Le Malade imaginaire*, sa meilleure comédie.
d) Les élèves **déclareront que** c'est une bonne idée.
e) La déléguée de la classe **promettra que** la classe ne fera pas de bêtises.
f) Un garçon **proposera que** toute la classe pourrait manger une pizza après la représentation.

Aufgabe 168

Michel a raconté que, après six ans, le chat de Jean **avait apporté** pour la première fois[1] une souris vivante à la maison. Il **voulait** faire un cadeau aux parents de Jean. Ils **dormaient** déjà quand le chat **était entré** dans leur chambre à coucher. Michel a dit qu'ils **s'étaient réveillés**[2] et qu'ils **avaient fait** la chasse à la souris. Si celle-ci **ne s'était pas caché** dans le pot d'une plante qui **se trouvait** près de la fenêtre, ils **n'auraient jamais réussi** à attraper l'animal. Michel a ajouté que ses parents **avaient mis** la plante avec la souris sur la terrasse et que le chat **s'en était allé**, tout triste.

**Hinweise:**

1 *<u>pour</u> la première/deuxième/troisième... fois*

2 Reflexive Verben werden im *passé composé* und im *plus-que-parfait* mit *être* + *accord* gebildet (siehe dazu auch S. 81/82).

Aufgabe 169

a) Ils ont dit que, normalement, ils **ne se plaignaient pas**.
b) Ils ont trouvé que la musique **était** trop forte.
c) Ils ont annoncé que, la prochaine fois, ils **appelleraient** la police.
d) Ils ont dit que **nous avions bu** trop d'alcool.
e) Ils ont ajouté que les escaliers **étaient** sales.
f) Ils ont souligné qu'ils **informeraient nos** parents.
g) Ils ont expliqué qu'il **fallait** avoir du respect envers les autres.

Aufgabe 170 a) Laurent a souligné que le sport **était sa** vie et que pour le sport, **il renoncerait** même à[1] tous **ses** séries.

b) Barbara a expliqué que, quand **elle était** enfant, **elle avait fait** beaucoup de sport. Mais depuis un an[2], **elle** n'en **faisait**[3] plus souvent.

c) Yves a dit qu'**il adorait** surtout le foot. Il a ajouté que, dans quelques années[2], **il jouerait** dans l'équipe nationale.

d) Fabien a dit qu'**il n'avait jamais compris** pourquoi tout le monde **aimait** le sport. Il pensait qu'il **était** plus intéressant de jouer sur l'ordinateur[4].

e) Caroline a expliqué que normalement, **elle s'entraînait** au moins trois fois par semaine. Mais malheureusement, **elle s'était cassée**[5] la jambe pendant le dernier match.

f) Philippe a raconté que, à l'âge de trois ans, **ses** parents **lui avaient appris** à faire du ski. Depuis ce temps-là, **il aimait** bien pratiquer ce sport.

**Hinweise:**

1 *renoncer à qc*

2 *depuis un an*; aber: *dans quelques années*

3 *faire du sport* → *en faire*

4 *jouer sur l'ordinateur*

5 Reflexive Verben werden im *passé composé* und im *plus-que-parfait* mit *être* + *accord* gebildet (siehe dazu auch S. 81/82).

Aufgabe 171 David a déclaré qu'**il allait dormir** dans la chambre d'amis.

Pierre a dit que sa copine et **lui**, **ils avaient** de[1] jolis cadeaux pour **leurs** correspondants.

Cédric a dit qu'**ils allaient** beaucoup **rigoler**.

Sylvie a dit qu'**elle avait** beaucoup de sucreries dans **sa** valise.

Daniel a dit qu'**il ne ferait pas** de bêtises.

Marie a annoncé qu'**ils allaient sortir** tous les soirs.

Valérie a dit qu'**elle avait** une photo de **sa** corres.

Sandrine a dit qu'**elle avait oublié son** passeport.

Céline a dit qu'**ils allaient manger** au self.

Yvonne a dit qu'**ils allaient participer** aux[2] cours.

**Hinweise:**

1 Der unbestimmte Artikel *des* wird in der Regel auf *de* verkürzt, wenn dem Substantiv ein Adjektiv vorausgeht.

2 *participer à qc*

Aufgabe 172*

| **Descartes** (1596–1650) | « Je pense, donc je suis. » |
|---|---|

Descartes a dit qu'**il pensait**, et que donc **il était**.

| **Chateaubriand** (1768–1848) | « Je m'ennuie de la vie. » |
|---|---|

Chateaubriand a dit qu'**il s'ennuyait** de la vie.

| **Voltaire** (1696–1778) | « Un jour tout sera bien, voilà notre espérance. Tout est bien aujourd'hui, voilà l'illusion. » |
|---|---|

Voltaire a dit qu'un jour tout **serait** bien, voilà notre espérance. Que tout **était** bien aujourd'hui, voilà l'illusion.

| **Louis XIV** (1638–1715) | « L'État, c'est moi ! » |
|---|---|

Louis XIV a dit que l'État, **c'était lui**.

| **La Bruyère** (1645–96) | « Il n'y a pour l'homme que trois évènements : naître, vivre et mourir. » |
|---|---|

La Bruyère a dit qu'il n'y **avait** pour l'homme que trois événements : naître, vivre et mourir.

| **Voltaire** (1696–1778) | « Si Dieu n'existait pas, il faudrait l'inventer. » |
|---|---|

Voltaire a dit que si Dieu **n'existait pas**, il **faudrait** l'inventer.

| **Corneille** (1606–84) | « Il faut bonne mémoire après qu'on a menti (*gelogen*). » |
|---|---|

Corneille a dit qu'il **fallait** bonne mémoire après qu'on **avait menti**.

| **Balzac** (1799–1850) | « La gloire est le soleil des morts. » |
|---|---|

Balzac a dit que la gloire **était** le soleil des morts.

| **Guitry** (1885–1957) | « On se dit au revoir quand on espère bien qu'on ne se reverra jamais, et on se revoit volontiers quand on s'est dit adieu. » |
|---|---|

Guitry a dit qu'on **se disait** au revoir quand on **espérait** bien qu'on **ne se reverrait jamais**, et qu'on **se revoyait** volontiers quand on s'**était dit** adieu.

| | |
|---|---|
| les frères **Goncourt** (1822–96/1830–70) | « L'histoire est un roman qui a été, le roman est de l'histoire qui aurait pu être. » |

Les frères Goncourt ont dit que l'histoire **était** un roman qui **avait été**, et que le roman **était** de l'histoire qui **aurait pu** être.

| | |
|---|---|
| **Sartre** (1905–80) | « L'enfer, c'est les autres. » |

Sartre a dit que l'enfer, **c'était** les autres.

| | |
|---|---|
| **Musset** (1810–57) | « La vie est un sommeil, l'amour est le rêve. Et vous auriez vécu si vous aviez aimé. » |

Musset a dit que la vie **était** un sommeil, l'amour **était** le rêve. Et que nous **aurions vécu** si nous **avions aimé**.

Aufgabe 173*

Message

À: alsct@web.de   Cc   Bcc

Objet: Voyage en Allemagne

Salut Antonia,

Ça va à Munich ? Tu apprends sagement l'allemand chez[1] les Berger, comme il faut ? Tu n'as pas trop de problèmes avec leurs deux gamins pour lesquels[2] tu fais du[3] baby-sitting ?

Écoute, hier soir, en famille, on a discuté des projets pour l'été. Moi, j'ai suggéré à papa, maman et à Jérôme que tu étais très très seule et qu'il fallait te rendre visite en Allemagne. Maman a tout de suite trouvé que c'était une bonne idée et qu'ainsi nous serions sûrs que tu te portais bien. En plus, elle a dit qu'elle voulait faire la connaissance des Berger et de Leon, ton petit ami allemand dont tu nous as parlé. Jérôme a dit « beurk ». Il a souligné qu'il préférait rester à la maison. Il a dit qu'il n'avait pas envie de faire un si long voyage. En réalité, il avait appris que ses copains feraient du[3] kayak en Dordogne en août… Alors papa a remarqué qu'on pourrait très bien faire du[3] VTT et des[3] randonnées en montagne près de Munich, mais ton frère répétait qu'il ne voulait pas y aller. Tant pis ! Alors nous avons décidé que Jérôme resterait chez[1] mémé pendant deux semaines et participerait aux excursions de ses copains et que nous, les autres, partirions pour[4] l'Allemagne.

Est-ce que les Berger seront d'accord que nous venions ? Leon sera là aussi ?

Réponds-nous[5] vite. On veut te revoir bientôt.

Bises, Luc ☺

Envoyer

a) **Luc** : « Antonia est très très seule. Il faut lui rendre visite en Allemagne. »
b) **La mère** : « C'est une bonne idée. Ainsi nous serons sûrs qu'elle se porte bien. En plus, je veux faire la connaissance des Berger et de Leonhard. »
d) **Jérôme** : « Je préfère rester à la maison. Je n'ai pas envie de faire un si long voyage. Mes copains feront du kayak en Dordogne en août. »
g) **Le père** : « On pourra/pourrait très bien faire du VTT et des randonnées en montagne près de Munich. »
h) **Jérôme** : « Je ne veux pas y aller. »
i) **Les parents** et **Luc** : « Jérôme restera chez mémé pendant deux semaines et participera aux excursions de ses copains et nous autres, partirons pour l'Allemagne. »

## Hinweise:

1 Wenn jd. zu jdm. geht (in sein Haus, seine Praxis, sein Geschäft usw.) oder wenn jd. bei jdm. ist, dann musst du im Französischen immer die Präposition *chez* verwenden (z. B.: *Il va chez le boulanger. Il reste chez lui.*).
2 Zu Relativsätzen, die mit Präpositionen oder präpositionalen Ergänzungen eingeleitet werden, siehe S. 27–30.
3 *faire du baby-sitting ; faire du kayak ; faire du* VTT ; *faire des randonnées*
4 *partir pour*
5 Beim bejahten Imperativ stehen die Pronomen nach dem konjugierten Verb.

**Aufgabe 174***

Nachricht

An: manlsct@wanadoo.fr Cc Bcc

Betreff: Voyage en Allemagne

Salut Luc,

Merci beaucoup pour/de ton e-mail. Je vais très bien à Munich. Tout va bien chez[1] les Berger et j'apprends facilement l'allemand. Vous allez voir ! J'ai annoncé aux Berger que vous alliez venir en août. Ils ont répondu qu'ils se réjouissaient beaucoup de votre visite. M. Berger a même proposé que, tous ensemble, nous pourrions aller dans les Alpes un week-end. Quant à Leon, il est un peu timide, mais je vous promets qu'il sera là pour faire votre connaissance. Vous êtes d'accord ? Dis-moi[2] vite quand vous arriverez exactement.

Bien à toi,

Antonia ☺

Senden

**Hinweise:**

1 Wenn jd. zu jdm. geht (in sein Haus, seine Praxis, sein Geschäft usw.) oder wenn jd. bei jdm. ist, dann musst du im Französischen immer die Präposition *chez* verwenden (z. B.: *Il va chez son copain. Elle reste chez elle*).

2 Beim bejahten Imperativ werden die Pronomen nachgestellt. Denke daran, die Objektpronomen *me* und *te* durch *moi* und *toi* zu ersetzen.

**ufgabe 175*** Individuelle Lösung

a) Les profs nous disent que nous sommes une classe très bruyante et que nous ferions mieux d'écouter au lieu de nous amuser.

b) Quand j'ai voulu sortir la dernière fois, mes parents m'ont dit qu'il fallait que je rentre à la maison à minuit et que je ne devrais pas boire d'alcool.

c) Si un bon copain me demandait 100 €, je lui dirais que 100 €, c'est beaucoup d'argent et que j'aimerais savoir pourquoi il en a besoin.

**ufgabe 176**

a) Charlotte pensait que, **ce jour-là, elle avait vu** Nemo, le petit poisson clown.

b) Édith a dit que l'audioguide **racontait** des anecdotes étonnantes sur la vie des animaux marins.

c) Sylvie a déclaré qu'**elle avait laissé ses** impressions sur le livre d'Or de l'aquarium.

d) Thomas a trouvé que les billets d'entrée **n'étaient pas** chers.

e) Daniel a expliqué qu'**il avait** aussi des poissons tropicaux chez **lui**.

f) Frédéric a dit qu'**il s'était perdu** parmi les 65 aquariums.

g) Yves et Luc ont dit que dans la boutique, **ils avaient acheté** des cartes postales et des petits cadeaux pour **leurs** parents.

h) Adeline a juré qu'**elle n'oserait pas** plonger parmi les requins.

i) Marc a dit qu'**il avait pris** un ascenseur pour arriver au fond de la mer.

j) Victor a dit que, l'année dernière, son copain y **était** aussi **allé** avec la famille de son correspondant.

k) Yan a dit que le prof **leur avait demandé** de ne pas prendre de[1] photos.

l) Anne a annoncé qu'**elle allait** bientôt **y retourner**.

**Hinweise:**

1 Nach der Verneinung steht *de* + Substantiv.

Aufgabe 177

a) Il a dit que **la veille**, il avait écrit un contrôle de maths.
b) Il a dit que **ce jour-là**, il avait acheté/achèterait un cadeau pour sa sœur.
c) Il a dit que **le lendemain**, il regarderait un film au cinéma.
d) Il a dit que **le surlendemain**, il irait voir ses grands-parents.
e) Il a dit que **la semaine suivante**, il commencerait un cours de judo.

Aufgabe 178

a) Jean-Pierre a demandé à une copine **si elle était** encore malade.
b) Le prof a demandé aux élèves **s'ils avaient compris sa** question.
c) Une cliente a demandé à la vendeuse **si elle avait/s'ils avaient** la jupe en taille 40.
d) Le chauffeur de taxi a demandé à un voyageur **s'il avait** besoin d'un taxi.
e) Un homme s'est demandé **si sa** femme **l'aimait** encore.
f) La vedette a demandé à son public **s'il souhaitait** écouter son nouvel album.
g) Le touriste a demandé à l'information **s'il y aurait** une visite guidée à 15 h.

Aufgabe 179

| | la grand-mère | toi |
|---|---|---|
| a) | Wo wohnst du? | *Elle te demande **où** tu habites.* |
| b) | Wie viele Geschwister hast du? | *Elle veut savoir **combien de** frères et de sœurs tu as.* |
| c) | Wie alt bist du? | *Elle te demande **quel** âge tu as.* |
| d) | Seit wann bist du in Deutschland? | *Elle te demande **depuis quand / depuis combien de temps** tu es en Allemagne.* |
| e) | Warum sprichst du kein Deutsch? | *Elle veut savoir **pourquoi** tu ne parles pas allemand.* |
| f) | Wie findest du die deutschen Gerichte? | *Elle te demande **comment** tu trouves les repas /les plats allemands.* |
| g) | Welche deutsche Stadt würdest du gerne besichtigen? | *Elle veut savoir **quelle** ville allemande tu aimerais visiter.* |
| h) | Wem hast du schon Postkarten geschrieben? | *Elle te demande **à qui** tu as déjà écrit des cartes postales.* |

**Aufgabe 180**
a) Elle demande **ce que** c'est.
b) Elle veut savoir **ce qu'elle** va faire.
c) Elle demande **ce qui** se trouve dans **son** sac à main.
d) Elle demande **ce qu'elle** regarde.
e) Elle veut savoir **ce qu'elle** a écrit dans son journal intime.

**Aufgabe 181***
a) Je te demande **ce que** tu feras/vas faire demain.
b) Paul veut savoir **ce qui** t'intéresse et **ce que** tu es en train de lire.
c) Tu ne sais pas encore **ce qui** se passera/va se passer demain.
d) Explique-moi **ce que** tu voudrais avoir à Noël.

**Aufgabe 182*** Individuelle Lösung

a) Qu'est-ce que le Québec ?
**Réponse** : Le Québec est une province et une ville au Canada.

b) Où est-ce que se trouve le Québec ?
**Réponse** : Le Québec se trouve dans l'est du Canada.

c) Comment s'appelle la capitale du Québec ?
**Réponse** : Elle s'appelle aussi Québec.

d) Qui vivait sur le territoire du Québec avant l'arrivée des Français ?
**Réponse** : Des Indiens y vivaient.

e) Qui était Jacques Cartier ?
**Réponse** : Jacques Cartier était un explorateur français.

f) Pour qui est-ce qu'il est allé en Amérique du Nord ?
**Réponse** : Le roi l'avait envoyé en Amérique pour découvrir et occuper de nouvelles terres.

g) Quelle langue parle la majorité des Québécois ?
**Réponse** : Elle parle français.

Le prof a demandé
a) ce qu'était le Québec.
b) où se trouvait le Québec.
c) comment s'appelait la capitale du Québec.
d) qui vivait sur le territoire du Québec…
e) qui était Jacques Cartier.
f) pour qui il était allé en Amérique du Nord.
g) quelle langue parlait la majorité des Québécois.

Aufgabe 183

a) Le prof a demandé aux élèves : « Est-ce que vous avez fait vos devoirs ? »
b) Le prof voulait savoir : « Pourquoi est-ce qu'il y a trop de fautes dans vos contrôles ? »
c) Il a demandé aux parents de ses élèves : « Est-ce que vos enfants font régulièrement les exercices ? »
d) Il voulait savoir : « Faut-il/Est-ce qu'il faut faire plus d'exercices ? »
e) Il se demandait : « Est-ce que je suis trop sévère ? »
f) Le prof voulait savoir de ses élèves : « Qu'est-ce qu'on pourrait faire pour changer la situation ? »
g) Il leur a demandé : « Est-ce que vous êtes prêts à mieux participer au cours ? »

Aufgabe 184*

1.

| Quelle ville ne se trouve pas au bord de la mer ? | |
|---|---|
| ☐ Marseille | ☐ Bordeaux |
| ☐ Brest | ☒ Lyon |

50 €

2.

| Comment est-ce qu'on appelle aussi l'équipe française de foot ? | |
|---|---|
| ☒ les Bleus | ☐ les Rouges |
| ☐ les Tricolores | ☐ les Noirs |

100 €

3.

| Où est-ce qu'on fabrique traditionnellement le camembert ? | |
|---|---|
| ☐ en Bretagne | ☒ en Normandie |
| ☐ en Provence | ☐ en Alsace |

200 €

4.

| Le pont du Gard, qu'est-ce que c'est ? | |
|---|---|
| ☐ un château | ☐ une forteresse |
| ☒ un aqueduc romain | ☐ une cathédrale |

500 €

5.

| Quel fleuve est aussi une frontière ? | |
|---|---|
| ☐ la Seine | ☒ le Rhin |
| ☐ le Rhône | ☐ la Loire |

1.000 €

6.

| Où séjourne le parlement européen ? | |
|---|---|
| ☐ à Bruxelles | ☐ à Genève |
| ☒ à Strasbourg | ☐ à Luxembourg |

5.000 €

7.

| Quand est-ce qu'on a construit le tunnel sous la Manche ? | |
|---|---|
| ☐ 1968 | ☐ 1981 |
| ☒ 1994 | ☐ 2004 |

10.000 €

8.

| Comment est-ce que s'appellent les habitants de Toulouse ? | |
|---|---|
| ☒ Toulousains | ☐ Toulouses |
| ☐ Toulousiers | ☐ Toulouseurs |

25.000 €

9.

| Qui n'a jamais été premier ministre français ? | |
|---|---|
| ☐ Georges Pompidou | ☐ Jacques Chirac |
| ☒ François Mitterrand | ☐ Dominique de Villepin |

50.000 €

10.

| Qui, parmi les chanteurs français, a été champion de poker ? | |
|---|---|
| ☐ Manu Chao | ☐ Jean Ferrat |
| ☐ Zaz | ☒ Patrick Bruel |

100.000 €

1. Le showmaster a demandé au candidat[1] quelle ville ne se trouvait pas au bord de la mer[2].
2. Il a voulu savoir comment on appelait aussi l'équipe française de foot.
3. Il a demandé au candidat[1] où on fabriquait traditionnellement le camembert.
4. Il a demandé au candidat[1] ce qu'était le pont du Gard.
5. Il a voulu savoir quel fleuve[3] était aussi une frontière.
6. Il a voulu savoir où séjournait le parlement européen.
7. Il a demandé au candidat[1] quand on avait construit le tunnel sous la Manche.
8. Il a voulu savoir comment s'appelaient les habitants de Toulouse.
9. Il a demandé au candidat[1] qui n'avait jamais été premier ministre français.
10. Il a voulu savoir qui, parmi les chanteurs français, avait été champion de poker.

**Hinweise:**

1 Zu *demander* sollte immer ein indirektes Objekt hinzugefügt werden.

2 *<u>au bord de</u> la mer*

3 Als *fleuves* werden die Flüsse bezeichnet, die ins Meer münden *(les cinq fleuves de France: la Seine, la Loire, la Garonne, le Rhin, le Rhône)*, als *rivières* die übrigen.

## Aufgabe 185*

Koi29 ?
Raoul
*Quoi de neuf ?*

Sara t'M. Tle+bo.
Olivier
*Sara t'aime. Tu es le plus beau.*

Tapaenvi2flateuf ?
Jean
*Tu n'as pas envie de faire la fête ?*

Jpepa.
Alexandre
*Je ne peux pas.*

Bjr! Onvao6né ?
Simon
*Bonjour ! On va au cinéma ?*

Cavaetr5pa.
Isabelle
*Ça va être sympa.*

Tuvab1 ?
Nicole
*Tu vas bien ?*

Orib
Nathalie
*Horrible*

RVa7hokfé
Emma
*Rendez-vous à 7 heures au café ?*

a) Raoul a voulu savoir d'Olivier ce qu'il y avait de neuf.
Il a répondu que Sara aimait Raoul parce qu'il était le plus beau.
b) Jean a demandé à Alexandre s'il avait envie de faire la fête.
Celui-ci a dit qu'il ne pouvait pas.
c) Simon a demandé à Isabelle s'ils allaient au cinéma ensemble/si elle allait au cinéma avec lui.
Isabelle a répondu que cela allait être sympa.
d) Nicole a demandé à Nathalie si elle allait bien.
Celle-ci a répondu que c'était horrible.
e) Emma a écrit que le rendez-vous serait/qu'ils avaient rendez-vous à sept heures au café.
Luc a répondu qu'il venait.
f) Claire a voulu savoir de Charlotte si elle venait à l'anniversaire de Thomas.
Charlotte a répondu qu'elle était d'accord.

fgabe 186* a) Le matin, je **dois** me[1] **lever** à six heures. Si ma mère me conduit à l'école, je **peux rester** au lit jusqu'à six heures et demie[2].
b) L'après-midi, j'**aime faire** du sport. Je **sais** bien **nager**.
c) Le soir, j'**aime regarder** un film au ciné(ma). Malheureusement, mes amis/mes copains **préfèrent aller** à la discothèque. Je n'**ose** pas **demander** à mes parents si je **peux** les **accompagner**. Ils ne vont pas me **laisser aller** à la discothèque./Ils ne me **laisseront**[3] pas **aller** à la discothèque.

**Hinweise:**

1 Die Objektpronomen stehen im Französischen vor dem Infinitiv.

2 Wird bei der Angabe der Uhrzeit *demie* nachgestellt, so muss es mit *e* geschrieben werden (z. B.: à dix heures et demie).
Wird *demi* mit einem Bindestrich vorangestellt, so fehlt das *e* (z. B.: *une demi-heure plus tard*).

3 Bei dem Verb *laisser* steht das Objektpronomen vor diesem, auch wenn ein Infinitiv folgt.

Aufgabe 187

a) Mon frère a commencé à jouer de la guitare.
b) Je ne sais pas s'il continuera[1] à jouer aussi du piano.
c) Je me suis habitué à quitter l'appartement quand il joue.
d) Je n'arrive pas à lire, à travailler pour l'école ou à regarder une série.

**Hinweis:**

1 Leitet *si* eine indirekte Frage ein, so können im *si*-Satz auch Formen des *conditionnel* oder des *futur* verwendet werden.
Anders verhält es sich, wenn *si* einen Konditionalsatz einleitet (siehe S. 139–151). Hier ist das *conditionnel* bzw. das *futur* ausgeschlossen.

Aufgabe 188*

Individuelle Lösung

a) Je viens de terminer mes devoirs.
b) Mon frère a demandé à ma sœur de lui prêter ses nouvelles BD[1].
c) Ma copine essaie de se rappeler[2] ce que le prof a dit.
d) Je suis en train d'apprendre à jouer de la guitare[3].
e) Mes parents m'ont interdit de passer les nuits chez[4] des copains et copines.
f) Notre professeur nous a proposé de faire une excursion dans un musée d'art.

**Hinweise:**

1 Abkürzungen wie *BD* und *DVD* bekommen im Plural kein Plural-*s*.

2 *se rappeler qc* ; aber: *se souvenir de qc*

3 *jouer à qc* (bei Sport oder Spielen)
*jouer de qc* (bei einem Instrument)

4 Wenn jd. zu jdm. geht (in sein Haus, seine Praxis, sein Geschäft usw.) oder wenn jd. bei jdm. ist, dann musst du im Französischen immer die Präposition *chez* verwenden (z. B.: *Il n'habite plus chez ses parents.*).

ufgabe 189

| **infinitif sans préposition** | **infinitif avec *à*** | **infinitif avec *de*** | **infinitif avec *par*** |
|---|---|---|---|
| devoir | continuer | demander | commencer |
| oser | commencer | essayer | finir |
| préférer | réussir | être en train | |
| aimer | s'habituer | être content | |
| vouloir | apprendre | avoir besoin | |
| savoir | renoncer | interdire | |
| pouvoir | | arrêter | |
| | | proposer | |
| | | oublier | |
| | | venir | |
| | | finir | |

ufgabe 190

Je viens **d'**acheter un nouveau logiciel. Hier soir, j'ai essayé **de** l'installer sur mon ordinateur. Malheureusement, je n'ai pas réussi **à** remettre l'ordinateur en marche. Mais il ne faut pas **ø** s'énerver trop tôt ! Car tout à coup, il a commencé **à** booter tout seul. Je dois **ø** apprendre **à** avoir plus de patience. J'ai écrit un e-mail à mon corres. Jérémie était en train **de** naviguer sur Internet[1] quand il a reçu l'e-mail. Il a préféré **ø** streamer une chanson, puis il m'a répondu. Nous étions contents **d'**être de nouveau en contact.

**Hinweis:**

1 *Internet* wird im Französischen immer ohne Artikel verwendet.

ufgabe 191

a) **Avant de boire** un bon vin, les grands-parents descendent à la cave[1].
b) **Après avoir passé** son bac, Pascal fait un tour du monde.
c) **Après être allé(e)s**[2] au café, nous allons au ciné.
d) **Avant d'aller chercher** sa copine à la gare, Antonia achète des fleurs.
e) **Après être arrivée** au théâtre, Nadine remarque qu'elle a perdu son billet d'entrée.
f) **Avant de sortir**, Jacques met son manteau.
g) **Après avoir eu** l'accident, Danielle n'ose plus faire du ski.
h) **Avant de s'habiller**, Nicole se lave rapidement.

**Hinweise:**

1 *descendre à la cave*

2 Auch bei den Infinitivkonstruktionen gilt, dass das *participe passé* bei *être* an das Subjekt angeglichen werden muss.

Aufgabe 192*

1. **Après être sorties** du musée, Franzi et Barbara sont restées un peu auprès de la pyramide en verre.
2. **Après avoir visité** le petit arc de triomphe sur la place du Carrousel, elles se sont reposées au jardin des Tuileries.
   *oder:* **Avant de se reposer** au jardin des Tuileries, elles ont visité le petit arc de triomphe sur la place du Carrousel.
3. **Après être allées** à l'Obélisque sur la place de la Concorde, elles se sont promenées sur les Champs-Élysées.
   *oder:* **Avant de se promener** sur les Champs-Élysées, elles sont allées à l'Obélisque sur la place de la Concorde.
4. **Après être montées** à l'arc de triomphe sur la place de l'étoile, elles sont rentrées à l'hôtel en métro.
   *oder:* **Avant de rentrer** à l'hôtel en métro, elles sont montées à l'arc de triomphe sur la place de l'étoile.

Aufgabe 193*

1. **Après avoir acheté** des timbres à la poste, M. Lagrange est entré dans la poissonnerie pour acheter des crevettes.
2. **Après avoir choisi** une tarte aux fraises à la pâtisserie, il a pris des saucisses à la boucherie.
   *oder:* **Avant de prendre** des saucisses à la boucherie, il a choisi une tarte aux fraises à la pâtisserie.
3. **Après avoir quitté** l'épicerie avec des pommes et des artichauts, il a commandé ses baguettes à la boulangerie.
   *oder:* **Avant de commander** ses baguettes à la boulangerie, il a quitté l'épicerie avec des pommes et des artichauts.
4. **Après être allé chercher** le papier-toilette au supermarché, il a acheté un journal à la papeterie-librairie.
   *oder:* **Avant d'acheter** le journal à la papeterie-librairie, il est allé chercher le papier-toilette au supermarché.

**ufgabe 194**

a) Lucien invite tout le monde au café pour se faire des amis./
Pour se faire des amis, Lucien invite tout le monde au café.

b) Pour apprendre le japonais, Hélène part pour le Japon.[1]/
Hélène part pour le Japon pour apprendre le japonais.

c) Pour réussir au[2] bac, Estelle travaille beaucoup à l'école./
Estelle travaille beaucoup à l'école pour réussir au bac.

d) Léon aide son oncle au stand pour gagner un peu d'argent./
Pour gagner un peu d'argent, Léon aide son oncle au stand.

e) Victor s'entraîne chaque jour pour devenir un grand footballeur./
Pour devenir un grand footballeur, Victor s'entraîne chaque jour.

**Hinweise:**

1 Aus stilistischen Gründen (um zu vermeiden, dass zwei Ergänzungen mit *pour* aufeinanderfolgen) wird hier der vorangestellte *pour*-Satz bevorzugt.

2 *réussir <u>à</u> qc*

**fgabe 195***

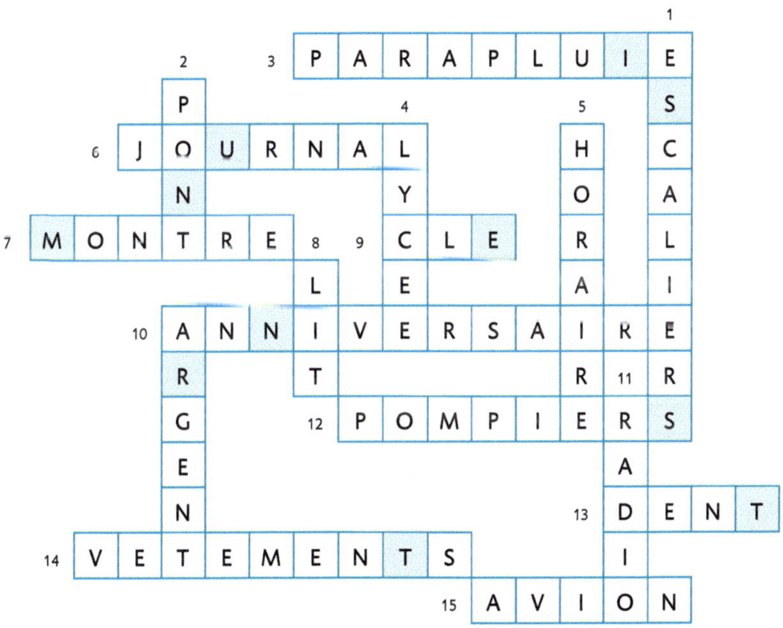

**le mot à trouver** I N S T R U M E N T S

**Aufgabe 196*** Individuelle Lösung

a) Pour gagner plus d'argent, il va changer d'emploi[1].
b) Pour perdre des kilos, il n'ira plus à la cantine.
c) Pour apprendre l'espagnol, il va l'été prochain en Espagne.
d) Pour pouvoir s'acheter un nouvel appartement, il veut vendre sa voiture.
e) Pour éviter des discussions avec ses parents, il range régulièrement sa chambre.

**Hinweis:**

1 *changer de qc*

**Aufgabe 197**

a) Les jeunes traversent la rue **sans faire** attention à la circulation.
b) Gilles fait de l'escalade **sans penser** au danger.
c) Monique a passé toute la journée à la plage **sans se baigner** une seule fois.

**Aufgabe 198*** Individuelle Lösung

a) Ils quittent la maison sans emmener leurs valises.
b) Ils partent sans faire le plein.
c) À la frontière, les gendarmes les laissent[1] passer sans contrôler leurs papiers.
d) Ils arrivent à Marseille sans avoir réservé de[2] chambre.
e) Ils vont au lit[3] sans avoir mangé.
f) Ils dorment jusqu'à dix heures sans se réveiller une seule fois.
g) Ils prennent l'autobus sans acheter de[2] billets.
h) Ils rentrent à la maison sans avoir visité la ville.

**Hinweise:**

1 Bei dem Verb *laisser* steht das Objektpronomen vor diesem, auch wenn ein weiterer Infinitiv folgt.
2 Eine Infinitivkonstruktion mit *sans* wird wie eine Verneinung gewertet. Daher steht auch hier *de* anstelle eines Artikels.
3 *aller au lit*

**Aufgabe 199***

a) Je passerais toute la journée au lit **pour ne pas devoir aller voir ma tante**.
b) Je mentirais à mon copain **pour ne pas lui faire mal**.
c) Je me réveillerais à quatre heures du matin **pour prendre l'avion pour l'Amérique du Sud**.
d) Je renoncerais au déjeuner **pour pouvoir dormir plus longtemps**.

e) Je vendrais mes mangas préférés **pour avoir de l'argent pour un nouveau skate**.
f) Je ferais la cuisine pour mon frère **pour ne pas devoir manger ce qu'il a fait**.

fgabe 200*
a) **Avant de l'avoir rencontrée**, Brian était très malheureux.
b) **Avant de lui donner** rendez-vous au café en face de l'hôtel de ville, elle a beaucoup réfléchi.
c) **Après ne pas l'avoir trouvé** sur son plan, Brian l'a recherché en ligne.
d) **Pour ne pas le perdre** dans le métro, Angélina a mis son portable dans son sac.
e) **Après les avoir mises**, il est allé au rendez-vous.
f) Angélina a salué Brian **sans lui faire** la bise.

fgabe 201*
a) **avant de**
- [O] Bevor der Kellner ihm die Rechnung gibt, verlässt er das Café.
- [X] Bevor er in die nächste Bar geht, ruft er seine Freundin an.
- [R] Bevor er dort ankommt, ist seine Freundin schon da.

b) **après avoir/être**
- [X] Nachdem Anne ein Zimmer reserviert hatte, kaufte sie einen Reiseführer.
- [B] Nachdem sie zurückgekehrt war, gab ihr Freund ihr einen Brief.
- [X] Nachdem sie ihn gelesen hatte, musste sie auf die Reise verzichten.

c) **pour**
- [X] Michel besucht seine Großmutter, damit er dort reiten kann.
- [A] Michel besucht seine Großmutter, damit sie nicht allein ist.
- [T] Michel besucht seine Großmutter, damit seine Eltern Freunde aus Amerika einladen können.

d) **sans**
- [X] Jean müsste eine Klassenarbeit über *Der Fremde* von Camus schreiben, ohne dass er den Roman gelesen hat.
- [L] Daher bleibt er zu Hause, ohne dass seine Eltern es wissen.
- [R] Am nächsten Tag geht er wieder in die Schule, ohne dass ihn jemand fragt, wo er war.

- S Avant d'aller dans le prochain bar, il appelle sa copine.
- U Après avoir réservé une chambre, Anne achète un guide.
- J Après l'avoir lue *(la lettre)*[1], elle a dû renoncer à[2] son voyage.
- E Michel va voir sa grand-mère pour pouvoir y faire du cheval[3].
- T Jean devrait écrire un contrôle sur *L'Étranger* de Camus sans avoir lu le roman.

**Hinweise:**

1 Geht ein direktes Objektpronomen voraus, muss das *participe passé* daran angeglichen werden.

2 *renoncer à qc*

3 Um sportliche Aktivitäten zu beschreiben, kannst du in sehr vielen Fällen *faire* + *de* + bestimmter Artikel + Sportartikel/Sportart setzen (z. B.: *faire de l'escalade, faire de la voile, faire du roller*).

Aufgabe 202*

ZUTATEN

175 g Butter
400 g Zucker
150 g Mehl
100 g Kakao
1 Päckchen Vanillezucker
4 Eier
150 g Nusskerne

ZUBEREITUNG: Bevor du beginnst, heize den Ofen auf 150 °C vor und fette zwei runde Backformen (22 cm) ein. Nimm einen Topf, der groß genug ist, um alle Zutaten hineintun zu können. Lass die Butter, nachdem du sie in diesem Topf zerlaufen lassen hast, kalt werden/abkühlen. Nachdem du alle Zutaten hinzugefügt hast, vermische sie gut. Gib den Teig in die Backformen und lass ihn 20 bis 25 Minuten backen. Um keine weichen Brownies zu haben, lass sie vor dem Servieren abkühlen.

ufgabe 203

a) 324

- Divise le chiffre par 4.
- Après l'avoir divisé une autre fois par 9, additionne 17.
- Avant de le multiplier par 5, soustrais 8.

Résultat : 90

b) 7

- Après avoir multiplié ce chiffre par 13, soustrais 11.
- Avant d'additionner 8, divise le chiffre par 8.
- Pour avoir le résultat final, divise le chiffre par 3.

Résultat : 6

c) 1027

- Avant de soustraire 2, multiplie le chiffre par 2.
- Après l'avoir divisé par 12, additionne 9.
- Pour finir, divise le chiffre une autre fois par 12.

Résultat : 15

Traduis les indications suivantes en français avant de faire le calcul *(Rechnung)*.

d) 113

- Zähle 3 hinzu, bevor du die Zahl durch 4 teilst.
  Additionne 3 avant de diviser le chiffre par 4.
- Multipliziere die Zahl mit 3.
  Multiplie le chiffre par 3.
- Nachdem du sie mit 2 multipliziert hast, teile sie durch 6.
  Après l'avoir multiplié par 2, divise-le par 6.

Résultat : 29

Aufgabe 204

a) Qui vivait à Paris ?/
Qui est-ce qui vivait à Paris ?

b) Comment est-ce qu'on l'appelait ?/
**Comment l'appelait-on ?**

c) Quand est-ce qu'on l'a arrêté ?/
**Quand l'a-t-on arrêté ?**

d) Qu'est-ce que Papillon avait en tête ?

e) Avec qui est-ce qu'il est parti sur la mer ?/
**Avec qui est-il parti sur la mer ?**

f) Qu'est-ce qu'ils ont fait ?/
**Qu'ont-ils fait ?**

g) À quoi est-ce qu'ils ont été condamnés ?/
**À quoi ont-ils été condamnés ?**

h) Où est-ce qu'on l'a mis ?/
**Où l'a-t-on mis ?**

i) Combien de fois est-ce que Papillon a eu le droit de se baigner ?

j) Quelle idée est-ce qu'il a eu ?/
**Quelle idée a-t-il eu ?**

Aufgabe 205

Si je vivais au pays de cocagne, …

a) il **ferait** toujours beau et le soleil **brillerait** tous les jours.
b) je **dormirais** sous un arbre dont les fruits me **tomberaient** dans la bouche.
c) je **ne serais jamais** malade et je **n'aurais jamais** froid.
d) il **ne faudrait pas** travailler pour gagner sa vie.
e) on **n'aurait pas besoin** d'argent parce que tout **serait** gratuit.
f) je **me baignerais** dans la mer et je **me reposerais** sur la plage de sable blanc.
g) ma famille et moi, nous **habiterions** dans une villa avec vue sur la mer.
h) nous **serions** toujours contents et rien ne nous **manquerait**.
i) je **n'aurais pas** d'obligations.
j) un jour, nous **nous ennuierions**…

Aufgabe 206

a) **S'il pleut**, on **n'ira pas** à la plage, mais on **visitera** un musée.
b) **Si** ce **n'est pas** trop cher, nous **mangerons** dans un restaurant.
c) **Quand** nous **serons** à la plage, vous **resterez** à portée de vue.

d) **S'il y a** quelqu'un qui veut vous vendre quelque chose, vous **n'achèterez rien**.
e) **Si** le gîte que j'ai loué **n'est pas** beau, on en **cherchera** un autre.
f) **S'il fait** nuit et que nous **voulons** dormir, vous **ne ferez pas** de bruit.
g) **Si** la ville **organise** un spectacle, nous y **irons** peut-être.
h) **Si** cela **ne coûte pas** trop cher, nous **pourrons** faire de la voile.
i) **Si** les vacances nous **plaisent**, nous **reviendrons** l'année prochaine.
j) **Quand** nous **ferons** les valises avant de rentrer, vous nous **aiderez**.

ufgabe 207
a) **Si** Ken **n'était pas** sympa, ses amis **ne l'inviteraient pas**.
b) **Si** Ken **était** là, Julie **ne s'ennuierait pas**.
c) **Si** elle **savait** quoi faire, elle **ne regarderait pas** la télé.
d) **S'il n'était pas** tard, elle **ne se ferait pas** de soucis.
e) **S'il était** déjà là, elle **ne l'appellerait pas**.
f) **S'il allait** au téléphone, elle **pourrait le joindre**.
g) « **Si** nous **ne faisions pas** la fête et si on **ne buvait pas** d'alcool, je **pourrais** encore conduire. »
h) « **Si** les autres **pouvaient** encore conduire, ils **rentreraient** aussi. »
i) **Si**, normalement, il **buvait** de l'alcool, Julie **ne se demanderait pas** si **c'était** la vérité/**c'est** la vérité.
j) **Si** elle le **croyait**, elle **ne serait pas** déçue.
k) **Si** elle **n'était pas** fatiguée, elle **n'irait pas** au lit à une heure et demie.
l) **Si** elle **arrêtait** de réfléchir, elle **arriverait** à s'endormir.

ufgabe 208
J'ai écrit un e-mail à Sandra. Je lui ai dit que toi et moi, nous **voulions** aller au cinéma demain. Je lui ai raconté qu'ils **jouaient** *L'homme dans le désert* avec Nicolas Defontaine au Rex. Je lui ai demandé si elle **n'aurait pas** envie de nous accompagner. J'ai ajouté que Fabien **allait** peut-être venir aussi et que nous **serions** contents si elle **pouvait** venir avec nous.

Sandra a écrit qu'elle **voulait** bien venir avec nous et que Nicolas Defontaine **était** son acteur préféré. Elle a expliqué qu'elle nous **retrouvait** à 20 heures devant le cinéma. Elle a annoncé qu'elle **serait** peut-être en retard parce qu'elle **avait** beaucoup de devoirs à faire. Elle a ajouté que leur prof de maths les **faisait** vraiment travailler. Elle a demandé aussi si nous l'**attendrions** un peu. Elle a souligné qu'elle **espérait** que tu **pourrais** venir.

Aufgabe 209

a) Est-ce que je n'ai rien oublié ?
**J'ai peur d'avoir oublié quelque chose.**

b) Est-ce que je me suis bien expliqué ?
**J'ai peur de ne m'être pas bien expliqué./**
**J'ai peur de ne pas m'être bien expliqué.**

c) Est-ce que j'ai fait bonne impression ?
**J'ai peur de ne pas avoir fait bonne impression./**
**J'ai peur de n'avoir pas fait bonne impression.**

d) Est-ce que j'ai parlé assez fort ?
**J'ai peur de ne pas avoir parlé assez fort./**
**J'ai peur de n'avoir pas parlé assez fort.**

e) Est-ce que j'aurai une bonne note ?
**J'ai peur de ne pas avoir une bonne note.**

f) Est-ce que j'ai été assez claire ?
**J'ai peur de ne pas avoir été assez claire./**
**J'ai peur de n'avoir pas été assez claire.**

g) Est-ce que je n'ai pas parlé trop vite ?
**J'ai peur d'avoir parlé trop vite./**

Aufgabe 210

**Éric** : J'aurais envie **de visiter/d'aller voir** les châteaux de la Loire. Je me souviens **de les avoir visités** avec Philippe, sans **être sûr** de la date.

**Cécile** : C'est une bonne idée **d'y passer** un week-end. Moi, je suis toujours content **de quitter** la ville. Mais il faut **réserver** une chambre. Je te propose **de regarder** sur Internet.

**Éric** : Bon, je vais **allumer** l'ordinateur. Où est-ce que tu voudrais **aller** ? À Amboise ?

**Cécile** : Amboise ? C'est la ville où Léonard de Vinci a passé ses dernières années, n'est-ce pas ? J'ai l'impression **d'y être** déjà allée une fois, mais je ne crois pas **avoir vu** Blois. **Après avoir vu** un château, ce n'est pas très intéressant **de le visiter** une deuxième fois.

**Éric** : Dans ce cas, on pourrait **commencer à chercher** des informations sur Blois. Voyons. Tiens, je crois **avoir trouvé** un hôtel intéressant. Regarde. Tu veux **y aller** ? Si non, je peux continuer **à chercher**.

**Cécile** : Non, non. Arrête **de chercher**. Cet hôtel est parfait.

# Bildnachweis

S. 5: **Buchladen:** © Can Stock Photo/JackF; S. 7: **Rennradfahrer:** © Cameron Pashak/ Dreamstime.com; S. 8: **Erdbeeren:** © Michelle Robek/Dreamstime.com; **Pflaume:** Image provided by Dreamstime.com; **Bananen:** © Redaktion Stark Verlag; **Apfel:** © Sanja Gjenero/www.sxc.hu; **Kiwi:** © Stephen Mcsweeney/Dreamstime.com; **Kirschen:** © Edyta Pawlowska/Dreamstime.com; S. 9: **Karibu:** © Christian Riedel/Dreamstime.com; S. 12: **Gendarmerie:** © Image provided by Dreamstime.com; S. 13: **Handtasche:** © Rafa Irusta/Dreamstime.com; S. 15: **Kurzgrammatik:** © Redaktion Stark Verlag; **Bleistift:** © Andrzej Pobiedzinski/www.sxc.hu; **Schwamm:** © Massimo Bassi/www.sxc.hu; **Lineal:** © Steven von Niederhausern/Dreamstime.com; **Füller:** © Davide Guglielmo/www.sxc.hu; **Radiergummi:** © Pam Roth/Dreamstime.com; **Heft:** © János Gehring/Dreamstime.com; **Kreide:** © Edyta Pawloska/Dreamstime.com; S. 19: **Strand:** © Holger Wulschlaeger/Dreamstime.com; S. 20: **Robespierre:** Wikimedia Commons; S. 23: **Tänzerinnen:** © Connie Larsen/Dreamstime.com; S. 24: **Cover:** Claude Carré: Marsupilami 1 – La rencontre © Hachette-Livre 2006; **Maus:** © Tim McMahan/www.sxc.hu; **Tennisball:** © Mischar Jung/ www.sxc.hu; **Weinflasche:** © Ed Desyon/www.sxc.hu; **Kette:** lutya. 123rf.com; **Inliner:** © Redaktion Stark Verlag; S. 26, 159/160, 192/193 212 und 285/286: **E-Mail-Maske:** grebeshkovmaxim. Shutterstock; S. 29: **Notre-Dame:** © Serban Enache/Dreamstime.com; S. 33: **Mont Blanc:** © Mischa van Lieshout/www.sxc.hu; S. 37: **Tomaten:** © Sanja Gjenero/ www.sxc.hu; S. 38: **Mineralwasser:** © Maria Gritsai/Dreamstime.com; **Eier:** © Janet Goulden/ www.sxc.hu; **Bananen:** © q83/www.sxc.hu; **Schokolade:** Evgeniya Uvarova. Shutterstock; S. 39: **Notre Dame:** © Lauri Koski/www.sxc.hu; **Arc de Triomphe:** © Henk L/www.sxc.hu; **Louvre:** © Luciana de Paula/www.sxc.hu; S. 49: **Ring:** © Sashkinw/Dreamstime.com; S. 50: **TGV:** Fotograf: Hoff1980, CC BY-SA 3.0, http://commons.wikimedia.org/wiki/File:TGV_2N2_Mannheim.JPG?uselang=fr; **Citroën:** Fotograf: M 93, CC BY-SA 3.0 DE, http://commons.wikimedia.org/wiki/File:Citro%C3%ABn_C4_Exclusive_(II)_%E2%80%93_Frontansicht,_20._Juni_2012, _Wuppertal.jpg; **Junge (Rayan):** © Huseyin Turgut Erkisi – www.istockphoto.com; **Junge (Thomas):** © Ana Del Castillo/Dreamstime.com; **Skater:** © Kara – Fotolia.com; **Katzen:** © Jerko Grubisic/Dreamstime.com; **Pullover:** Fotograf: Freimut Bahlo, CC BY-SA 3.0, http://commons.wikimedia.org/wiki/File:Islandpullover_004.jpg?uselang=de; **Anorak:** © Betty Copeland/Dreamstime.com; **Hand:** © Romangorielov/Dreamstime.com; **Mädchen:** © Franz Pfuegl – Fotolia.com; S. 51: **Logo Paris St. Germain:** © Paris Saint-Germain; **Logo Olympique Marseille:** © Olympique Marseille; **Hände:** © Romangorielov/Dreamstime.com; **Theater:** Fotograf: Myrabella, CC BY-SA 3.0, http://commons.wikimedia.org/wiki/File:Paris_theatre_de_la_ Renaissance.jpg?uselang=de; **Oper:** © Yuri4u80/Dreamstime.com; **Lachen:** © Doreen Salcher/ Dreamstime.com; **Mädchen:** © Millan/Dreamstime.com; S. 54. **Pärchen:** © Pavel Losevsky – Fotolia.com; S. 55: **Briefpapier:** © pomah – Fotolia.com; S. 61: **Bär:** © Martin N.H./www.sxc.hu, S. 64: **Musiker:** Image provided by Dreamstime.com; S. 68: **Mädchen:** © Charles Bennet/Dreamstime.com; S. 71: **Pokal:** Image provided by Dreamstime.com; S. 76: **Schokotorte:** © Sarah Williams/www.sxc.hu; S. 79: **Disneyland:** © Elisabeth Mauch; S. 85: **A 380:** © Markus Kranz/ www.sxc.hu; S. 87: **Rathaus (Toulouse):** This file is licensed under the Creative Commons Attribution ShareAlike 2.5 (http://creativecommons.org/licenses/by-sa/2.5/) License; **A 380:** © Philip MacKenzie/www.sxc.hu; **A 320:** © Emmanuel Wuyts/www.sxc.hu; **8:** © Andrey Zyk/Dreamstime.com; S. 88: **Rugbyball:** © Bruce Parrott/Dreamstime.com; S. 89: **Rugbyspiel:** © Alison Bowden/Dreamstime.com; S. 92: **Pergament:** © Redaktion Stark Verlag; S. 97: **Handy:** Martial Red. Shutterstock; S. 101: **Auto:** © Kiyoshi Takahase segundo/Dreamstime.com; S. 102/103: **Sternzeichen:** © Raja Rc/Dreamstime.com; S. 104: **Berge:** © David Hughes/ Dreamstime.com; **Strand:** © Linda Morland/Dreamstime.com; **Paris:** © Cyrille Lips/Dreamstime.com; **Haus:** © Roman Sika/Dreamstime.com; **Wüste:** © Sean Randall/Dreamstime.com; S. 106: **Mädchen:** © Andres Rodriguez/Dreamstime.com; S. 107: **Tennisschläger:** © Juan Lobo/Dreamstime.com; **Rennauto:** Image provided by Dreamstime.com; **Geige:** © Sergey Goruppa/Dreamstime.com; **Comic:** © Dejan Savic/Dreamstime.com; **Kreuz:** © Philipp Berndt/Dreamstime.com; **Aliens:** © Julien Tromeur/Dreamstime.com; S. 108: **Mädchen:** © Andres Rodriguez/Dreamstime.com; **kleiner Junge:** © Melissa King/Dreamstime.com; **Frau:**

© Robert Lerich/Dreamstime.com; **Mann:** © Jake Hellbach/Dreamstime.com; **Junge:** © Rafa Irusta/Dreamstime.com; **alte Dame:** © Andres Rodriguez/Dreamstime.com; S. 110: **Ringe:** Image provided by Dreamstime.com; S. 111: **Granitküste:** Wikimedia Commons; **Fischauslagen:** © Wendy Kaveney/Dreamstime.com; **Strand**: © Florian Sandner; **Enclos paroissial:** © Florian Sandner; **Pointe du Raz:** © S. Möller/Wikimedia Commons; **Carnac:** © Bertram Sandner; **Boote:** © Bertram Sandner; S. 119: **Lehrer:** © Howard Sandler/Dreamstime.com; S. 122: **Kind:** © HaywireMedia – Fotolia.com; S. 124: **Skier:** © Sveta – Fotolia.com; S. 125: **Altes Papier:** © Redaktion; S. 126: **Mädchen:** © Jochen Schönfeld – Fotolia.com; S. 128: **Telefon-Symbole:** © Marco Birn – Fotolia.com; S. 134: **Notizblock:** © Luminis/Dreamstime.com; S. 135: **Schilder:** © Erick Nguyen/Dreamstime.com; S. 138: **Meerschweinchen mit Glas:** © Andrey Armiagov/ Dreamstime.com; **Schildkröten:** © Ary Post/www.sxc.hu; **Hund:** © Sharon Bellingeri/ www.sxc.hu; **Katze:** © Niclas Ericsson/www.sxc.hu; **Meerschweinchen Cowboy:** Image provided by Dreamstime.com; S. 140: **Kristallkugel:** © James Steidl/Dreamstime.com; **Wettericons:** © Charlotte Erpenbeck/Dreamstime.com; S. 141: **Kugeln:** © Sergey Galushko/ Dreamstime.com; S. 142/143: **Flaggen:** Image provided by Dreamstime.com; S. 145: **Jeanne d'Arc:** Wikimedia Commons; S. 150: **Parliament:** © Dave Roberts/Dreamstime.com; S. 153: **Molière:** Wikimedia Commons; S. 154: **Katze mit Maus:** © Andrey Stratilatov/Dreamstime.com; S. 155: **Party:** © Kirsty Pargeter/Dreamstime.com; S. 156: **Mikrofon:** Image provided by Dreamstime.com; S. 162: **Tropenfisch:** Image provided by Dreamstime.com; **Qualle:** © Chee-onn Leong/ Dreamstime.com; **Clownfisch:** © Jose Manuel Gelpi Diaz/Dreamstime.com; S. 174: **Gitarre:** © Guy Shapira/Dreamstime.com; S. 176: **Computermaus:** © Chad Mcdermott/Dreamstime.com; S. 178: **Louvre:** © Ben Renard-wiart/Dreamstime.com; **Louvre Pyramide:** © Luciana de Paula/ www.sxc.hu; **Petit Arc de triomphe:** Image provided by Dreamstime.com; **Tuileries:** © David Hughes/Dreamstime.com; **Obelisk:** Image provided by Dreamstime.com; **Champs-Elysées:** © Ben Renard-wiart/Dreamstime.com; **Arc de triomphe:** © Stephen Finn/Dreamstime.com; **Metroschild:** © Elena Elisseeva/Dreamstime.com; S. 183: **Notre Dame (Marseille):** © Denis Babenko/Dreamstime.com; S. 185: **Herz:** Image provided by Dreamstime.com; S. 186: **Kochlöffel:** © John Clines/Dreamstime.com; S. 188: **Cover (Henri Charrière –Papillon):** © Éditions Pocket; S. 189: **Mann:** © Rido – Fotolia.com; S. 190: **Côte de Granit Rose:** Fotograf: Calips, CC BY-SA 1.0, http://commons.wikimedia.org/wiki/File:Bretagne_Cote_granit_rose_01.jpg?uselang=fr; **Menükarte:** © machiavel007 – Fotolia.com; **Unterkunft:** Fotograf: Bourrel, FAL 1.3, http://commons.wikimedia.org/wiki/File:Maison_de_Georges_Perros.jpg?uselang=fr; %20Guy%20Bourrel,%20Licence%20Art%20Libre; S. 194: **Mädchen:** © Jochen Schönfeld – Fotolia.com; S. 195: **Château d'Amboise:** Fotograf: Manfred Heyde, CC BY-SA 3.0, http://commons.wikimedia.org/wiki/File:Amboise01.jpg?uselang=fr; **Château de Blois:** Fotograf: Tango7174, CC BY-SA 2.5, http://commons.wikimedia.org/wiki/File:Loire_Cher_Blois1_tango7174.jpg?uselang=fr

Notizen

PRÜFUNGS-ANGST

# STOPP DIE PANIK

*Mit der Fußsohlen-Methode*

Prüfungen können Angst- und Fluchtsituationen sein. Dein Körper schüttet Adrenalin aus und dämpft das Gefühl in den Füßen. Z. B. beim Weglaufen ist es gut, wenn man die Füße nicht spürt. Eine Prüfung ist aber **keine Gefahrensituation**. Signalisiere deinem Körper, dass du nicht weglaufen musst, und bring das Gefühl in deine Füße zurück:

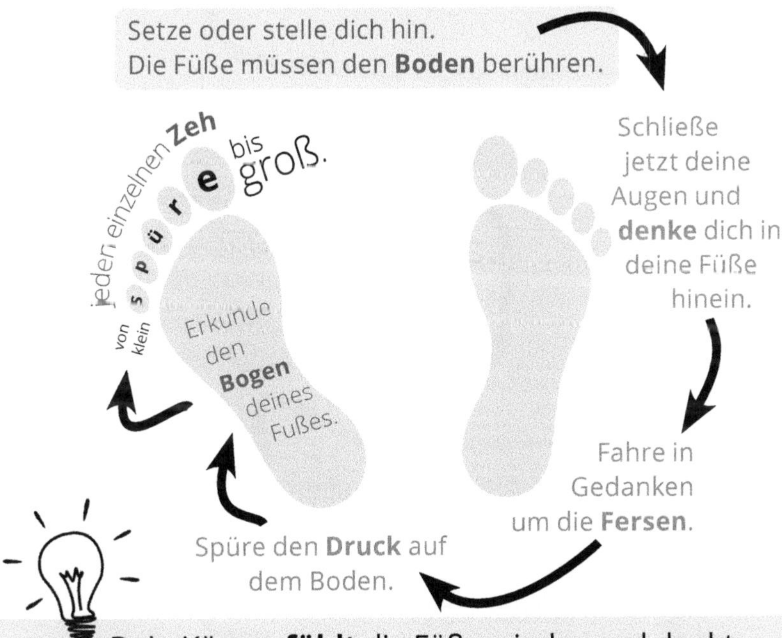


Dein Körper **fühlt** die Füße wieder und denkt, er sei in keiner Panik-Situation, sondern in **Sicherheit**.